好家长成就好孩子

——最成功的育子故事

主　编　边　佳

副主编　章　程　李金现

编　委　常　明　唐敏佳　赵　静　朱晓婷

　　　　赵　霞　刘　敏　章剑锋　鲍田军

　　　　殷　皎　边萍椒　徐玉娟　常建忠

金盾出版社

内容提要

　　本书点读了世界名人童年的成长道路，分为政治家篇、科学家篇、文学家篇、艺术家篇、企业家篇的早教故事。被选入的世界名人中，有胆识非凡的政治家，科学探索的先驱者，才华横溢的文学家等。他们是家庭教育的成功实践者，其成熟的教育思路、独到的心得体会以及成功的教育经验，将让父母读者能够深刻领悟到教导孩子有多么的重要。

图书在版编目（CIP）数据

好家长成就好孩子/边佳主编．-- 北京：金盾出版社，2013.6
ISBN 978-7-5082-8093-6

Ⅰ.①好… Ⅱ.①边… Ⅲ.①家庭教育—经验—世界 Ⅳ.①G78

中国版本图书馆 CIP 数据核字（2013）第 027971 号

金盾出版社出版、总发行
北京太平路 5 号（地铁万寿路站往南）
邮政编码：100036 电话：68214039 83219215
传真：68276683 网址：www.jdcbs.cn
封面印刷：北京凌奇印刷有限责任公司
正文印刷：北京军迪印刷有限责任公司
装订：兴浩装订厂
各地新华书店经销
开本：705×1000 1/16 印张：15 字数：210 千字
2013 年 6 月第 1 版第 1 次印刷
印数：1～8 000 册 定价：30.00 元

前　言

　　放眼全球，名人的家庭教育无疑是最成功的。名人的父母也许不能称为教育家，但他们却是家庭教育的成功实践者。从这个意义上来说，名人父母才是最伟大的家庭教育实践家，下面故事中基辛格的母亲就是其中一位。

　　亨利·艾尔弗雷德·基辛格生于德国菲尔特市，犹太人后裔，1938年移居美国，1943年加入美国籍。他是当代美国著名外交家、国际问题专家，1973年"诺贝尔和平奖"获得者。曾任美国尼克松政府国家安全事务助理、国务卿，福特政府国务卿。1971年7月，基辛格作为尼克松总统特使访华，为中美关系大门的开启作出了历史性贡献，1972年2月，陪同尼克松总统访华。多年来，他一直非常关心和支持中美关系的发展。

　　1923年5月27日，21岁的葆拉·丝特恩在菲尔特市的一家医院生下了一个男婴，取名为亨利·基辛格。亨利·基辛格的父亲路易·基辛格是一所女子中学的教师，胸襟开阔，和蔼可亲，一家人生活得非常幸福。

　　然而，在亨利·基辛格7岁那年，希特勒开始实行蓄谋已久的灭绝犹太人的计划，当时纳粹暴徒在菲尔特横行霸道，无恶不作。亨利·基辛格和他的犹太同学常常遭到毒打。不久，亨利·基辛格被赶出了学校，转到一所专收犹太人的学校，父亲也被学校解雇了。

　　为了保护孩子，葆拉不允许亨利跟外面的孩子一起玩，整天把他关在院子里。亨利从窗户里看到菲尔特几乎所有的孩子都参加了希特勒青年团，他们排着队在街上唱歌，穿着制服游行。那是一段暗无天日的日子，杀戮、恐怖、忧愁笼罩了亨利的家。

　　基辛格未满14周岁以前，他就有12位亲人死在纳粹手中。他的父亲在失去教师的工作，从而也就等于失去了自身的价值之后，还曾经以为这种反犹疯狂或许能很快过去，因此还曾竭力忍耐过。他的母亲一直掌管着家中的大事，这是因为父亲路易斯总是埋头读他的那些书籍和沉湎于他的梦想之中。

迫害最终变得不堪忍受，于是母亲葆拉劝说父亲路易斯离开德国。出于对孩子们的教育和全家生存的考虑，他们全家于1938年去了伦敦，幸亏为时尚不算太晚。葆拉在伦敦的姑母又帮他们去了纽约。

初到美国，基辛格一家要变成美国人那样，也并不是一件容易的事。语言、工作、学校，一切都是新的，他们必须从头开始。

基辛格的父亲发现自己原来在德国的学历到纽约后并不怎么吃香，只好凑合着当一名办事员，这使他灰心丧气。然而，母亲葆拉尽管遭受如此大的打击和不幸，却仍能像往常一样保持着积极的心态，她总是对基辛格说："孩子，这些挫折和不幸没什么，这是上帝的安排，我们不能因此而失去生活的信念。当然我们也不能祈求上帝给我们莫大的幸福。"

母亲的话对亨利·基辛格的影响很大，从母亲的身上，他学会了如何面对挫折，如何面对命运的不公，以致他在今后的人生中，无论面对多大的失败，都能保持从容。

在人的一生中，不会永远一帆风顺，每个人都或多或少地要遭遇挫折。精神上的煎熬，体力方面的磨难，都是挫折的不同形式；理想受阻，追求失败，艰苦劳作，疾病缠身，也都是挫折的种种表现。帮助孩子勇敢面对挫折，磨练孩子的性格意志，有着极其深远的意义。基辛格的母亲做得很好，作为这样一位伟人的母亲，她的教子方式值得广大家长学习！

书中这样的名人家庭教育还有很多很多，并且按照"政治家""科学家""文学家"等类别进行的分类，能够让家长按照孩子的特点和性格，着重培养，更有针对性，更有实用性，更有可读性。在这些精彩故事之后，都有"育子智慧"板块，里面是针对这个名人故事总结的教育真谛，可以给家长受益终身的指导。

编　者

最成功的育子故事——政治家篇

最成功的育子故事——科学家篇

最成功的育子故事——文学家篇

最成功的育子故事——艺术家篇

最成功的育子故事——企业家篇

最成功的育子故事

——政治家篇

亚伯拉罕·林肯

——建立起孩子的爱心天堂

　　亚伯拉罕·林肯(1809～1865)，美国政治家，第 16 任总统。他是温和的反奴隶制主义者，认为奴隶制度是错误的。1854 年，北方各州主张废奴和限制奴隶制的人士成立了共和党。1860 年，他代表共和党当选总统。同年，南方脱离联邦，宣布独立，挑起南北战争，他为联邦统一而战。1862 年颁布《解放黑奴宣言》，1864 年再次当选总统。1865 年，内战结束，北方获胜。同年 4 月，他在剧院观看戏剧时被奴隶主支持者刺杀。林肯在美国人民心目中享有崇高的地位，被历史学家评为真正伟大的总统。

　　林肯的母亲南希·汉克斯是一位心地善良的农村妇女，虔诚地信奉着基督教。每次从教会回来，她都会把林肯找来，读一段《圣经》给儿子听，用其中的道理教导他。母亲告诉林肯："《圣经》里有善道，有孝道，有痛改前非的教训，有借着圣灵使内心深处得到净化、使恐惧和焦虑得以平静安慰的力量，有使灰心绝望的人再一次鼓起勇气的能力。"

　　母亲用自己虔诚的信仰，给小林肯灌输了人生最初的启蒙。林肯则在母亲的叮咛和教导下，从小就具有一颗仁慈善良的爱心。

　　有一次，林肯从路边抱回来一条小狗，他对母亲说："妈妈，你看，我们发现这条狗在路边叫得可怜，它有条腿断了。我们用木条把它的断腿固定起来了。你同意我喂养它吗？"

　　母亲对儿子富有同情心的做法感到高兴，微笑着点了点头。

　　林肯长大后虽然没有特殊的信仰，但是他从小受母亲赋予的《圣经》思想感化，具有深切的同情心和爱心，救助了无数民众。他曾说："我们所走的道路是和平而公正的，上帝也必定会站在我们这一边。"

请真诚地回答以下问题：

1. 你是一个有爱心的人吗？

2. 你曾经和孩子一起做过充满爱心的事情吗？

3. 当孩子做出一些爱心举动时,你的态度如何？

爱心,就是怀着一颗有爱的心去做事做人。有人说,有了爱就有了一切。一个有爱心的孩子,笑得更灿烂,内心更温暖,而他长大后也更接近成功。培养孩子爱心的最佳时期是在童年,家长要通过日常生活中的一点一滴积累,在潜移默化中慢慢建立起孩子的爱心天堂。

第一,以身作则。父母的表率作用是毋庸置疑的,孩子们初入人世本是白纸一张,对社会的态度以及为人处世的原则很多都是从家庭的氛围中慢慢培养出来的。有很多父母本身就是很有爱心的人,在这样的家庭里长大的小孩,耳濡目染父母的一言一行,长大了必定是个充满爱心的人。想要通过自己的言行培养孩子的爱心,机会其实有很多。譬如,下雨天碰上没带伞的路人,如果顺路可以替别人遮一程;路不好走,碰上腿脚不方便的人或者年老体弱的人可以搀扶一把;碰上乞讨的老人,可以给别人一点吃的或者一点钱。虽然这些是小事,但是父母做了,孩子也会效仿,无形之中就培养了他的爱心。

第二,旁敲侧击。很多父母不喜欢直接教导孩子如何做,而有时候孩子也确实不喜欢听父母的唠叨。所以有时候旁敲侧击一下也许能起到不错的效果。譬如,你刚好和孩子走过一段难走的陡坡,有心的父母会告诉孩子:“上次下雨妈妈走过这里的时候差点摔倒,幸好有个和你一样大的好孩子扶了我一把!”话里流露出的赞赏与感激无异于告诉孩子妈妈喜欢怎样的小孩,使他能在别人需要帮助的时候伸出援助之手。不要小瞧这一句赞赏的力量,它会让您的孩子确定心中的榜样,而榜样的力量是无穷的。

第三,适当引导。孩子也有自己的思维方式,做父母的只需要做适当的引导,就可以让孩子的思维跟上。譬如,在路边发现受伤的小猫,妈妈提问说:“这只小猫受伤了,怎么办呢?”孩子会告诉你:“我们来给它包扎一下吧!”或者“赶紧把它送到医院去吧!”孩子的心中有想法,有时候只是会有些无能为力或者束手无策,如果有父母的鼓励和引导,孩子的爱心就能发现冒出来。

富兰克林·德拉诺·罗斯福

——放手,给孩子属于他们的自由

富兰克林·德拉诺·罗斯福(1882～1945),一直被视为美国历史上最伟大的总统之一,是20世纪美国最受民众受爱戴的总统,也是美国历史上唯一连任4届总统的人,任职长达12年。他是身残志坚的代表人,也受到世界人民的尊敬。罗斯福出生于纽约,就读于哈佛大学和哥伦比亚大学,1910年任纽约州参议员,1913年任海军部副部长,1921年因患脊髓灰质炎(俗称:小儿麻痹)致残,1928年任纽约州长,1932年竞选总统获胜。执政后,以"新政"对付经济危机,颇有成效,故获得1936年、1940年、1944年大选连任,曾为反法西斯战争的胜利做出了重大贡献。

罗斯福出生于富豪家庭,父亲学过法律,又经过商,很有钱。罗斯福的父亲和母亲相差26岁,当罗斯福出生时,父亲年龄已经很大了。罗斯福有一个同父异母的哥哥,可是很早就离家在外,罗斯福的降生给这个本来就十分幸福的家庭又带来了无比的欢乐。幼小的罗斯福成为父母关注的中心。然而,罗斯福的父母并不娇惯他,而是严格地管束他,特别是罗斯福的母亲。

为了使小罗斯福成为一个心灵纯洁高尚的人,母亲从他降生那天起就开始为他记日记。在日记中,她详细记录了小罗斯福的成长过程和兴趣爱好。

为了使孩子受到良好的教育,母亲千方百计地培养他。当他7岁时,家里为他请来了家庭教师,教他法语和德语。为此,母亲还为小罗斯福安排了很严格的作息时间表:7点起床,8点吃饭;跟家庭教师学习二三小时,休息;下午1点吃饭,午饭后又学到4点,休息(自由活动)。

除了教孩子语言外,母亲还给他安排了钢琴、绘画课。但小罗斯福的兴趣不在这上面,他怎么也学不会弹琴和绘画。于是,这个表面听话的孩子,对不喜欢的课程开始巧妙地加以抵制了,他总是寻找各种借口逃避上课。他最不喜欢周日去教堂做礼拜。每逢去教堂的日子,他总是借口头痛来逃避。当他长到12岁时,"发病"已很有规律,母亲诊断为"礼拜天头痛症"。

幸亏罗斯福的家庭是民主的。小罗斯福不满意母亲制定的严格作息制度,一次他提出了抗议,要求母亲给他"自由"。母亲认真地考虑了儿子的要求,允许他"自由"一天。到了晚上,6岁的儿子满身灰尘、一脸疲惫地回来了。这一天儿子去干什么了呢?母亲没有过问。

罗斯福的母亲知道尊重孩子,满足他的合理要求。严管不等于束缚,给孩子自由活动的时间,使孩子在无拘无束中松弛一下,尽情地享受童年的欢乐,这对孩子的个性发展和良好品格的形成是有好处的。

母亲认为,对生活在优裕环境中的儿童,严格的家庭教育固然重要,但吃苦教育更为重要。人生要经过许多磨难,如果只会享福,不能受苦,这样的人将不能立足于社会,更不能为社会献身、为他人造福。既然孩子需要"自由",不妨带他出去走一走,以开阔他的眼界,让他接触社会。为此,父母经常带罗斯福出去旅行。在旅途中,他看到了生活在贫困中的人们是多么不幸,对造成人民贫困的非正义行为感到无比义愤。他开始感到,富裕的人们应该对不幸的人们负有责任,应该帮助他们。这时,一种为社会服务的责任感已深深印在他的脑子里了。

1896年,14岁的罗斯福接受了在父母看来是完全必要的教育后,终于离开了自己的庄园,走进了美国著名的格罗顿学校,开始了新的学习和生活。

 育子智慧

一位哲人曾经说过:孩子是为了自由才来到这个世界上的。扼杀了孩子的自由,就等于扼杀了他们的生命。孩子失去了自由,犹如失去了阳光和空气,他们会时时刻刻感到一种压抑,心弦也总是绷得紧紧的。

在某些家庭,孩子没有蹦蹦跳跳的"自由",没有活活泼泼的"玩耍",节假日里只有父母相陪,在辅导老师的言传身教下,过着一种无奈而又烦心的生活。自由被剥夺了,天性被埋没了,才智被压抑了,童心被葬送了。这些父母往往像罗斯福的母亲刚开始一样,规定孩子几点起床、几点入睡;看什么书、玩什么游戏……不但过问,还要干涉。这样没有自由的强制生活对于孩子来说,几乎和牢狱没有什么不同。父母要懂得放手，给孩子自由的空间，因为这对孩子来说真的非常重要！

第一，给孩子自由的空间，可以让孩子早自立。让孩子有更多接触外界的空间，孩子就会明白大自然有多美丽，人世间有多美好，就会明白自己应该怎样生活，应该如何为人处世，有了问题该怎样解决。当孩子自行把问题一个个解决，孩子就真正长大了。人生的道路很长，父母和教师不可能陪伴终生，早给孩子自由空间，早让雏鹰出谷，自由飞翔。

第二，给孩子自由的空间，实际上也是给孩子独立思考的时间。现在的孩子"被动"的东西太多：在学校听老师的，回到家里听家长的。听课、自习、作业、兴趣班，忙得团团转，没有时间去读书，更没有时间去独立思考，这点是可怕的。如此被动的人生，有何幸福感而言？没有自己的思考，有何创造力可言？"带着问号进学校，带着句号出学校"怪现象的重要原因，就是孩子在忙碌中逐渐丧失了独立思考的习惯。

第三，给孩子自由的空间，更是交给了孩子培养想象力激发创造力的时间。现在教育上的"强迫性"手段太明显，孩子的压力太大，孩子在被动中学习着知识，时间被大量的课业所占据，根本没有空间选择他自己想关注的事物，不能充分地解放自己，这就影响了孩子的想象力。

当然，给孩子自由的发展空间，并不是毫无原则地放任自流。比如孩子去同学家玩，一定要了解这个同学是怎样一个人，然后限制时间让其回家，切不可在外过夜，特别是女孩。总之，在家长所营造的自由空间范围内，让孩子从紧张的学习中解脱出来，去获取一种轻松的愉悦感。

乔治·史密斯·巴顿

——让孩子成为一个有荣誉感的人

乔治·史密斯·巴顿(1885～1945),生于美国加利福尼亚州圣加夫列尔,美国陆军四星上将。1903年进入弗吉尼亚军校,1904年进入西点军校,1909年毕业后在骑兵部队服役,多次参加战争。1935年任夏威夷军区情报处长,1940年7月任装甲旅旅长,1943年后历任美第二军军长、第三集团军司令、第十五集团军司令。他作战勇猛顽强,指挥果断,富于进攻精神,善于发挥装甲兵优势,实施快速机动和远距离奔袭,被部下称为"血胆老将"。

在儿子的成长过程中,老巴顿一直向他灌输巴顿家族的光荣历史。受父亲的影响,少年时的小巴顿就认为,他的祖先是弗吉尼亚地区的名门望族,他的家庭有高贵的血统,所以,从小他就有一种荣誉感,认为自己一定要成为伟大的将军、统帅,否则,就是辱没了家族的名声。父亲给儿子灌输的这种家族荣耀,激发了小巴顿的自信心,也激励着小巴顿不断追求和奋斗。

少年时代的巴顿心性非常高傲,自认为高人一等。上学后的小巴顿看不起任何同龄的孩子却因为"阅读失常症"经常遭到同学的嘲笑,每当这时,他就紧握拳头,不停地咆哮。可是,他的同学根本不在乎他的愤怒,依然揭他的短,小巴顿只能一个人生闷气。

很快,老巴顿就知道了这个情况,他耐心地跟儿子谈心,并用贵族的精神和祖父(美国南北战争期间的上校)的故事来激励他。他告诉小巴顿:如果不能克服这个障碍、把学业坚持下去,就是辱没了巴顿家族的荣誉。父亲的话深深地激励了倔强的小巴顿,他坚定地对父亲说:"您瞧着吧,我一定不会辱没家族的名声!"

第二天,重新找到自信的小巴顿上学去了。他为了学会一个单词,常常要不断地拼读几遍,甚至几十遍,而其他孩子只要拼读两三遍就记住了。尽管小巴顿克服重重困难坚持读书,不过,在学期结束时,他在班里的成绩仍然是倒数第一名。小巴顿无法接受这样的事实:为什么比别人多付出这么多,而成绩却是最差的呢?

父亲了解到小巴顿的困惑，就对他说："一次成绩的好坏并不能决定一生。学习就像爬山，有人从山脚往上爬，有人则从山腰处出发。刚开始，山脚下那个人爬得再快，也比不上从山腰上开始爬山的人。但如果坚持不懈，两个人的距离就会越缩越短，也许先到山顶的正是那个从山脚出发的人呢！"

为了家族的荣誉，小巴顿奋力学习，取得了很大的进步。

 育子智慧

请真诚地回答以下问题：

    1. 你告诉过孩子，他是你的骄傲吗？

    2. 孩子会关心集体利益吗？

    3. 当你批评孩子的时候，他会有羞耻感吗？

所谓荣誉感，是一种促使人努力向上的道德情感，是一种积极的心理品质。有位教育学家这样说："儿童一旦懂得荣誉与羞耻的意义之后，荣誉与羞耻对于他的心理便是最有力量的一种刺激。如果你能使儿童爱好荣誉，惧怕羞耻，你就使他们具备了一个真正的原则，这个原则就会永远发生作用，使他们走上正轨。"有荣誉感的孩子，他会珍惜自己的荣誉，自觉主动地摒弃不良的行为习惯，向好的行为习惯靠拢。

第一，告诉孩子，父母以他为荣。巴顿的父亲在他很小的时候就对他说了自己家族的光荣历史，让巴顿自然而然拥有了一种荣誉感和使命感，在学习上严格自我要求，最终取得了学习的进步。家长在平时生活中也可以向巴顿的父亲学习，当然，不是每个家庭都有显赫的家族历史，但是，至少父母要传递给孩子一个信息——你是家里的骄傲，孩子得到这个信息之后，荣誉感和使命感会油然而生。

第二，抓住生活小事，及时表扬。表扬对激发孩子的荣誉感是非常有用的。月月爱静不爱动，除了看书学习，好像对其他的事情都不太关心。有一天，他在上学的路上捡到了15元钱，到了学校就把这捡到的15元钱交给了老师，受到了老师的表扬，老师把这件小事告诉了月月的妈妈，妈妈也大大表扬了他。从此以后，月月开始注意关心班级的事情，愿意为班级贡献自己的力量了。孩子其实很单纯，假如做父亲的看到子女的行为好，便加以赞扬；看到行为不好，便换上一副冷酷和不理会的脸色，那么，不要多久，孩子就会感到这种态度的不同。孩子的心灵是一张白纸，当他发现自己的行为有意义、有价值，能够受到肯定的时候，他会一如既往地做下去，因为他也喜欢做令他有荣誉感的事情。

德怀特·戴维·艾森豪威尔

——注重培养孩子的勇气

德怀特·戴维·艾森豪威尔（1890～1969），美国第34任总统，陆军五星上将。1915年美国陆军军官学校（西点军校）毕业后，到部队服役。1942年6月，被罗斯福选任为欧洲战区美军司令。1944年6月，指挥盟军实施了历史上规模最大的诺曼底登陆战役，同年12月，晋升为陆军五星上将。1945年11月任美国陆军参谋长。1948年2月退役，一度担任哥伦比亚大学校长。1950～1952年重新服役，出任北大西洋公约组织武装力量最高司令。1953～1961年，连任两届美国总统。著有《远征欧陆》《授权变革》和《争取和平》等书。

德怀特·戴维·艾森豪威尔诞生在德克萨斯州丹尼森城一个贫寒的家庭里，他是家中的第三个孩子。他的父亲戴维·艾森豪威尔年轻时与人合伙经商，但因受骗上当，生意破产，只得去铁路上打工，靠着微薄的薪水养活一家五口人。没过几年，德怀特又有了三个弟弟。

在这个拥有六个男孩的大家庭，母亲很注重培养孩子们的勇气。

一天，有个坏小子欺负小德怀特，趁小德怀特没有防备，一拳打在小德怀特脸上。他被打得顿时眼冒金星、鼻子发酸，掉下眼泪来。当他回到家时，母亲正在准备晚饭，看见小德怀特鼻青脸肿、哭着回来了，深感奇怪，忙问他发生什么事了。

小德怀特抽泣着讲述了刚才的事情。母亲听后，轻轻擦掉儿子脸上的泪水，温柔而冷静地对他说："孩子，我们家里从来没有出过胆小鬼，不要被他吓倒。"

"可是……他再欺负我怎么办？"小德怀特害怕地说。

母亲意味深长地看着小德怀特说："没事，你只管拿出勇气来面对！"

有了母亲的鼓励，小德怀特顿时变得勇气十足。后来那个坏小子再来欺负他，他便毫不示弱地反击。此后，再也没有哪个男孩敢动他一根指头。

母亲以这种独特的教育方法，使德怀特从小养成了勇敢、坚毅的性格，使他从小就敢于迎接各种挑战，力争做一个强者。

请真诚地回答以下问题：

1. 当孩子遭遇失败与困难的时候，他是不是能够勇敢面对？

2. 为什么孩子没有勇气，问题出在哪儿？

3. 你能否化解孩子的消极情绪，帮助孩子找到勇气？

歌德说过："你若失去了财产，你只丢掉了一点；你若失去了荣誉，你就丢掉了许多；你若失去了勇气，你就把一切都丢掉了。"要想让孩子成为一个杰出的人才，首当其冲的关键就是"培养孩子的勇气"。

第一，要根据儿童的表现，拟定勇气教育的方法。家长们应该观察、比较孩子在情感、行为上的特点，明确孩子为什么没有勇气，然后客观地针对自己家庭中的家庭教育方式的不足，拟定教育方法，对孩子进行勇气培养。

第二，多给孩子表达各种感受的机会，增强孩子的自信心。从表面看，勇气是人表现出的一定外显行为，其实也是孩子内心深处对自己认识的一种反映。孩子到了一定的年纪，大多数已经能通过妈妈、爸爸、姐姐等亲人的观点和评价认识自己，但是妈妈、爸爸、姐姐等亲人对他们所说的"肯定能行"等关于勇气方面的类似评价，并不能使他们马上就树立起自己的自信心，外界的评价和自我的感觉还没有完全融合为一体，所以，虽有正面的评价和夸奖，在情绪和行为上仍表现出一定的迷茫和退缩行为。因此，家长要多给孩子表达各种感受的机会，让孩子在表达和感受中逐渐增强信心和勇气。

第三，化解孩子的消极情绪，寻找孩子的长处。家长应该重视孩子对挫折、失败等消极情绪的表达，并且积极帮助他们化解这些消极的情绪体验，鼓励他们认识到自己还有许多优点，让他们感到虽然面对的任务和情况复杂多变，但自己仍然有做得很好的方面，家人仍然理解自己经历的困难和挫折，自己在解决任务中，能力能够不断增长。有了这样的认识，孩子们在面对可能遭受挫折或需要努力的任务时，勇气会越来越强。随着参与活动的增多，他们会对自己逐渐形成比较全面和客观的认识，逐渐接纳自己，挑战自己，进而在不知不觉中摆脱胆怯，变得积极主动和勇敢起来。

马丁·路德·金

——呵护孩子的自尊心

马丁·路德·金(1929～1968),美国著名的黑人社会活动家,为了争取黑人的平等地位而奋斗了一生,直到被刺身亡。1964年,他"由于为和平进行的奋斗,为全世界有色人种树立了一个榜样"而获得诺贝尔和平奖。

马丁·路德·金出生于美国南部。当时,虽然黑人奴隶制度已经废除,但黑人的地位仍然非常低。在社会上白人欺压黑人,无视黑人的权利,这样的现象一直没有彻底改变。

小马丁的父亲是一位黑人牧师,德高望重,在当地很受人爱戴。一次,小马丁随着父亲开车出门,行驶到一个路口上,他看到一个白人警察正远远地朝他们招手。小马丁心中一阵紧张。他经常听说白人警察殴打黑人的事,只是没有亲见。这次,白人警察让他们停下,会干什么呢? 是不是也要打他们呢? 他急忙把眼睛转向父亲。父亲只是皱了一下眉头,并没有说什么,更加小心地把车开过去,停在警察身边。只见警察长着一副胖脸,正盛气凌人地瞪着他们。

父亲摇下车窗,探出脑袋,彬彬有礼地问:"警察先生,您有什么事吗?"

"小东西,拿出你的驾照来。"警察大声呵斥道。

父亲被激怒了,但父亲没有把愤怒表现在脸上,他紧紧握着方向盘,用平和的声音回答道:"我是成年人,不是小东西! 难道你没有看见吗? 你应该叫我先生才对。不是吗?"

白人警察看到这个黑人不亢不卑,毫不示弱,便软了下来,哼了一声,悻悻地走了。

小马丁问父亲:"爸爸,我们没有做错什么,他为什么对我们这样凶?"

"虽然人生下来都是平等的,但我们黑人却得不到平等的对待。这是不公平的。"父亲沉重地说。

"爸爸,为什么我们会得到这样不公平的待遇? 白人为什么把我们看得低人一等呢?"

"孩子,错在白人身上,我们没有错。不管白人怎么看待我们,我们首先不能小看自己,我们要为黑人赢得尊严。"

小马丁牢记了父亲的话。尽管黑人受欺负的现象普遍,但小马丁并没有把这种强加在黑人头上的不平等看做是应该的。他开始反思,开始憎恶这不平等的社会。随着年龄的增长、知识的增加,他的思想也越来越成熟了。他决心把自己的一生献给黑人的解放事业,用实际行动为黑人争取更多的权利。他不断地发表演讲,组织黑人举行争取就业、争取自由的示威游行,一直奋斗到生命的最后一刻。

 育子智慧

> **请真诚地回答以下问题:**
> 1. 平时你是责备孩子多还是表扬孩子多?
> 2. 你能够尊重孩子、平等地对待孩子吗?
> 3. 你可曾强迫孩子做他不愿意做的事情?

自尊心是人类特有的思维活动,是向上的内在动力,对孩子健康成长和各种能力的发展,都有十分重要的意义。幼儿期是孩子自我意识的形成时期,此时,孩子开始注意别人对自己的评价,保护自己的自尊心。但是,孩子的自尊心又是非常脆弱的,像稚嫩的小苗,一旦受到伤害,会留下难以愈合的伤口,甚至会影响他的一生。因此,作为成年人,特别是爸爸妈妈应保护孩子的自尊心,并注意培养孩子的自尊心。

第一,适时表扬孩子。讽刺、挖苦孩子,能使孩子产生自卑而失去自尊,应积极鼓励,适当赞扬或给予奖励,使孩子在自豪中建立自尊。孩子争强好胜,并且希望得到成人的赞许,但由于年幼,难免出现过错或做事不如大人意,对此,不能过多责备孩子,而应抓住其微小进步加以肯定,激发孩子的积极性,使他们克服不足,在不断的进步中增强自尊心和自信心。

第二,平等对待孩子。对孩子管教过严,会使孩子在畏怯中失去自尊,应把孩子当做独立的主体,使孩子在平等之中建立自尊。父母不要把孩子当成自己的私有品,用命令的口吻跟孩子讲话,用成人的标准要求孩子。作为父母应该鼓励孩子大胆发表自己的见解,与成人争辩是非,如果成人确实说错了、做错了,应坦诚地承认错误,并向孩子道歉,使孩子觉得父母是尊重自己的,自己也应该尊重父母和别人。

第三，以身作则。正如詹姆斯·鲍德温所说："孩子们从不擅听长辈们的话，但是从来不会不模仿他们的行为。"家长的行为是孩子活生生的教材，家长自己如果不能做到马丁·路德·金父亲一样的不卑不亢，那么孩子的自尊心也会受到负面的影响。

第四，信任孩子。不信任孩子是中国家长普遍存在的教育误区。太多的家长没有意识到，对一个人能力的不信任是对人尊严无情的挑战。当家长怕孩子撒谎，对孩子的话进行挑剔、判断、质疑的时候，就在孩子心中种下了一颗被怀疑的种子。

第五，不要拿别人与孩子比较。很多家长一厢情愿地以为，和优秀的孩子比较会激起孩子学习成长的动力，其实不然。同龄的孩子中，本就有比较心理。这样做不但百分之百无法达到激发他向优秀者学习的目的，反而会给孩子留下自卑的阴影。孩子会想："我不如别人好，他是有价值的，我是没有价值的……"家长需要掌握的真正方法是：教育孩子跟他自己比较，跟自己的昨天比较。

第六，不要强迫孩子做他不愿做的事。强迫孩子做不愿做的事，等于漠视孩子尊严，这对孩子的自尊心是极大的伤害，是家庭教育上家长必须时刻留心注意的"高压线"。

莫汉达斯·卡尔姆昌德·甘地

——孩子的小错误更应该引起父母的重视

莫汉达斯·卡尔姆昌德·甘地(1869～1948),印度独立运动领导人、国民大会党领袖,非暴力不合作运动倡导者,享有圣雄称号,被尊称为圣雄甘地。他的一生都在为印度的独立而奋斗,曾多次被捕入狱,多次绝食祈祷。经过长期的斗争,印度人民终于获得了独立。因此,他被称为"过去30年来的向导和哲学家"、"印度自由的灯塔"、"印度自由的建筑师"。

1869年,甘地诞生在印度提阿瓦半岛的波班达。他的父亲曾任土邦大臣,个性耿直忠厚。甘地的母亲是个虔诚的印度教徒,有一颗清静、细腻的心。夫妇俩很重视对子女的教育,总是不厌其烦地教导子女向善、行善。

父亲的品德虽然深深地影响着甘地,但真正督促甘地一言一行的却是母亲。每次孩子犯了错,不管大错小错,母亲都会适时加以纠正,绝不容许孩子一而再、再而三地犯同样的错。

有一天,母亲在街上看见甘地衣衫不整地走着,十分看不惯,当场就说了他几句。甘地很不服气,竟然顶撞母亲说:"您未免太小题大做了吧!偶尔一次不修边幅,您何必这么挑剔?"

"不注重细节的人,必然粗心大意,而粗心大意的人怎么能成就大事呢?你连自己的衣着都不能整理妥帖,将来又怎能仿效你的父亲处理众人的大事呢?你好好想想吧!我不需要你现在就认错,只希望你日后能改过。"

正因为母亲如此注重对儿子的培养,甘地的性格才能够始终光明磊落。

请真诚地回答以下问题：

1. 你认为孩子衣着不整这类的小错误，需要"较真"吗？

2. 在批评孩子的小错误时，你能否做到就事论事？

3. 当发现孩子的错误行为之后，你能及时纠正吗？

在生活中，多数父母会认为，孩子犯了小错误可以不问，犯了大错就必须加以批评。因此，很多父母都易犯下这样的错误：对于孩子所犯的微小错误不去注意，如衣着不整、吃饭掉饭粒等，根本不跟孩子"较真儿"，去提醒孩子他犯错了。其实，正所谓"千里之堤，毁于蚁穴"，孩子的小错误更应该引起父母的重视。有些细小的错误，常常是孩子做事态度出现问题而引起的，如果不及时纠正，往往会养成孩子不良的做事习惯，或者使孩子的价值观出现偏差。

那么，当孩子犯了小错时，父母该如何正确处理呢？

第一，就事论事，不要过于夸大事实。当孩子犯了小错时，有些不是原则性的，父母也要进行谅解，因为有时候把错误"上纲上线"，更容易把孩子推向实质性犯错的道路。所以，父母一定要就事论事，不要过于夸大事实。

有些父母教育孩子时喜欢"拔起萝卜带着泥"，一件小错误，就能牵出孩子一大堆毛病，数落来数落去，把孩子说得一无是处，使孩子产生自卑心理，对自己完全丧失了信心，干脆"破罐子破摔"。

第二，及时纠正孩子的错误行为。当孩子犯了小错误，就应"随时确认"，及时给予批评警告，正所谓"堵蚁穴而保千里之堤"。有时，孩子未必能意识到自己的错误，如果当父母的不能立即纠正，一旦孩子犯下大错误便后悔莫及了。父母们应该知道，尽管孩子的判断能力比不上大人，但是他们区别好与坏的能力还是有的。父母如果及时抓住孩子"我犯错误了"的心理，进行有效的教育和行为上的纠正，孩子就会不犯或少犯这一类的错误了。

英迪拉·甘地

——换种方式和孩子沟通

英迪拉·甘地(1917～1984),印度近代最为著名的政治人物之一。1959～1960年间,参加国大党主席的竞选并成功当选,同时兼任其父的幕僚长。1966～1977年,1980～1984年,两度出任政府总理。她领导印度16年间的政治方针相当硬朗、立场坚定,被称为"印度铁娘子"。她的父亲尼赫鲁(1889～1964),印度民族主义运动领导人,国大党领袖。1912年末参加国大党年会。他先后两次担任国大党总书记(1924～1926,1928～1929)。1928年与鲍斯共同建立全印独立同盟。1929年当选为国大党主席。印度独立后他任第一任总理,任职17年(1947～1964)。

尼赫鲁本人是英迪拉的第一个也是最好的老师。从英迪拉的童年时代起,父亲就把她当做一位亲密的朋友,父女俩开始通信。尼赫鲁长年在外从事民族独立运动,其间多次入狱,但这都不能影响父女间交流感情。

英迪拉13岁生日的时候,尼赫鲁正在狱中,他给女儿写了一封祝福信。在信中,他提出了一些期望,但他特别申明,这些期望绝不是说教,也不是施舍忠告。他说:"你知道,亲爱的孩子,我是多么不喜欢说教,或施舍什么忠告……因此我绝不能像布道般地说教。……如果我说出听起来像是忠言的话,不要像吞苦药一样接受它。想象着我给你提出建议,让你思考,就像我们真正在谈话一样。"

在英迪拉16岁时,不知什么原因,她在一封给父亲的信中写了许多自责的话,她写道:"我常常做不该做的事,说不该说的话。有时惹你生气了,当然是我的错——您能原谅并忘掉吗?"

按照一般的观点认为,这些话表明孩子已经长大懂事了,应该表扬她才对,但尼赫鲁在回信中这样写道:"但你为什么突然为一些我并不知道的事而道歉?'原谅并忘掉'——原谅什么?忘掉什么?朋友之间不存在原谅和忘掉的问题,我希望你和我成为朋友,虽然同时你碰巧又是我可爱的女儿。最重要的是互相理解。"

可以说,书信往来已经成为父女俩相互理解、沟通心灵的主要渠道。无论何时何地,父女俩的书信交往从来没有间断,信中无所不谈,无拘无束,相互鼓励,坦诚交换意见。尼赫鲁认为,信如其人,信反映着一个人的人格,是"真正自我的活影子"。

 育子智慧

> **请真诚地回答以下问题:**
>
> 1. 你觉得你是孩子无话不谈的"朋友"吗?
> 2. 你和孩子的沟通方式除了"面对面"外,还有哪些?
> 3. 你曾经给孩子写过信或是各种形式的书面文字吗?

"我要走进你的世界,你不让;我想让你走进我的世界,你又不来",这是一位和孩子难以交流的母亲发出的无奈心声。

"找不到好的沟通方法"已成为许多孩子家长的最大苦恼。英迪拉·甘地的父亲尼赫鲁就很聪明,他因为环境的原因,不能跟女儿面对面沟通,但是这恰恰帮助他找到了另一种沟通的方式——书信,结果他与女儿成为了无话不谈的好朋友。其实,只要家长开动脑筋想一下,改变一下交流的方式,会发现和孩子沟通其实并不难。

第一,书面交流。"知心姐姐"卢勤曾说:"给孩子写信,通过文字来表达自己的心情,不失为一种与孩子沟通交流的好方法。"

德国著名教育家卡尔·威特也说:"有时候,对于某些我觉得不便用口头表露的情感,我会把要表达的意思以书面的形式写在纸条上,这使它们加重了自身的分量,并显得更加真实可信。"

书面交流方式相对于面对面的口头交流,有着独特的优势。与家长,可以尽量斟酌语句,努力使自己的表达达到"动之以情,晓之以理"的效果。与孩子,在嗅着温馨墨香、感受来自家长亲笔关爱的同时,不知不觉和父母进行心灵的对话。并且,书信交流还有利于孩子反复阅读,仔细揣摩。

父母平时可以给孩子留言或写信;也可以准备一块白板,随时把自己想说的话写在上面;可以将写好的纸条放在孩子的书包里,夹在他的书中;也可以把信通过邮局寄给孩子;如果条件允许,家长还可以和孩子共同来写亲子日记。

第二,电话交流。电话交流有直接交流的优点,同时也可以避免一些面对面的尴尬。短信是一种很好的交流方式,在孩子遇到挫折的时候,你给他发一条温情的短信,他的内心就会撒满阳光;在和孩子交谈遇挫的时候,一条短信可能会打破言语的坚冰。

第三,委托他人。在和孩子交谈无效的情况下,家长可以邀请别人(比如亲戚、老师、同学等)和孩子交谈,间接地表达自己的观点。这样做有时候会比家长自己直接说更有效果。

拉吉夫·甘地

——不妨对孩子实话实说

拉吉夫·甘地(1944～1991)，印度尼赫鲁家族中的第四代传人、第三位总理，也是印度历史上的第六任总理。1984年12月31日，他在母亲遇刺身亡后，正式接任总理一职。

拉吉夫·甘地的母亲英迪拉·甘地是印度女政治家，印度前总理尼赫鲁的女儿。1972年，英迪拉在大选中获胜，成为印度第一位女总理。英迪拉对印度有着出色的贡献，她个人权力欲旺盛，政治上不屈不挠，在世界事务中坚持独立自主。而在孩子心中，她又是最好的母亲，她对儿子拉吉夫·甘地的成长发挥了重要的作用。

拉吉夫从小性格内向，少言寡语，甚至有些腼腆。在他3岁时，全家搬进了新居。年少的他对新居有些不适应，总是觉得不开心、什么地方都不好玩，因此不时莫名其妙地哭闹。

有一次，拉吉夫又不知道什么原因又在家里哭闹，大家都没有办法。这时，母亲就对他说："孩子，花园里的喷泉很美，你想哭的时候就到喷泉那里去哭吧。"拉吉夫听到母亲这么说，果然跑到花园的喷泉那里，他见到那里有很多有趣的东西，就停止了哭泣，忙着观察这些有趣的东西。此后，每次孩子们在哭时，英迪拉总是会轻声地在一旁提醒一声"喷泉"，孩子们就走开了。母亲知道，花园里有很多东西，足可以吸引孩子们的注意力，让他们把烦恼和不快抛之脑后。这个办法真不错，每试必准。

英迪拉在童年的时候，因为父亲是总理，日理万机，无暇顾及孩子，使她的生活总是伴随着孤独和不安。当她有了孩子后，下定决心要挤出足够的时间和孩子们待在一起，好好爱他们、教育他们。因此，在她做了一国总理后，不管多忙都会抽出时间和孩子一起玩耍或读书。

拉吉夫在12岁的时候，需要做一次手术。尚年幼的他本能地产生了害怕，不知做手术会怎样。为了安慰他，主治医生打算告诉他手术很简单，并不痛。但英迪拉却认为,儿子已经很懂事了,对他隐瞒事实反而不好。于是,她告诉儿子:"孩子,手术后有几天会相当痛苦,这种痛苦没有人可以替代,你要有心理准备。你可以哭泣,但哭泣无济于事,不仅不能减轻你的痛苦,也许还会引起头痛。"

拉吉夫听了母亲的话,点了点头。后来他很勇敢地熬过了这次手术,既没有哭也没有叫喊,坚强地忍受了过来。

为了让拉吉夫顺利接班,英迪拉着意培养他。起初,她为拉吉夫安排了一个非正式的职务,在总理府旁边设了一个办公室,让他帮助处理一些日常政务,代她接见一些党政要人,有时也安排拉吉夫代她外出视察,使其获得了从政的初步经验。通过耳濡目染,以及经验的一步步积累,拉吉夫具备了一个政治家的基本素质。

英迪拉遇刺身亡后,拉吉夫以国家利益为重,果断地平息了全国骚乱,使国家迅速稳定了下来。人民对他的信任大大增强了。1984 年的最后一天,拉吉夫·甘地接替母亲,正式宣誓就任印度新总理。

 育子智慧

> **请真诚地回答以下问题:**
> 1. 当孩子问你"打针疼吗"时,你回答的是"疼"还是"不疼"?
> 2. 你是否认为孩子还小,不应该告诉他事情的真相?
> 3. 你尝试着对孩子说实话之后,孩子的反应如何?

英迪拉有一点是比大多数家长做得出色的,那就是她对孩子实话实说,没有隐瞒。每个孩子都会胆怯,但是每个孩子又都有潜力变得坚强。家长要告诉孩子实情,让孩子勇于面对困难,思考如何战胜挫折。早日让孩子见到生活的真实,对孩子绝对是利大于弊。

杰出物理学家、《时间简史》的作者霍金,全身瘫痪,被禁锢在轮椅上达 40 年之久。他可以听,却无法说话。但是,他有充满智慧的父母——他们从小就没有对孩子隐瞒他的病情,而是实话实说,引导孩子扼住命运的咽喉,实现人生的价值。

1962 年年底,霍金回家过圣诞节时,忽然感觉自己手脚有些不听使唤。就在平安夜,他将应该倒进酒杯的酒洒在桌布上了。研究热带病的父亲推测是儿子染上了疾病,立即把他送到了医院。

医生经过一系列的诊断,得出了一个如雷轰顶的结论:肌萎缩侧索硬化症!这是一种十分罕见的病,简称运动神经症。国际上尚无治此病的特效药与方法。医生告诉霍金的父亲:"你儿子正进入这种病的初期,随着时光推移会很快恶化,影响脊椎和大脑中枢控制运动的那部分神经系统的功能,造成细胞衰老,继而全身瘫痪,最后导致呼吸作用的肌肉丧失功能,引起肺炎或窒息而死亡。"

父亲一听到这个结果就惊呆了。好半天才结结巴巴地问:"大夫,他的大脑会损伤吗?"

"这倒不会,大脑中管记忆思考功能区域毫无损伤。但据目前推断,他的寿命最长只有两年。是否通知你儿子,由你及家人决定。"医生毫无表情地说。

这个不幸的消息是告诉儿子还是保密?父母痛苦地思考着。看着瘦弱的儿子深邃专注的眼睛里闪着智慧的光,他们认为应该把真实情况告诉儿子。如果儿子是一个坚强的人,他一定会承受这个灾难,勇敢地去面对;一味隐瞒,反而引起儿子的怀疑,不利于他面对现实。

霍金没有让父亲失望,虽然他的内心非常痛苦,可是经过许久的思考,他沉着地对父母说:"爸爸妈妈,我不准备等死,我打算早点回到学校,继续学业。请放心,无论我能活多少时间,我都要坚持下去,做一些自己喜爱的工作。"

听到儿子的表白,母亲落泪了。父亲则紧紧将儿子拥在怀里,他知道儿子已经挺过来了!

英迪拉、霍金的父亲都给家长做出了很好的榜样,但是,生活中仍然有很多家长做不到这一点。父母总是习惯性地把所有困难替孩子扛起来,做孩子温柔的靠山。可是生病的孩子总会知道疼痛,父母没有办法将事实永远掩盖,孩子终有一天会发现真相,为什么不早一点让他们学会承担呢?

孩子终将离开父母独立生活,那么就请在这之前教会他们更多吧!告诉孩子实情,跟孩子说实话,让他们早日学会如何面对生活。

弗拉基米尔·伊里奇·乌里扬诺夫·列宁

——让孩子勇于承认自己的错误

弗拉基米尔·伊里奇·乌里扬诺夫·列宁(1870～1924)，俄国十月革命的领导人，第一个社会主义国家的创始人。1887年，列宁的哥哥因参与谋刺沙皇亚历山大三世而被杀害。从血的教训中，列宁增强了与沙皇专制制度斗争的决心。1891年，他在萨马拉城组织了当地第一个马克思主义小组。1893年8月，他移居圣彼得堡，从此开始了轰轰烈烈的推翻沙俄腐败统治的革命斗争。1917年，他领导下的布尔什维克创建了世界上第一个社会主义国家——苏联。

一天，母亲带8岁的列宁到舅妈家去走亲戚。这时大人发现屋里的一只花瓶碎在地上，母亲猜到是列宁不小心打碎的，因为刚才她发现儿子从这间屋子里慌慌张张跑了出来。

舅母大声问几个小孩："谁打碎了花瓶？"

孩子们齐声喊道："不是我打的！"

列宁也跟着喊："不是我打的！"

列宁并没有承认是自己打碎了花瓶，这让母亲很伤心。按说母亲应当场揭穿谎言并严厉处分列宁，但她没有这样做。母亲认为，重要的是看儿子能否意识到自己的过失，并主动向大人承认错误，她希望儿子能在想明白后，悔改认错。

母亲一边耐心地等待着列宁认错，一边若无其事地给他讲一些伟人勇于承认错误的事例。三个月后，一天临睡前，她轻轻爱抚着儿子的额头。突然，列宁哭了起来："妈妈，我骗了舅妈，花瓶其实是我打碎的！"

母亲的等待有了结果，儿子终于鼓起勇气承认自己的过错。这就是列宁母亲一次成功的教育，它彻底洗涤了孩子心灵上的道德"劣迹"。

请真诚地回答以下问题：

　　1. 面对自己所犯的错误，孩子会编造各种借口吗？

　　2. 你知道孩子为什么不愿意认错吗？

　　3. 孩子勇于认错之后，你会积极鼓励他吗？

　　很多时候，即便是在"案发现场"，指着那被翻得乱七八糟、零落满地的书本、零食，家长问孩子："这是谁干的？"答案还是从"这是小狗干的"到"这是外星人干的"，或者"它就是那样的"，很难听到孩子承认："这是我干的！"很多孩子不愿意爽快地承认自己犯的错，同时还能编造出各种理由和借口。面对这些狡辩，很多家长真是气不打一处来！那么，为什么孩子不愿意认错呢？

　　第一，"如果我承认了，妈妈一定会大发雷霆的！所以我可不能说是我！"孩子害怕的不只是来自家长口中的责备或手下的惩罚，而是家长的愤怒、不满，以及家长对自己的失望的情绪，这让孩子真正心生胆怯。很多时候家长低估了孩子，以为这些小家伙只是因为畏惧"皮肉之苦"或者"一顿臭骂"而不惜耍赖，做了错事不敢承认。事实上，真正让他们感觉受伤或者内疚的，是爸爸妈妈愤怒中隐藏的沮丧，是爸爸妈妈的难过。可家长也的确不能高估了这些孩子，因为他们相信可以借助回避责任、矢口否认来换取父母的不失望、不难过。

　　第二，"我不想说'对不起'！……只要我不承认是我干的就不用说了。""对不起"不是人人天生就会说、就懂得说、就明白为什么要说的。道歉也需要一边成长一边学习。大人难道不也是如此吗？孩子已经有了很强的自我意识，只是他们还不能够正确地分辨在什么情况下它叫做"自尊心"，什么场合它就变成了"固执"和"无礼"。

　　第三，"我说那不是我干的，因为我也不知道自己这时应该怎么办！"在孩子看来，推卸责任，很多时候是躲避麻烦最简单的方法！但事实上，他也许并不希望就此"灰溜溜"地"逃走"。勇于承认和"善后处理"，孩子还需要父母的一点帮助和用心。他知道自己做错了，给他修正、挽回或补救的机会，同时还能保留一些面子。

　　第四，"那可不是我干的！真的！"幻想和事实，对于孩子来讲，还是会时常出现混乱的。他们有时会沉迷于自己幻想期望的事情（也就是"那事情"根本没发生），有时候他甚至真的忘记了刚才都发生了什么。父母们不要忘记，他们毕竟还是小孩子，生理的、心理的发育都还在进行和完善，他们有很多自身不自觉也难以控制或者避免的年龄局限。不要总是用大人的想法来猜测甚至强加于他们,他们需要的更多是帮助。

那么,孩子犯错之后,如何鼓励他们认错呢?

第一,等待孩子说出真诚的道歉。"对不起"这三个字,说出来真的需要一些勇气。在孩子犯错后,家长要"迂回"地让孩子主动道歉,可以对孩子说:"爸爸妈妈知道,能说出真诚的'对不起'是很困难的,但是只要你说出来了,那你就是一个勇于认错、敢担责任的好孩子。"当孩子学会了诚心诚意地道歉时,他也就不会去推卸自己的责任了。不过,家长一定不要强迫孩子说"对不起",所有的一切是要让孩子最终明白,只有自己真心地感到抱歉了,自己也才能真正地舒服和轻松起来。

如果孩子还是难以开口道歉的话,可以教孩子"换一种方式"来说。比如画张画——在一张大纸上,和他一起写上"对不起"。在他不愿开口的时候,他会想到它。这样做既不会因为强迫孩子开口而造成他的逆反,又能达到让孩子领会精神的效果。

第二,给孩子一个参与解决问题的机会。如果孩子在墙上乱涂乱画,那么家长可以反问孩子:"你说那个做错事在墙上乱画的人应该想些什么办法来弥补他的过错呢?"家长主动提出进入"弥补"的程序,也就暗示了家长虽然不满意但愿意接受孩子的认错和补救,孩子会用积极的态度来响应的——"我想那个孩子已经答应了一会儿就用刷子把它们刷干净!"

第三,孩子认错后父母要积极鼓励。虽然人人都会犯错误,但是敢于承认错误并为之负责任的人却是少之又少,大人尚且如此,更何况是孩子呢。很多父母只会在孩子表现"精彩"时才给予奖励,殊不知,勇于承认错误是很难得的品质。做父母的一定要鼓励孩子勇于承认错误,并给予奖励、表扬。此外,父母要帮助孩子找到犯错误的原因,然后和孩子一起寻求解决的办法。很多时候,失败的经验、教训更能够推动一个人的成长。高明的父母可以让孩子在否定自己的过程中看到自己的成长,体会到更深刻的成就感。

夏尔·戴高乐

——试试用激将法来"刺激"一下孩子

夏尔·戴高乐(1890～1970),法国将军、政治家,曾在第二次世界大战期间领导自由法国运动,在战后成立法兰西第五共和国并担任第一任总统。戴高乐支持发展核武器、制定泛欧洲外交政策、努力减少美国和英国的影响、促使法国退出北约、反对英国加入欧洲共同体、承认中华人民共和国,这一系列思想政策被称为"戴高乐主义"。

戴高乐的父亲是一所学校的校长,曾参加过普法战争,并获得过一枚勋章,这枚勋章成了戴高乐小时候的宝贝和玩具。也许受这个因素的影响,戴高乐从小就喜欢玩打仗的游戏。做游戏时,他要求玩伴们像真的一样投入"战斗",要服从命令、作战勇敢,不能投敌变节、贪生怕死。

有一次,他又和几个孩子玩打仗游戏。他演司令官,弟弟演情报官,他命令弟弟:一旦被敌人俘虏,就要把情报吞到肚子里去。"战斗"打得很激烈,弟弟真的不幸被"俘"了,没来得及吞下"情报"。在"敌人"的胁逼利诱之下,弟弟交出了"情报",被放了出来。弟弟的行为使这位"司令官"大为恼火,他骂弟弟投"敌",狠狠地揍了他一顿。

家庭的背景,童年的打仗游戏,使小戴高乐从小就对军人产生了崇拜。有一天放学回家,小戴高乐忽然对父亲说:"爸爸,今天老师问我的理想是什么,我告诉他,我将来要考圣西尔军校,当一名将军。"

听了儿子的话,父亲愣了一下。他知道,要考上这所著名的军校,并非易事。儿子虽然聪明,记忆力也强,学校的课程一般都难不倒他,只要一用功,就可以名列前茅,但这个孩子的兴趣太广泛,缺乏专注力。比如,他喜欢小说,经常用一宿的时间读完一本书,第二天上课就无精打采的,甚至打起了瞌睡;他还喜欢音乐,经常弹弹唱唱,可当家里给他买了钢琴后,他的兴趣又不在弹钢琴上了……充沛的精力,使他一刻也闲不住。对于学习,却心猿意马,集中不了精力,致使每次考试成绩都不是十分理想。因此,父亲一直为他的前程发愁。

"你的话是真的,还是随便说说?"父亲决定激他一将。

"当然是真的。我打算将来当一名勇敢的军人,在战场上拼杀上阵,为祖国的荣誉而战。"小戴高乐严肃地说。

"你的想法不错,爸爸支持你,希望你将来能够成为一名出色的将军。可是,我实在对你没有信心,凭你现在的成绩,能考上一般的学校就了不起了。"父亲唉声叹气地说。

"爸爸,你的意思是说,我考不上圣西尔军校?"小戴高乐着急了。

父亲点点头,不动声色地说:"不是爸爸给你打退堂鼓,是你自己的成绩达不到。孩子,如果你再不刻苦学习、迎头赶上的话,想考上圣西尔军校那简直就是开玩笑啊。"

父亲的话深深地刺痛了小戴高乐的自尊心。他的小脸涨得通红,呼吸也急促起来。但父亲的话切中要害,符合事实。从此,他像换了个人似的,集中精力读书学习,终于如愿以偿地考上了圣西尔军校,成了真正的"司令官"。

育子智慧

> **请真诚地回答以下问题:**
>
> 1. 孩子的自尊心强吗?
>
> 2. 你尝试过用"激将法"鼓励孩子吗?
>
> 3. 如果被孩子识破了你的"激将法",你是如何做的?

俗话说"劝将不如激将",像戴高乐的父亲一样,适当地运用激将法来鼓励孩子是非常不错的一个方法。

激将法是利用孩子自尊心和逆反心理积极的一面,从相反的角度,以"刺激"的方式对孩子寄予期望,以激起孩子"不服气"、"不服输"的精神,使孩子产生一种奋发进取的"内驱力",将自己的潜能充分地发挥出来,从而收到良好的教育效果。

一个叫文文的8岁孩子,非常喜欢看动画片、打游戏。这天,妈妈在进行大扫除,文文在旁边兴致勃勃地打游戏。

妈妈对文文说:"文文,帮妈妈把地扫一下!"

文文不太愿意地说:"你自己扫吧,我正忙着呢!"

"文文,你看妈妈都忙不过来了,你赶紧来帮一下。"妈妈催促道。

无奈,文文只好放下游戏帮妈妈扫地。不一会儿,妈妈进屋收拾房间去了。这时文文眼睛盯着游戏机看了半天,终于,他放下扫把,又去打游戏了。

妈妈收拾完房间出来,看到文文只扫了一个角落,心里有点生气。但是,聪明的妈妈并没有显示出生气的样子。她走到文文旁边,故意大声叹息道:"唉,我真替你发愁呀!"

文文赶紧放下游戏机,问妈妈:"为什么替我发愁呀?"

"你看你,连地都不会扫,以后还能做什么事情? 我怕妈妈老了以后照顾不了你,你会很可怜的。"妈妈严肃地对文文说。

文文一听,乐得笑起来:"妈妈,我不是不会扫,是我不想扫。"

"是吗? 我怎么相信你啊? 看看你刚才扫地的样子,我不相信你能够把地扫干净!"妈妈不屑地瞟了文文一眼。

文文有点急了:"不信是吗? 我扫给你看,我今天一定要比你平时扫得更干净!"文文把游戏机关掉后扔进了抽屉里,然后高高兴兴地扫起地来,他花好长时间来扫地,把角角落落都扫得非常干净,还帮妈妈做了许多其他家务。

妈妈见此情景,适时地称赞道:"原来你这么能干,看来是你以前太懒了!"

听了妈妈的话,文文不好意思地吐了吐舌头。

一个人的能力是有限的,但是,潜能却是巨大的。父母应该在日常生活中运用"激将法",对孩子说:"为什么别人能做到,你却不能呢?""我就不相信你不能改正缺点。"让孩子产生一股不服输的心理,从而下决心挑战自我。就算孩子识破了父母激将法的心理,父母也不用不好意思,微笑着承认反而会促进亲子关系。

不过,家长在使用"激将法"的时候也要注意分寸的把握,不要采取过激的行为和言辞,让孩子以为自己在家长心目中真的"一无是处",这样的话不但得不到想要的效果,还容易造成孩子的自卑心理,影响亲子关系。

玛格丽特·撒切尔

——让孩子做一个有主见的人

玛格丽特·撒切尔（1925～2013），政治家、外交家，英国前首相。1947 年在牛津大学获化学学士学位，后获得艺术学学位。曾从事过化学研究，当过专利法律师、税法专家，1953 年入选下议院，1975 年 2 月被选为保守党领袖。1979 年 5 月，保守党在大选中获胜，她成为英国第一位女首相，并三度蝉联首相，开创了英国历史的先例，成为世界著名的风云人物。她任职期间工作勤恳，政绩卓著，有"铁娘子"之称。

1925 年 10 月 13 日，英国伦敦西部的格兰瑟姆市一个杂货店主家，第二个女儿降生了，她就是玛格丽特·罗伯特斯。她的父亲叫阿尔弗雷德·罗伯特斯，靠经营杂货店为生。母亲比阿特里丝是个裁缝，一家人过着俭朴而有序的生活。阿尔弗雷德既是州议员又兼职卫理公会传教士，他的家庭充满了宗教气息。在生活和对孩子的教育方面，他非常讲求实际，而且特别严肃认真。

在孩童时期，玛格丽特深受父亲的宠爱，这种宠爱非同寻常，阿尔弗雷德决心把女儿培养成才。每周，玛格丽特都得跟随家人去参加卫理公会教的活动，星期天上午还要去教堂做礼拜。之后，她还得去学校学习。

爱玩是孩子的天性，每次在教堂做礼拜时，看见别的小朋友在外面自由自在地跑来跑去，做着有趣的游戏，玛格丽特的心便也跟着飞了出去。她抬起头，小心翼翼地问父亲："我想出去玩，可以吗？"

阿尔弗雷德也不顾及孩子的感情，严厉地回答："不要看别人做什么，你也去做什么，要有自己的想法！"玛格丽特只好乖乖地坐着。

见孩子不说话，父亲缓和了语气，劝导玛格丽特："孩子，不是爸爸限制你的自由，而是你应该有自己的主见，有自己的思想。现在是你学习知识的大好时光，如果你想和一般人一样沉迷于玩乐，那样只会一事无成。我相信你有自己的判断力，你自己做决定吧。"父亲说完，小玛格丽特陷入了沉思，她将父亲的一席话深深地印在了脑海里。

父亲经常这样教育女儿，让她要有主见，有自己的理想，特立独行。这样的家庭教育培养了玛格丽特高度的自信，而独立不羁的个性又使她养成了一种心理优越感，为她今后的成功打下了良好的基础。

 育子智慧

> **请真诚地回答以下问题：**
>
> 1. 对某件事情，孩子是否总有自己的想法？
> 2. 你是不是经常"命令"孩子？
> 3. 你给了孩子自主选择的权利吗？

缺乏"主见"的意识的孩子在生活中往往表现得较盲目顺从，产生疑问或意见不一致时，缺乏深入思考或者主动思考的良好习惯。这类孩子的学习也往往是机械模仿的成分较多，无法静心深入到问题中思考，进而不能有效地进行独立的、有意义的学习，形成自己的观点。

遇到这样的情况，家长绝对不能忽视。表面上看来不会对孩子造成什么样的损失，但长此以往，这不单单会影响孩子的学习效果，更重要的是将会影响孩子未来独立解决问题的能力，影响孩子获得成功，甚至是一辈子的命运……因此，培养孩子成为一个有"主见"的人极为重要。那么如何做才对呢？

第一，对孩子晓之以理，提高认识。家长可以通过一些靠自己的主见或坚持自己的想法而获得成功的典型事例，对孩子进行教育，让孩子深深地体会到学习、生活中有"主见"，坚持自己想法而执著奋斗所带来的好处，充分认识到"无主见"对人的影响及危害性，从而提高孩子的"主见"意识。

第二，改变评价孩子的价值标准。在家庭交流中，大人们不要把"听话"、"乖"之类的语言挂在嘴边，不要让孩子觉得顺从大人的意志是值得表扬的。比如，把"你这么快就把作业做完了，真听话"改成"你这么快就把作业做完了，效率真高"等，丰富对孩子正面性评价的词汇，让孩子明白一个优秀的人应该具备许多优秀的品质。

第三，变换家庭角色。父母不要只充当"管教者"的角色，也不要把孩子限定在"被管教者"的角色里。在家庭沟通中，可以有多种多样的"角色游戏"。比如，定期开家庭会议，进行平等交流，无论孩子说了什么样的话，家长都给予足够的重视；还可以让孩子管家，处理一些简单的家庭事务等。

第四，给孩子表达意愿的机会。相当一部分家长习惯于事事为孩子做出决定，而少有征求孩子的意见；一旦孩子不遵从，就大加责备。其实孩子有孩子的想法，家长在任何时候都要注意让孩子充分表达自己的意愿，给他自主思想的机会。例如，带孩子去超市购物，可以问他自己想买什么；替孩子洗澡前，可以问他应该做些什么准备；带孩子出门，可以问他想乘坐什么交通工具；带孩子去旅行，可以问问他自己觉得要准备些什么东西，等等。

第五，用启发式的话语代替命令。很多家长在要求孩子做事时，往往喜欢使用命令句式，如"就这样做吧"、"你该去干……了"。这种语气会让孩子觉得家长的话是说一不二的，自己是在被强迫做事，即使做了心里也不高兴。家长不妨将命令式语气改为启发式语气，如"这件事怎样做更好呢"、"你是否该去干……了"，这种表达方式会让孩子感觉到家长对自己的尊重，从而引发孩子独立思考，按自己的意志主动处理好事情。

第六，随时随地让孩子自主选择。家长对孩子自主选择的尊重，可以随时随地体现在最简单的日常生活中：

吃的自主。当孩子力所能及时，在不影响孩子饮食均衡的情况下，家长可以让孩子自己选择吃什么。例如在吃饭后水果时，家长不必强迫孩子今天吃苹果，明天吃香蕉，而让孩子自己挑选。

穿的自主。家长带孩子外出玩耍时，在保证安全、健康的前提下，可以让孩子自己决定穿什么衣服，切忌随自己喜好而不顾孩子的感受。

玩的自主。不少孩子在玩游戏时，并不想让成人教给他们游戏规则，更愿意自己决定游戏的方式，并体验其中的乐趣。家长可让孩子自己选择玩具和玩的方法，这样做可以极大满足孩子的自主意识，帮助他成为一个有主见的人。

田稷子

——孩子犯错之后要正确惩罚

田稷子,生卒年不详,战国时期任齐国的宰相,伟大的政治家、文学家。

田稷子是战国时齐国的宰相,以廉洁奉公、勤政爱民而著称,而这种优秀的品质完全得益于他母亲的培养和监督。

齐宣王执政时期,田稷子由于办事认真负责,深得齐宣王的信任,被任命为齐国的相国。被拜为相国后,田稷子整日公务繁忙,又加清正廉洁,俸禄微薄,无法更好地赡养母亲安享晚年,心中有愧。

有一次,他的下级官吏为了讨好他,送了百两黄金给他。田稷子为了表达自己对母亲的孝顺,就把这些黄金悉数送给了母亲。但当田母看到儿子一下子拿了这么多黄金出来的时候,她并没有因为突然拥有那么多的财富而高兴,而是仔细地盘问起田稷子。

她问田稷子:"我听说志士不饮盗泉之水,君子不食嗟来之食。你做宰相,就是3年的俸禄也没有这么多,你怎么突然有了这么多黄金? 你告诉我,你是从哪儿得到这么多钱的? 难道是掠取民财、收受贿赂得来的? 难道我在你小时候对你的教诲你全都忘了? 快告诉我这笔钱是从哪里来的?"

田稷子知道瞒不过母亲,忙跪倒于母亲身旁,泪如雨下,承认说:"孩儿没有忘记小时候母亲对我的教导。这笔钱是一个下级官吏送我的,他知道母亲大人年迈体衰,特让我表达一下诚意和孝心。孩儿因公务缠身,无法在母亲身边尽孝,深感不安,就请母亲收下孩儿的这份孝心吧!"

田稷子的母亲听后对他说:"读书人应该注意自身修养,为人要品行高洁,而且要诚实守信,不取不属于自己的东西,不做虚假欺诈之事,不工于心计,不取不义之财。言行要一致,表里要相符。现在,君王要你做宰相,给你高官厚禄,你就应该用自己的忠诚、廉洁奉公来报答君王的赏识与信任,只有这样,才是为人臣的忠,为人子的孝。如今,你的做法恰恰相反,取不义之财,完全背离了为人臣之忠,为人子之孝。不义之财我不想要,不孝之子我也不想要,你走吧!"

听了母亲的一番教诲,看到母亲的伤心,田稷子又是后悔,又是羞愧。于是,他决心改正过错,不辜负母亲对自己的教育、君王对自己的信任。他很快就把贿金还给了行贿者,并把这件事情告诉了齐宣王,请求齐宣王治自己的罪。齐宣王知道了这件事情后,非常赞赏田母的见识与品德,深为齐国拥有这样的母亲而骄傲。并且,为了表明对齐母的敬重,齐宣王并没有处罚田稷子,还让他继续担任齐国的宰相。

 育子智慧

> **请真诚地回答以下问题:**
>
> 1. 孩子犯错之后你会惩罚他吗?
> 2. 在你惩罚孩子的时候,家人的态度和你一致吗?
> 3. 罚了又赏的情况发生过吗?

故事中的田母的确是令人敬佩的,她以廉洁正直感化儿子,教育儿子不取不义之财的行为是值得天下母亲学习的。除此之外,田母教子的故事,还有一点值得家长深思,那就是她对孩子犯错之后的惩罚手段。当田稷子收受贿赂之后,田母说了句:"不义之财我不想要,不孝之子我也不想要,你走吧!"这句话分量相当重,对田稷子也起到了"当头棒喝"的作用。当然,在现代家庭教育中,不是要所有家长在孩子犯错之后都把孩子"赶出家门",但是怎么说、怎么做确实值得家长再三琢磨的。

那么,在生活中,家长应该怎样科学、正确地来惩罚孩子呢?

第一,父母态度要一致。著名教育家陶行知先生认为:"做父母的对子女的教育应有一致的措施。"马卡连柯也说:"家庭集体的完整和一致,是良好教育的必要条件。"在惩罚孩子方面,父母态度一致也非常重要,否则妈妈埋怨孩子、爸爸赞成孩子,作为孩子应该听妈妈的,还是听爸爸的?父亲和母亲的做法其实都是为了孩子好,目的也是一致的,但是方法和态度不同,教育效果是可想而知的。所以,在惩罚孩子之前,父母首先要沟通好,建立一致的教育态度。

第二,惩罚的"量刑"要适当。惩罚孩子的目的是为了孩子的良性转化,惩罚的"量刑"就必须合乎孩子的行为。惩罚过重容易引起孩子的对抗情绪,轻了又不足以使孩子引以为戒。因此惩罚孩子要以达到目的为原则,既不能轻描淡写,又不能小题大做滥用"刑罚"。大教育家洛克说:"儿童第一次应该受到惩罚的痛苦的时候,非等完全达到目的之后,不可中止;而且还要逐渐加重。"其中的道理耐人寻味。

第三,要依照规则进行惩罚。家长应和孩子协商制定一个奖惩规则,让孩子知道犯错后将受到什么惩罚。这样,孩子平日就会有所注意,从而减少犯错误的概率。当孩子犯错后,家长应注意调整自己的情绪,不要因一时冲动而随意惩罚孩子。若是孩子以后犯了同样的错误,也应该按规则进行和以前相同的惩罚,这样家长才能在孩子心中树立威信。

第四,指明"出路"不含糊。惩罚孩子不能半途而废,应要求受罚的孩子作出具体的改错反应才能停止。家长要态度明确,跟孩子讲清楚他应该怎么做、达到什么要求或标准,否则有什么样的后果。如孩子有乱丢东西、不爱整理的习惯,家长在惩罚时就应该让其自己收拾好东西、整理好玩具,使其明白必须要做好,否则又要受罚。家长千万不能含糊其辞甚至让孩子"自己去想"。家长不给"出路",孩子改错就没有目标,效果就不明显。

第五,罚了又赏要不得。家长教育孩子要赏罚分明,该奖时就要郑重其事甚至煞有介事地奖,让孩子真正体会到受奖的喜悦;该罚时也应态度明确、措施果断,让其知道自己错之所在。只有这样,才能培养孩子明辨是非、知错即改的品行。如果在对孩子实施惩罚之后,家长中的一方认为孩子受了委屈,随即又来安慰他,这将会使惩罚失去作用。实践证明:惩罚——奖励——惩罚的恶性循环会使孩子产生认知偏差,错误地将犯错和受奖联系起来,从而使惩罚归于失败。

第六,及时惩罚莫迟疑。惩罚的效果也具有时间性,孩子犯错与受到惩罚的时间间隔越短越好。所以家长一旦发现孩子犯错,只要情况许可就应立即予以相应的惩罚;如果当时的情境(如有客人在场或正在公共场所)不允许立即作出反应,事后则应及时地创造条件,尽可能让孩子回到与原来相似的情境中去,家长和孩子一起回顾和总结当时的言行,使他意识到当时的错误行为,并明确要求他改正。

诸葛亮

——让孩子独立想办法解决问题

诸葛亮(181～234),字孔明,琅琊阳都(今山东省沂南县南)人。三国蜀汉政治家、军事家。东汉末年,诸葛亮随叔叔投奔刘表,为未来事业打下了基础。叔叔去世后他隐居在隆中,后来,由司马徽、徐庶推荐,刘备三顾茅庐,有了著名的"隆中对"。之后刘备根据诸葛亮的策略,取得"赤壁之战"的胜利。曹丕代汉称帝后,诸葛亮说服刘备,建立蜀国称帝,被任为丞相。刘禅即位后,诸葛亮主持军国大事。当政期间,东和孙权,南平孟获,六出祁山以攻魏,力图收复中原。公元234年与司马懿争战于渭南,因病死于五丈原(今陕西省眉县西南)军中,葬在定军山(今陕西省勉县东南),卒年54,谥号忠武。诸葛亮一生谨慎,"长于巧思",他革新了连弩,制造了"木牛流马",著作有《诸葛亮集》。

诸葛亮出生在动荡不安的岁月,但是在父母亲人的呵护下也无忧无虑地成长着。6岁时,他被送到当地最有名的水镜先生那里接受教育。

在私塾里,先生养了一只公鸡,是用来报时的。先生讲课非常精彩,深入浅出,能牢牢抓住弟子们的心,小诸葛亮常常听得入了迷。可那只公鸡一到中午下课时就叫起来,天天如此,非常准时。只要它一叫,先生就宣布下课,让大家回家。小诸葛亮恨死这只公鸡了。

有一天回到家里,小诸葛亮因厌恨那只公鸡还在闷闷不乐。在厨房里做饭的母亲发现后就关心地问:"儿子,你怎么啦?"

小诸葛亮便把公鸡的事讲了一遍。然后他问:"娘,先生的那只大公鸡真讨厌,我想多学一会儿,它都不让。为什么它一到时间就叫呢?怎样才能让它晚点叫呢?"

母亲听后,轻轻地笑起来了。她说:"这好办啊,先生的公鸡一到时间就叫,那是人调教的结果。要想让它听你的,你也要调教它呀。"

"那怎样调教它才好呢?"

"那就看你怎么动脑子了。"母亲一边淘米一边说,"只要肯动脑子,任何事都可以找到解决的办法。你好好想一想,也许就能有办法了。"

小诸葛亮眨巴着眼睛,看到母亲手中的大米,眼前忽然一亮,一个"收买"公鸡的办法就产生了。

第二天,小诸葛亮用一个小布袋装了点米就出门了。从这天开始,先生的公鸡就叫得不按时了,越叫越晚,没有规律。甚至中午时间早过了,先生还在滔滔不绝地给弟子们讲课呢。

时间长了,先生也有些疑惑。为了弄个水落石出,就开始留心他的鸡。该下课了,就在那只鸡支好架势准备叫时,突然有个学生悄悄向窗外撒了一把米。鸡一见到米,就忘了报时的事,跑去吃米了。而那个学生正是诸葛亮。

先生勃然大怒,训斥道:"你小小年纪竟敢戏弄先生?"

小诸葛亮赶忙向先生道歉:"对不起,先生。你讲的课非常好,我不希望公鸡叫起来打搅你,才故意让它晚叫一会儿。"

"哦,原来你是想多学一会儿。"先生原谅了他,"好吧,你愿意的话,放学后就来我家里,我会给你讲习功课的。"

小诸葛亮听到这话,高兴地笑了。

 育子智慧

请真诚地回答以下问题:

1. 你的孩子在遇到必须解决的问题时,他通常会怎么做?

2. 当你发现孩子处于瓶颈状态时,你会立刻上前帮忙还是会等等再决定?

3. 当孩子向你求助时,你是怎么做的?

每一个孩子的成长过程中都会在生活和学习方面遇到这样那样的问题和麻烦,遇到问题的时候,他们通常有两个途径解决,一个是自己动脑思考自己解决,一个是向父母家人求助。据调查,选择前者的只占很少的一部分,而选择后者的却是绝大多数。其实选择后者也无可非议,因为孩子总有自己解决不了的问题。但孩子向父母求助时,父母的态度却是至关重要的。

有的父母为了帮孩子解决问题,让孩子尽快从困境中走出来,重新获得快乐和满足,会不遗余力地帮助孩子想办法,甚至亲历亲为,代替孩子去做这件事情。这样一来,孩子就失去了独立想办法解决问题的机会,久而久之,就会变得懒于动脑,事事都需要依靠父母的帮助才能完成。

有的父母却是通过对孩子的赏识和鼓励，让孩子自己去解决所遇到的问题和麻烦，逐步锻炼孩子解决问题的能力。诸葛亮的母亲就是这类母亲中的一个代表。她首先在无言中赞赏了孩子的求知欲，其次点出了问题的关键所在，但又不说透，这就给锻炼诸葛亮自己动脑解决问题留下了很大的空间。能有这样的父母确实是孩子一生的幸运。

一个孩子，迟早要自己去面对问题，面对人生，如果没有足够的适应力，没有勤于动脑的习惯，就不能取得发展和进步，也就必然会被社会淘汰。因此，建议所有的父母，相信自己孩子的潜力，在孩子遇到问题的时候，鼓励他们充分挖掘自己的潜力，自己去解决问题。

另外，还有一个帮助孩子提高解决问题能力的方法想要提供给各位父母，大家不妨一试。

在孩子遇到麻烦时，让孩子回答五个问题：

第一，真正的问题是什么？

第二，想要的结局是什么？

第三，成功的障碍是什么？

第四，谁最有能力、最可能帮助他成功？

第五，需要说什么或做什么才能得到那个人的帮助？

这五个问题能帮助孩子理性地分析目前自己的状态，理清孩子的思路，找到最快解决问题的方法。当然，对孩子提问不一定非要这样直接，父母还可以采用类似于"如果……谁可以帮助你？""如果……你可以去哪里寻求帮助呢？""如果……你怎么办？"等表述方式。

裴 度

——不要让孩子生活在自卑的阴影下

裴度(765~839),唐代杰出的政治家,字中立,今山西闻喜人。25 岁中进士,历任唐宪宗、穆宗、敬宗、文宗四朝宰相,频著功绩。唐宪宗元和时率兵讨伐淮西割据者吴元济,结束了淮西十多年割据局面,出现了自唐肃宗以来前所未有的统一,史称"元和中兴"。故裴度被封为晋国公,世称裴晋公。裴度为人正气凛然,居官清正廉明,多次遭人排挤,却依然是当时威望颇高的人物。

裴度自小个矮,面相也生得不好看,常被人贬说将来不会有太大的出息,所以裴度特别自卑。恰好有一天,一个算命先生经过裴度家门口,见到在门前玩耍的裴度,便说:"此人面相饥瘦,将来必定会死于饥饿中。"算命先生的一句话,更是让左邻右舍认定了裴度将来一定是个没出息之人,裴度的自卑感更重了。

后来裴度被送到学堂念书,先生看到面相如此丑陋的人,都不太情愿教他,同学们也都讥笑他。这些都让懂事的裴度非常的伤心难过。

有一天,裴度放学回家,一看到父亲便伤心地哭起来,父亲追问是怎么回事,裴度告诉父亲说:"同学们都不愿意跟我一起玩,还拿纸团扔我,说我将来会饿死,是个没出息的孩子。"

父亲安慰儿子说:"你相信你将来会被饿死吗?"裴度擦干眼泪摇摇头。父亲笑着说:"没有人一生下来就能知道自己将来会是什么样,你也一样。虽然他们都说你将来没出息,可是只要你现在努力学习,那么将来你一定能用事实证明他们错了。"

有了父亲的鼓励,裴度不再理会周围人对他的态度,因为他知道他要付出更多的努力,要学习更多的本事,将来才不会饿死。

裴度从小就非常聪明,记忆力也非常好,父亲给他讲解一首诗词,他能很快理解并能背诵出来。所以每次学堂里的考试,裴度总是轻易得到最高分,这让教书先生不得不对他刮目相看,同学们也不再瞧不起他了。

父亲不仅教育裴度要好好学习课本知识，而且每次外出办事，他还会尽量带上裴度。带他参观游览各地，一则增长他的见识，开阔他的视野；二则也可以让他的性格更为活跃，减少他的自卑感。

除此之外，父亲也非常注重裴度的品德培养。他常跟裴度说："一个人如果只是空有学识而没有道德修养，必然难成大器，甚至可能会成为人民公敌。"还给他列举了历史上才识过人但品行恶劣的奸臣佞官，虽然他们才高八斗，但给人们带来的是灾难而不是福音。

在父亲孜孜不倦的教诲下，裴度的才华学识不仅赢得了当地人的赞赏，其崇高的品德更是让人们非常敬佩。

 育子智慧

请真诚地回答以下问题：

1. 作为父母，你自己有没有自卑的性格特征？

2. 你的孩子有没有自卑的表现？

3. 如果你看出孩子有些自卑，你知道该做些什么吗？

自卑，可以说是一种性格上的缺陷，通常表现为孩子对自己的能力、品质评价过低，同时会表现出一些特殊的情绪，比如害羞、焦虑、内疚、忧郁、失望等。自卑产生的原因对个别孩子来说是身体的缺陷，如口吃、盲、聋、哑、兔唇、智力稍有低下、小儿麻痹后遗症等，对大多数孩子来说，都是源于幼年时期的家庭教育问题，比如亲子沟通不畅、孩子的不良情绪得不到及时疏通、孩子受挫时父母没有给孩子正确的分析与评价等。这样会导致孩子怀疑自己、轻视自己，在社会交往或集体活动中懦弱、害羞和畏惧，久而久之，这种自我判断与情绪表现稳定沉淀下来，就形成孩子的自卑性格。

幼年时期，是一个孩子人格、价值观以及性格发展最重要的时期。孩子的性格特征会在这时候基本定型，虽然在以后的成长中会有一些变化，但总体变化不会很大。也就是说，幼儿时期的自卑心理将一直伴随他长大，对日后的学习，生活都会产生负面的影响。所以，作为父母，在平时要关注孩子的精神状态，给孩子高质量的爱；要防微杜渐，不要让孩子生活在自卑的阴影下。

在这里，为父母提供一些调适方法，以帮助那些处在自卑状态中的孩子：

第一，用积极的语言暗示孩子。积极的语言往往能使人产生积极的情绪，改变消极的心态。所以父母可以有意识地用"我觉得你很聪明""我认为你一定行"之类的语言暗示孩子,时间久了,这种积极的概念会固定在孩子的内心深处的。

第二,引导孩子形成积极、正确、客观的自我评价。孩子由于年龄的关系,在做事、交往受挫时,往往不能全面、客观地分析问题,常常会主观上觉得自己能力不够或不受欢迎而产生自卑感,这种时候就需要父母处在旁观者的角度分析整件事,让孩子知道自己的是与非,长此以往,孩子既具备了分析问题的能力,也具备了自我评价的能力。

第三,教育孩子正确面对他人对自己的评价与态度。在这一方面,裴度的父亲就做得很好,他没有直接告诉孩子,别人的评价与态度不值得看重,而是以反问的形式,让孩子在内心深处种下了不以别人的评价与态度为意。同时,裴度的父亲还告诉了孩子如何行动才能在事实上推翻别人的评价与态度。这样,裴度不仅获得了精神的胜利,而且还有了奋斗的动力。

第四,善于发现孩子的"闪光点",及时予以鼓励。"尺有所短,寸有所长",每一个人都有自己的长处和优势,同时,也有自己的短处和劣势。所以,作为父母,首先不要拿自己孩子的短处去比别的孩子的长处,这样不仅不会激励孩子,反而会使孩子丧失信心,以至自暴自弃。其次,要善于发现孩子的长处和优势,并为他们提供发挥长处和优势的机会与条件,成功的次数多了,自信自然会回到孩子身上的。

第五,降低对孩子以及孩子对自己的期望值。父母都望子成龙,但过高的期望值会让孩子压力过大,产生自卑感。另外,如果孩子对自己期望值过高,那么一时达不到目标的话,孩子会很容易焦躁,挫败感、自卑感会加强。所以,父母可以将自己的期望值以及孩子对自己的期望值细化,让孩子在逐步实现的成就感中愉悦地成长。

成吉思汗

——支持孩子的自强愿望

　　成吉思汗(1162～1227)，即铁木真，蒙古开国君主，著名政治家、军事统帅。1204 年，铁木真成为蒙古高原最大的统治者，1206 年，铁木真在斡难河(今蒙古鄂嫩河)源召开忽里台大会，即蒙古国大汗位，号成吉思汗。成吉思汗在位期间，多次发动征服战争，建立了世界历史上著名的横跨欧亚两洲的大帝国。

　　成吉思汗的父亲是蒙古草原上的一代枭雄，在成吉思汗还很年幼的时候，父亲在一场战斗中不幸身亡。成吉思汗兄妹五人就由母亲诃额仑夫人一手带大。

　　诃额仑夫人虽然识字不多，但是非常聪明，草原上到处奔波流浪的生活造就了她坚韧的性格。因为孩子众多，她一个人不仅要负担他们的生活，同时也承担起了培育孩子们良好品行的重任。

　　成吉思汗从小就很调皮好动，他是一刻也待不住的孩子。诃额仑夫人并没有因此而责备儿子的好动，反而还鼓励他要多在外面活动，像骏马一样在草原上奔跑。

　　有一天，草原上举行篝火晚会，大家都聚在一起喝酒唱歌，男人们玩得兴起还进行摔跤比赛。一向比较活跃的成吉思汗跃跃欲试，但他担心母亲不允许他上场。可是当他看向母亲时，母亲却向他点头微笑。有了母亲的默许，成吉思汗大摇大摆地走到了场地中。当时的成吉思汗块头还不是很大，而对手却是个大个子男人，他一看到弱小的成吉思汗便取笑他。成吉思汗根本不是对方的对手，一开始就被重重地摔了好几次。

　　坐在诃额仑夫人旁边的一位母亲劝诃额仑夫人叫停，免得儿子受重伤。可是诃额仑夫人却说："草原上的男人哪有不流血的？让他知道对手的强大，以后他才会更加进取，才会变得更加勇猛。"

　　虽然成吉思汗当晚输得很惨，但从那以后，他每天坚持练习，终于练就强壮的体魄，为他以后四处征战打下了良好的基础。

还有一次，成吉思汗回家很晚，当母亲看到他时，只见他满身泥土，脸上还有血迹，诃额仑夫人便问他发生了什么事。成吉思汗告诉母亲，他们一群小朋友在草原上赛马，有几个大点的男孩跑过来嘲笑他们，还辱骂他们是懦夫，后来他们不服，就跟那些人打起来了。

诃额仑夫人没有大骂儿子，而是一边给儿子处理伤口，一边说："他们以大欺小确实不对，你很勇敢，能不畏强敌，像个草原上的男子汉。但是要想别人看得起你，不是你跟人打一架就能做到的，你要从根本上让他们服你，那就是你要比他们强。"

诃额仑夫人的一句话深深地影响了成吉思汗，从此，一个信念在他心里悄悄地萌芽了，那就是：他要做一个强者，成为草原上的霸主。

 育子智慧

请真诚地回答以下问题：

1. 你属于对孩子的行为干涉过多的父母吗？

2. 你觉得自己的孩子足够自强吗？

3. 如果你的孩子需要培养自强的品质，你打算如何做？

现实生活中，常听父母感叹，孩子大了，翅膀硬了，什么都要按照自己的想法去做，说什么他都不听了……如果这真是一种事实，那是值得高兴的一件事情，因为这说明孩子是自立自强的，是一个精神独立的人。

第一，孩子本身具有自立自强的愿望。孩子两三个月左右开始将手及其他一些东西放进嘴里用嘴感知，四五个月的时候扭动身体想要翻身，六七个月开始想要坐着看世界，八九个月开始想要爬行以移动自己的身体……孩子在这个时候往往是执著的，因为他想要独立。如果这时父母因为怕脏、怕摔等而执著地阻止孩子，那么，孩子慢慢就会失去探索的欲望，变得麻木，一切都依赖父母家人，任由大人摆布，这样的孩子长大就会缺少自立自强能力。如果这时父母的态度与诃额仑夫人的态度一致，那孩子将会是另一番样子。

第二，支持孩子自强的愿望。诃额仑夫人对成吉思汗想挑战的愿望采取支持的态度，虽然她知道儿子面对的对手很强大，而且可以说她知道儿子必定会失败，但她还是选择了支持。因为她首先懂得尊重儿子挑战的愿望，这种愿望在得到支持后，会形成一种良性循环，以后孩子还会敢于做决定；如果这种愿望被一种看似良好的保护扼杀，那孩子以后在做决定的时候就会犹豫不决。其次，诃额仑夫人还懂得自强作为人的一种素质，不是与生俱来的，而是在一次次面对困难、战胜困难、超越自我中培养出来的。一时自强是一种愿望，一直自强却是一种精神品质、一种成功必不可少的素质。每一个孩子的成长过程中都会遇到挫折，小时候习惯了磕磕碰碰，长大后就会对挫折形成一种免疫力，甚至会对挫折有一种抗击力。如果小时候的挫折被父母好心地避免了，那长大后所遇到的挫折必定会加倍，因为孩子不仅没有免疫力，就更不要说抗击力了。

　　诃额仑夫人教育成吉思汗自强的故事中，还值得一提的是，诃额仑夫人没有止于支持成吉思汗自强的愿望，而是进一步地指引出了自强的方向，这种明确的方向避免了孩子的盲目。诃额仑夫人可以说是真正会做母亲的人，她包扎孩子的伤口，给予孩子关心爱护；她给孩子指引方向，给予孩子精神的爱。有这样成功的母亲，成吉思汗的成功也就不足为奇了。

林则徐

——急躁个性在故事中悄然遁去

林则徐(1785～1850)，清朝官员，字少穆，福建侯官(今福州)人。1820年始，先后在浙江、江苏、湖北、河南和山东等地做官，由道员升巡抚，以办事重实际调查著名。1837年，在任湖广总督期间，严禁鸦片，卓有成效。1839年，受命为钦差大臣，赴广东查禁鸦片，虎门销烟，屡挫英军武装挑衅，同时主张"师夷之长技以制夷"，设立译馆翻译外文书报，开创了近代中国人研究、学习西方的先河。著作有《林文忠公政书》《林则徐日记》《云左山房文钞》等。

林则徐的父亲林宾日是个教书先生，他很重视对子女的教育。在林则徐刚满4岁时，林宾日便每天带着他一起到自己受聘的罗家私塾，开始对其进行启蒙教育。他十分注意施教方法，经常根据孩子的心理、行为特点，讲些有趣的故事，让孩子在故事中认识到自己的优缺点。

林则徐小时候机灵聪明，但性子很急，办事毛毛糙糙，经常出差错。林宾日认为，"从小看大，三岁知老。"小孩子这样下去养成习惯，将来办事要出大错的。但直接说出他的缺点，他未必能改。有一天，他把林则徐叫到跟前，说要给他讲一个"急性判官"的故事。

故事说从前有一个判官，由于他自己非常孝敬父母，所以每遇到不是孝子的犯人，他就判得特别严。一天，有两个人拉来一个年轻人，要判官严惩。他们说："这个年轻人是个不孝之子，他不仅骂他娘，还动手打她。我们把他捆了起来，可他还是不停地骂，我们就用东西把他的嘴堵住了。像他这样不孝的后生可恨不可恨？"

判官一听，被捆的人是个不孝之子，立刻火冒三丈，就喊："来人呀，打这个逆子五十大板。"

这个年轻人想开口申辩，可是嘴被堵着，有话没法说，只好挨了五十板子，屁股被打得血肉模糊。

一会儿，有个老太婆拄着拐杖急匆匆走进来，边哭边焦急地说："请大人救救我们,刚才有两个盗贼溜进我家后院,想偷我的牛。我儿子捉住他们,要送他们到官府来,可是力不从心,两个强盗反把我儿子捆走,不知弄到何处去了。求大人帮忙,赶紧替我找找儿子。我就这么一个孝顺儿子……"

判官一听,心里暗想:莫非恶人先告状,我刚才打的就是她的儿子?他忙叫人把那两个捆人的人找来,但他们已溜走了。这时,被打昏过去的年轻人突然呻吟了一声,老太婆一看,正是自己的儿子,就惊叫了一声,昏倒在地,再也爬不起来了。

聪明的林则徐知道父亲的这个故事是针对他的毛病讲的,便说:"我一定好好改一改急躁的毛病。"

"急性判官"的故事,牢牢记在林则徐的心里。直到几十年后,他做了湖广总督仍不忘父亲讲过的故事。为了时时警惕自己性情急躁、容易发怒的毛病,他专门做了一个"制怒"的横匾,挂在自己的书房,时刻提醒着自己。

 育子智慧

达尔文说"脾气暴躁是人类较为卑劣的天性之一,人要是发脾气就等于在人类进步的阶梯上倒退了一步"。然而,急躁是一部分孩子和成人的常见心理特征。碰到不称心、不如意的事情他们会马上激动不安,如热锅上的蚂蚁;要想达到某个目的,没做好准备就开始行动了,但由于无计划,急于求成,常常达不到目的。第一件事因急躁失败了,往往又更加急躁地去干第二件事,这就形成了一种恶性循环。无论对成人还是孩子,如果意识到自己急躁、易怒就要去分析其中的原因并不断去调整。对于孩子而言,急躁个性的形成的原因可能有以下几方面:

第一,父母的溺爱养成了孩子较强的依赖性。缺乏独立性的孩子一旦离开家长的怀抱,就不知所措,这样使孩子在学习和生活方面常常觉得不如人意、不称己心,急躁个性由此产生。

第二,在困难与挫折前,孩子没有应对的能力,显得力不从心。由于年龄的原因,孩子的兴趣爱好容易更换,当他对一件事情有了兴趣时,常常表现出极大的热情,可是,由于缺乏必要的知识、行动的能力等,往往因不得要领而失败,兴趣也随之减弱。不久对另一事物又产生兴趣,同样的过程再次重现。一而再、再而三的失败,会使孩子失望、焦急,而孩子又缺乏对付这种困难和挫折的能力,如果此时得不到父母的帮助与引导,时间久了,就会养成孩子急躁的个性。

第三,长期不稳定、不安静的生活、学习环境会导致孩子急躁。比如说父母关系不和谐,经常吵架打闹;父母经常搬家,居无定所等。

第四,父母自身的急躁情绪传递给了孩子。家庭成员的脾气秉性是相互影响的,如果父母双方或其中一方比较容易急躁,那孩子就会因耳濡目染而急躁起来。

面对孩子的急躁,家长可以针对不同的原因采取不同的调整方式:

第一,培养孩子的独立性。作为父母,请不要对孩子包办,只要孩子能做的事就多鼓励孩子自己去做,协助孩子具备独立处事的能力。这样,孩子就能逐渐掌控自己的生活、学习,就不会轻易产生急躁情绪,坚持一段时间,孩子的急躁个性就会有所改观。

第二,给孩子以及时的帮助和引导。在孩子兴趣爱好形成时期,当孩子遇到失败处于心情紧张和异常激动状态时,家长首先应该使孩子平静下来,帮助孩子找出失败的原因,启发孩子树立自信心,使孩子确定并坚持自己的兴趣爱好,心理情绪保持正常状态。

第三,为孩子营造良好的生活、学习氛围。生活中,提供给孩子一个和谐、温暖、稳定的家庭环境;学习中,尽量为孩子创造一个安静的学习环境,不给孩子产生急躁情绪的条件。

第四,做孩子的表率。解铃还须系铃人,父母在面对各类事情、困难或挫折时要作出表率,耐心努力,不急不躁,孩子也会逐渐平和,并学会沉着应对各种事情。

第五,温和而耐心地分析急躁的后果,提高孩子克服急躁情绪的自觉性。林则徐的父亲就是采用这一方法来纠正孩子急躁的个性的。只是,林则徐的父亲更是技高一筹,他没有苦口婆心地说教,而是采用了故事这样一种有趣味性的方式。家长可以针对孩子的喜好,温和而耐心地给孩子讲明道理。

第六,教给孩子一些自我训练的方法。对大一些的孩子,家长可以让他进行自我暗示,比如在自己屋里或课桌上贴一些"沉着""冷静"之类的纸条,随时提醒自己。还可以让他进行兴趣磨砺,比如下棋、书画、钓鱼、做小手工艺品等,都可达到修养耐心和韧劲的目的。还可以用静默法,即坐在一个安静、隔音效果好的房间里,集中注意一个单调的声音,如钟的滴答声;或集中注意一个意念、做一些简单刻板的动作,如用大拇指与其他手指重复接触等,这样可以达到心静、精神松弛、随意控制自己心理活动的境界。

梁启超

——艺术化地人前教子

梁启超(1873~1929年),字卓如,号任公、饮冰室主人,广东人。他是中国资产阶级启蒙思想家、政治家、教育家、学术大师,有"中国近代百科全书式的文化巨匠"之称。1890年梁启超师从康有为,接受维新变法思想。先后倡导、发动公车上书,通过强学会、《时务报》等积极宣传维新变法理论,参与和领导了"戊戌变法"运动。后来东渡日本,创办《清议报》《新民丛报》,影响和启迪了整整一代人。辛亥革命后,梁启超回国,组织策划了反对袁世凯称帝的"护国战争",在战争中发挥了"一支笔强于十万雄兵"的巨大作用。1918年,梁启超感愤于军阀的黑暗统治,离开政界,专注于学术和教育事业,是享誉海内外的著名学者。他一生著述宏富,结集为《饮冰室合集》。

梁启超出生于一个半耕半读之家,父亲是一个才华卓著的文人,梁启超4岁就开始跟着父亲学习四书五经,可以说他国学底蕴非常深厚。

梁启超10岁那年,跟父亲入城去朋友家做客,夜里住在秀才李兆镜家。李家正厅对面有个杏花园,梁启超第二天早晨起来便到杏花园玩耍。他看见朵朵带露的杏花争妍斗艳,十分可爱,便偷偷折下一枝。这时突然听到脚步声由远而近,原来是父亲与李秀才来了。梁启超急忙将杏花藏于袖筒里,但还是被父亲看见了。父亲很生气,却又不想在朋友面前责怪儿子。那样不仅影响主客之间的气氛,也容易伤了孩子的自尊心。

到了吃午饭的时候,客人们都陆续就座了。梁启超最小,最后一个被安排座位。这时,父亲突然心生一计。他当众对儿子说:"你自小爱对对联,各位先生也想看看你对对联的功夫。我先出一个上联,你对得如果让大家满意,你就坐下吃饭,否则你就站着吃吧。"在座的客人都附和这个建议,梁启超因对自己对对联的功夫非常自信,也就满口答应了下来。

父亲朗声说道:"上联是:袖里笼花,小子暗藏春色。"

梁启超一听,脸上立时一片通红,心知父亲是发现了自己偷折杏花的行为,不好当众戳穿,故意用这个上联来批评他,让他知错改错。于是,梁启超答道:"我的下联是:堂前悬镜,大人明察秋毫。"

对联一出,众人齐声喝彩。父亲见儿子接受了自己的批评,而且又对出这样好的下联,就原谅了梁启超的这种不体面的行为。梁启超这次既得到了教诲,又保留了面子,从此以后就更加自律了。

 育子智慧

请真诚地回答以下问题:

1. 在公共场合,你的孩子犯了错误,你会怎么做?

2. 你在众人面前批评过孩子吗?

3. 你是否注意过当你在人前批评孩子时,孩子有什么反应?

中国有一句俗语:"人前教子,背后教妻。"后者不在话题讨论范围之内,前者"人前教子"的含义是在有客人在场的情况下,如果孩子有不好的举动,家长应该当着客人的面毫不留情地给以教导、训诫。很多人对此都深表赞同,觉得当众教育孩子,会刺激孩子的自尊心,从而在公众的关注下,更加注意树立自己"听话、懂事、乖巧"的形象。然而,这只是父母站在自己角度的合理想象。

第一,人前教子的利与弊。人前教子确实有好处,其好处就在于对孩子的错误进行了及时的纠正,这比事后再去说教更有说服力。人前教子也有不当之处,这种不当之处可能比好处的威力更大。因为,"人前教子"会让孩子感觉当众丢丑,会给孩子心理上造成痛苦,使其自尊心受到伤害。时间久了,孩子就有可能会丢掉自尊心而变得自暴自弃。正如教育家洛克所说:"若父母当众宣布他们过失,使他们无地自容,他们越觉得自己的名誉已受到打击,维护自己名誉的心思也就越淡薄。"

第二,艺术化地人前教子。知道了人前教子的利与弊,父母可能会比较迷惑了,左也不是,右也不是,孩子在公众场合犯了错误究竟该怎么办呢? 要不要"人前教子"? 答案是"要",但必须加上一个状语"艺术化地"。

艺术化地人前教子就是在理解孩子、尊重孩子的基础上,采取一种艺术的手段,既不伤孩子的自尊心,又达到了教育孩子的目的。就像梁启超的父亲那样,将教育孩子的目的隐藏在对对联这种智力活动中,父亲和儿子彼此心知肚明,也显示了一种亲密关系。

但是，不是任何父母都能在公共场合急中生智地用一种艺术化的方法教育孩子。这时，可以采用另外一种方式：体态语言，即运用体态语言，给孩子以暗示，那就既保护了孩子的自尊心，又能达到规范孩子行为的目的。

　　体态语言是一种无声的语言，家长可以借助眼神、表情、动作等，准确、细致地表达出对孩子行为的鼓励、批评、赞同、反对等不同态度。如"点头"是同意，"微笑"是默许，"拍肩"以鼓励，"亲吻"表喜爱，"皱眉"为不满，"摇头"即否定，轻敲桌子意在提醒孩子"注意"……

　　如果孩子在你的体态语言的提醒下，纠正了不良行为，你要及时表达出你对孩子的肯定与赞赏，使双方在心灵上得到进一步沟通融合，这对巩固体态语言的教育效果具有积极意义。

　　孩子在公共场合做出失礼的事，这在生活中是非常常见的，如果做父母的想要尽量避免这种尴尬，就要提高自身的素养，了解儿童的心理，在日常生活中用科学的方法教育孩子。平时和孩子进行良好的沟通，做到尊重孩子，孩子也就能学会尊重父母，尊重他人。这样，在特殊情况下艺术化地人前教子、使用体态语言就能达到"心有灵犀一点通"的效果。

李大钊

——让孩子远离恶习

李大钊(1889~1927),字守常,河北乐亭人。1907年入天津法政专门学校学习,1913年赴日本,就学于早稻田大学。1916年回国,任北京《晨报》主笔。1918年与陈独秀创办《每周评论》,并参与《新青年》的编辑工作,致力于马克思主义的研究、传播,宣传反帝爱国思想,成为五四运动的领袖之一。1920年3月,在北京成立共产主义小组,成为中国共产党的创始人之一,对党的建设,工人、学生运动,统一战线,均有重大贡献。1927年4月28日,被奉系军阀张作霖杀害于北京。

李大钊幼年就丧失父母,孤苦伶仃,靠祖父李如珍抚养。李如珍也是一个读书人,他对孙子十分喜爱,但管教也非常严格。

从3岁起,李大钊就随祖父识字读书,白天教,晚上问,直到学会了才睡觉。有时祖父带他到亲友家,他就把人家门口的对联背下来。在村子里玩,就认村里的一些碑文告示。由于他专心学习,到五六岁就有一定识字能力了。

李大钊七八岁时虽然已入私塾读书,但仍然非常顽皮。那时,他家对面有一座庙,经常有一群不务正业之徒聚集在那里赌博。祖父李如珍担心孙子染上坏习气,一再警告孙子不许去那里玩。

有一天中午,到了吃饭的时间李大钊还迟迟没有回家。祖父在家里等得十分着急,便忐忑不安地朝那座人声鼎沸的寺庙走去。果然不出所料,淘气的孙子夹在一群小孩中,正在那里看热闹。祖父气坏了,扭头就回家去了。

过了好一会儿,李大钊偷偷摸摸地回到家中,蹑手蹑脚地坐到桌旁去吃饭。可是,他看到一向和蔼的祖父板着脸,很严肃,他意识到自己犯了错误,后悔不该去看那些人赌博。吃饭期间,祖父一直沉默不语。

吃完饭,祖父把李大钊叫到身边,问道:"你今天怎么这么晚才回家啊?"

"我刚才看'扔玩儿'("扔玩儿"是一种赌博游戏)去了。"李大钊老老实实地回答。

"看'扔玩儿'很热闹吧?"祖父又问道。

"嗯,是很热闹。"李大钊小声回答。

祖父点了点头,说:"是呀,看'扔玩儿'比在家里坐着读书写字要热闹得多啦!可我平常嘱咐你的话,你全忘了吗? 那些人空长着一双手而不劳动,满身铜臭味。我不让你去那里,你偏去,你说该罚吗?"于是,祖父便让李大钊到屋顶上去翻麻。

那时正值七月伏天,屋顶上的麻又厚又密,李大钊吃力地翻着,很快就汗流浃背。李如珍虽然疼爱孙子,却决不姑息他的点滴过错。

李大钊的表姑看到这种情况,心有不忍,来向祖父说情,他才把孙子从屋顶叫下来,教导他道:"以后可要好好读书啊! 不要再去那里看热闹了,要是迷上赌博,你这辈子就不会有出息了。"接着又心疼地为孙子擦去汗水,倒水给他喝。

从此,李大钊不忘祖父的教诲,认为劳动可以锻炼意志,消除恶习,以后他也一直这样要求自己和子女。

 育子智慧

请真诚地回答以下问题:

1. 你自己有什么不良的习惯吗?

2. 你有没有了解一下你的孩子都结交一些怎样的朋友呢?

3. 你注意过孩子有什么不良的习惯吗?

所有的父母都对自己的孩子寄予着美好的期望,所有的孩子在人之初都是本性善良的,那为什么还有很多的孩子会染上恶习,如偷窃、赌博、打架斗殴等等? 那是因为环境。在道德、意志和品行方面,孩子是极容易受到外在环境影响的,甚至坏的影响毁掉一个孩子比好的影响成就一个孩子要更容易得多。而且,孩子天生爱模仿,即使是开始他反对的事,接触多了以后,也会渐渐麻木,并染上恶习。所以,为人父母者有责任有义务让孩子远离恶习。

让孩子远离恶习,就要杜绝孩子与恶习接触的机会,所以,做家长的就要注意孩子周围是否有以下几类场所或环境:

第一,赌博游戏室。赌博游戏室中的赌博游戏非常符合孩子喜好惊险、刺激的秉性特点,如果开始因为好奇而进入,那长此以往,难免会陷入其中。如果李大钊家对面的庙里没有人聚众赌博,那年幼的李大钊便不会因好奇而去看,还好,因为祖父管教及时,否则后果不堪设想。

第二，劣质租书店。书，原本是知识的承载体，是让人享受精神盛宴的。然而，某些动机不纯的人却将一些充斥着暴力、色情等不健康内容的书给孩子们看，时间长了，也会将孩子引向歪路。

第三，屠宰场地。孩子原本是善良的、热爱小动物并富有同情心的。如果经常有机会看到屠宰动物的场面，孩子就会逐渐变得麻木，并有可能也产生暴力倾向。

让孩子远离恶习，首先要以预防为主，但如果孩子不幸已经染上恶习，那家长也不要灰心、失望，适当采取一些方法也可以纠正孩子的恶习。

第一，帮助孩子认识到不良习惯的危害。要做到这一点，家长要动之以情、晓之以理，也可以用生动、具体的事例打动孩子的心灵。李大钊的祖父就是先晓之以理，说明赌博的危害，然后适当惩罚，随后又动之以情，李大钊在这一过程中真正看到了祖父的一颗对待自己的真心，从而从内心深处远离了恶习。

第二，静下心来，采取一些针对性的措施制止孩子的错误行为。恶习一旦沾染上，就会反复地出现。因此，家长首先要有心理准备，要有足够的耐心来帮助孩子。恶习不同，孩子也不同，所以应当针对恶习、针对孩子采取一些具体的措施来帮他们克服。如习惯挥霍的孩子要钱时，家长必须问清楚钱的用途和数目，然后决定给不给和给多少，过后还要追问孩子是怎样花钱的，并且收回孩子剩余的钱。

第三，父母承担起榜样的力量。在一切对孩子有不利影响的环境中，家庭环境最为突出。如果父母之间经常争吵，有暴力倾向，那孩子肯定也会有暴力倾向；如果父母不希望孩子抽烟，那就不要让孩子生活在烟雾缭绕的环境里；如果不想让孩子看电视成瘾，那父母就不要以电视为最主要的休闲娱乐方式。

第四，父母在纠正孩子的恶习时，对待孩子的态度也是至关重要的。在整个过程中，要让孩子感受爱护、关心，感受到尊重、理解，而不要让孩子感受到家长对他及他的恶习的嫌恶，这样不利于孩子心理的健康发展。

第五，家庭成员共同参与，制定"家规"来约束孩子的行为。儿童时期的孩子，没有足够的自我控制力，即使改了的恶习还是有可能再犯的。所以，为了巩固孩子改变恶习所取得的成绩，促使其沿着正确的方向不断进步，可以在孩子参与的情况下，制定一些相关的家庭规范，来约束孩子的行为。

最成功的育子故事

——科学家篇

托马斯·阿尔瓦·爱迪生

——对孩子的好奇心加以正确的引导

托马斯·阿尔瓦·爱迪生(1847～1931)，著名的电学家、发明家，被誉为"世界发明大王"。1868年10月，发明"投票计数器"，获得生平第一项专利权。他在留声机、电灯、电话、电报、电影等方面均有贡献，还在矿业、建筑业、化工等领域有不少创造。他一生共有约两千项发明创造，其中一千多个获得单项发明专利权，为人类社会文明的进步和发展做出了巨大的贡献。

1847年2月11日，爱迪生诞生在美国中西部俄亥俄州的米兰镇。当时，那里是有名的小麦集散地，运输小麦的航船来来往往为当地增添了喧闹和繁华。爱迪生的父亲塞缪尔是荷兰人的后裔，以制造和贩卖屋瓦为生，生活还过得去。他的母亲南希是苏格兰人的后裔，曾当过小学教师。爱迪生在家中排行第七，母亲格外疼爱他，喜欢叫他阿尔。

童年时代的阿尔与其他的孩子相比，有许多不同寻常的地方，令父母花费了不少心思来教育、培养他。他拥有十分强烈的好奇心，常常歪着圆圆的大脑袋，转动着一双充满疑惑的眼睛，不断地问"这是为什么"、"那是为什么"。

4岁那年，他和小朋友们一起玩，突然一群马蜂朝树上飞去，他非常诧异地喊道："马蜂为什么飞到那里去了？"

一个大点的孩子说："那儿有蜂窝！"

阿尔又问："蜂窝是什么样子的？"

小朋友们都摇头。于是阿尔找来一根树枝要捅下蜂窝看个究竟。小小的人儿拿着长长的树枝去鼓捣，其他的小朋友都吓得一哄而散。这时，一只只马蜂发疯似的向阿尔袭来，一瞬间他的脸被蜇得又红又肿。但他好像不知道疼，捡起马蜂窝，高高兴兴地回家去了。

母亲看到阿尔肿胀的脸庞十分心疼，小心翼翼地给儿子涂上药膏，阿尔却只顾得意地炫耀："妈妈，你看，蜂窝有这么多小孔，原来马蜂就住在这里啊！"

南希忍不住泪水夺眶而出，一把将儿子搂进了怀里，说："孩子，一定要记住，捅蜂窝是很危险的！"

但是爱迪生的好奇心依然不减。他 5 岁时，有一天，他看见家里的母鸡乖乖地待在窝里，它的屁股下面藏了好多鸡蛋。调皮的爱迪生就想赶它出来，然后数一数窝里有多少鸡蛋。可是，任凭他怎么逗弄，母鸡还是一动不动地守在那儿。

爱迪生觉得莫名其妙，他赶紧跑去报告母亲："妈妈，咱家的那只母鸡真奇怪，它把那么多鸡蛋藏在屁股底下，坐着不动。它是怎么了？"母亲一听露出笑容，她放下手里的活，蹲了下来，耐心地对爱迪生说："鸡妈妈是在孵小鸡呢！她把那些鸡蛋暖呀暖呀，过些天，就会有毛茸茸的小鸡从里面孵出来。"

小爱迪生听了，觉得真神奇，他的眼睛突然一亮，接着又问道："妈妈，是不是蛋放在屁股底下变暖和了，小鸡就能出来了？"

"对啊，你说的没错！"妈妈笑着摸摸儿子的脑袋。

这天，直到傍晚的时候，一家人都没有看到爱迪生的影子，大家急坏了，大街小巷呼喊"阿尔"的名字。

后来，母亲心急如焚地回到家，忽然听到从库房里传来阿尔的应答声，赶忙跑去一看，原来阿尔在那儿做了个"窝"，里面放了好多鸡蛋，他一本正经地蹲在上面。母亲感到很奇怪，试探着问道："孩子，你在干什么啊？"

爱迪生说："妈妈，你不知道吗？我在孵小鸡啊！"

母亲赶紧把爱迪生抱了起来，笑着说："傻孩子，你是孵不出小鸡的！"

爱迪生嘟着嘴说："我为什么孵不出来呢？"

母亲自责地说："都怪妈妈上午没跟你讲清楚！"于是，她认真地想了想，告诉儿子："鸡妈妈要孵出小鸡可不容易呢！它一连好几天坐在那儿，是为了给小鸡的出生做准备，鸡妈妈得很好地控制时间和温度，才能成功地孵出小鸡来。"

最后小爱迪生终于弄明白，自己是孵不出小鸡的。

 育子智慧

请真诚地回答以下问题：

1. 在孩子好奇于某一样事物的时候，你会放下手边的事情，和孩子一起讨论吗？

2. 你会放手让孩子自己去寻找答案吗？

3. 当孩子的好奇招致一些破坏性行为，你会怎么办？

孩子生来就有好奇心。早在新生儿时期,孩子就会对光亮的、颜色鲜的物体好奇地注视;五六个月时,他一听到声音就会好奇地去寻找声源;孩子会跑会说之后,他会耐不住房间的寂寞,带着强烈的好奇心跑到户外去玩耍,去"探险猎奇"。"天空会下雨"、"太阳每天出来了又落下去"、"小鸭游泳而小鸡不会游泳"等等,这一切的一切都会让孩子觉得稀奇、觉得有趣。可不能小看孩子们的好奇心,这中间往往蕴藏着不可预测的潜能。所有的动力原型都是对知识的新鲜感,即好奇心,好奇心是人获得智慧的关键。保护孩子的好奇心,就是保护孩子的未来幸福,家长要认真地倾听,并对孩子的好奇心加以正确的引导。

第一,鼓励孩子细心观察生活,大胆地提出问题。日常生活中,有许多新奇的事物吸引着孩子。父母可以培养孩子从小事、小细节中受到启发,引发更深层次的思考,并鼓励孩子勇于发现问题。

第二,时常和孩子讨论问题,尊重孩子的观点。父母可以在与孩子闲谈的过程中,把闲谈深入一步,转为对某一问题的讨论。讨论的话题应该是孩子感兴趣的。在讨论时,不能把自己的观点强加给孩子,毕竟,孩子也有自己的想法,有自己的思维方式。

第三,让孩子自己探索问题。有的父母只是注意丰富孩子的知识,不厌其烦地回答孩子提出的问题以满足孩子的好奇心,这样一来,就会使孩子不能很好地开动脑筋、积极思考。父母应该鼓励孩子开动脑筋,认真思考,查阅相关书籍和资料,自己寻找问题的答案。

第四,经常与孩子参加户外活动。父母可以和孩子多逛逛游乐园、动物园等等,户外活动更容易引发孩子的好奇心,是培养孩子创造精神的好环境。

第五,正确对待孩子因好奇而导致的破坏性行为。孩子强烈的好奇心除了表现为好问之外,还表现为好动。由于孩子的好奇心理年幼无知,往往会导致一些破坏性行为的发生。对此,家长要正确处理,不可打骂指责和惩罚孩子,而应该耐心地引导、教育孩子。例如,孩子拆坏玩具后,家长不应该打骂,或是许诺再不给他买玩具了,而应该简单地向孩子讲述玩具的构造原理和安装方法,然后与孩子一起把玩具修好,并向孩子介绍玩具的正确使用方法,让孩子学会使用玩具、爱惜玩具。

阿尔伯特·爱因斯坦

——当孩子被冠上了"差生"的帽子

阿尔伯特·爱因斯坦(1879～1955),物理学家,生于德国。1900 年毕业于瑞士苏黎世工业大学,加入瑞士籍,1940 年入美国籍。爱因斯坦在物理学多个领域均有重大贡献,其中最重要的是建立了狭义相对论,并在此基础上推广广义相对论。因物理学方面的贡献,特别是发现光电效应定律,于 1921 年荣获诺贝尔物理学奖。爱因斯坦是 20 世纪最伟大的自然科学家,他创立的相对论的观念和方法,对理论物理学的发展具有极其深刻的影响,甚至可以说,具有改变世界的重大意义。

1879 年 3 月 14 日,一个小生命降生在德国一个叫乌尔姆的小城。父母给他起名叫阿尔伯特·爱因斯坦,对他寄托了全部希望。然而,没过多久父母就开始发愁了:人家同龄的孩子都能说能唱了,三岁的爱因斯坦才"咿呀"学语。周围的人看着小爱因斯坦呆头呆脑的样子,议论纷纷,说他是个"痴呆儿"。但是,爱因斯坦的父母并没有因此对儿子失去信心,相反,通过对儿子的认真观察,他们深信爱因斯坦一定是很聪明的。

爱因斯坦六岁的时候,语言能力仍然很差,一天到晚也说不了几句话。七岁的时候,父母把他送进学校。在学校里,爱因斯坦因为反应迟钝受到老师和同学的嘲笑,大家都叫他"笨家伙"。爱因斯坦经常被教师呵斥、罚站。

当父亲知道这些情况以后,并没有责怪他,而是拉着爱因斯坦和蔼地说:"你并不笨,别人会做的,你虽然做得一般,却并不比他们差多少。但是,你会做的事情,他们却一点都不会做。你表现得没有他们好,是因为你的思维和他们不一样,我相信你,一定会在某一方面比任何人都做得好。"

父亲的话如清泉一样流淌到爱因斯坦的心田,使爱因斯坦逐渐树立了自信心,振作起来。

请真诚地回答以下问题：

1. 孩子是"差生"吗？

2. 你告诉过孩子，其实他和其他人一样聪明吗？

3. 在孩子面对责难的时候，你曾积极地鼓励他吗？

"差生"总是因为学习成绩不好，或者某方面能力明显低于平均水平而遭到"不公正"的待遇。这主要在于现今的教育体制，到目前为止，尽管素质教育已被全国人民在理念上所接受，但在实际教育教学中仍然没有建立起来与之相配套的考试制度和评价标准。教育行政部门、家长以及全社会仍然把分数看成是衡量教师工作成绩、学生能力水平的重要标准，甚至是唯一标准。这就会使个别老师、学生形成一种偏常心态，对待学习好的同学态度和蔼可亲，连缺点都理解为优点，对待成绩差的同学就"横眉冷对"，优点也变成了缺点。

那么，如果孩子被冠上了"差生"的帽子，家长应该怎么办呢？

第一，弄明白孩子学习差的原因。一个人学习成绩好与坏，原因是多方面的，细分析起来，主要有以下几个方面：主观原因，如，一些孩子的学习目的不明确，不知道自己要学什么，什么时候复习，什么时候休息……目标不明确，导致孩子学习劲头不足，学习成绩不好；客观原因，如，有些孩子因为生活条件优越，这就导致了他们学习没压力，缺乏竞争意识、紧迫感，在学习过程中表现松懈、懒惰，因此学习成绩落后；生理原因，孩子还小，自控性较差，很容易在学习过程中，精力不集中，因此也会影响学习。

第二，让孩子知道他和成绩好的同学拥有同样聪明的头脑。美国心理学家布鲁姆和他的助手们经过对许多少年儿童的实验观察、追踪研究，得出以下结论："除了百分之一二超常儿童和百分之二三的低常儿童外，95％以上的学生在学习能力方面，并无多大差别。"他们肯定地说："只要有适合学生个性特点的学习条件，世界上任何一个人能学会的东西，几乎所有人都能学会。"所以，孩子虽然是"差生"，但他们头脑事实上并不"差"，家长要对孩子强调，他和成绩好的同学拥有同样聪明的头脑。

第三，和孩子一起制订科学的学习计划。学习计划可以帮助孩子明确学习目标，包括争取在多长时间内达到一个什么水平，或者赶上班级的某某同学的学习成绩等，家长可以帮助孩子制订一个适合他学习水平和性格特点的学习计划。需要强调的是,在学习计划中一定要有一个适合孩子的学习时间表,如晚饭后学习多长时间,早上几点起床,家长要特别要利用好周六、周日的时间,让孩子养成争分夺秒的精神,把失掉的时间"抢"回来。

第四,培养孩子顽强的学习意志。自古道,"聪明在于学习,天才在于勤奋"。一个人只要持之以恒,有顽强的学习意志,就一定能取得优异的学习成绩。在一般的学习差生中,多数都是思想意志薄弱,克服不了困难,自我控制能力差,有时学一会儿就厌烦了,这都是学习意志不坚定的结果。家长要动之以情,晓之以理,让孩子明白,任何成功和进步都不是唾手可得的,都需要付出不懈的努力,越是遇到"拦路虎",越是要狠抠到底,一两次不行,反复它五六次……直到战胜学习困难为止。

第五,排除影响孩子进步的客观因素。孩子成绩的好坏,除了主观的因素外,客观的原因也不容忽视。首先,无论家境如何,家长要让孩子保持一个平和、积极的心态,不要因为"家里有钱",丧失学习压力和竞争的劲头,也不要因为"家里很穷"而自卑、自弃;其次,家长要多关心孩子是否存在影响学习的不良爱好,不要让这些不良文化影响孩子的学习;第三,营造和谐的家庭范围,让孩子感受到家长的爱,培养孩子良好的世界观、人生观。

第六,和孩子一起面对责难。部分老师、学生对学习成绩不好的同学常以冷眼相待,甚至讥笑他们。如果孩子面临这种责难,家长一定要向孩子表明,自己是相信他能够成为一名优秀学生的。要让孩子知道,个别老师、同学不论是有意还是无意的嘲笑,说明他们在做人方面有些不妥,是不对的,但是,最重要的是自己怎么看待这个问题。家长要多鼓励孩子,和孩子一起面对责难,不要让他们产生自卑感,使刚刚昂扬的学习情绪受到打击。

诺伯特·维纳

——教育需要严厉与慈爱并行

诺伯特·维纳（1894～1964），美国数学家、控制论的创立者。14 岁毕业于塔夫茨学院，18 岁获得哈佛大学的博士学位，后到欧洲继续深造。因对"关于在动物和机器中控制和通讯的科学"的研究，成为控制论的创始人。1948 年，出版划时代的思想杰作《控制论》，对人类社会的科学事业产生了深远的影响。

1894 年 11 月 26 日，维纳降生在美国哥伦比亚城密苏里大学的一间教员公寓里。他的父亲是哈佛大学的教授，博学而严厉，深谙教育孩子的要义。

维纳从小聪慧过人，3 岁半左右就能独立看书了。他所看的书种类极多，最喜欢的是科普类图书，总是设法把它们看懂，遇到不认识的字，或哪些不懂的问题，就去问严厉的父亲。对于 3 岁多的儿子提出的问题，父亲从来不会轻视，总是给儿子满意的答案。

维纳快 6 岁时，被送进了附近的一所小学，直接从三年级开始学起。但维纳很快发现，学校所学的东西都是他早就学过的，而且有些科目他根本不感兴趣。所以，他表面上在"学"，其实更多的是在敷衍。

时刻关注着儿子的父亲发现这个问题，认为这种情况不仅不利于孩子成长，反而会养成许多不良习惯。于是他决定让维纳退学，由自己亲自辅导。父亲一开始教维纳学的主要是拉丁语和德语。在父亲严教下，维纳丝毫不敢轻视所学的知识。

在学习数学时，父亲对维纳的要求更加严格。他用温和的、谈心般的语气和儿子讨论，并适时地给以引导和启发。看到儿子能顺利领会所学的知识，父亲虽然十分喜悦，但却很少明显地表现出来，只是让儿子能隐隐感觉到。但是儿子一旦出现错误，他就会严厉地批评。在这一时期，维纳接受了严格的家庭教育，学到了大量的知识。

维纳 9 岁时，父母经过多方努力，把他送进中学学习。每天早上，父亲把他送到学校后，才急忙赶到大学上课。上学之后，父亲对维纳的学习要求更加严格，几乎每天都抽出时间和儿子交流,了解他的学习情况、学校的新闻趣事、同学关系等。在家里,维纳必须要把当天所学的知识背给父亲听,只要背错一个字,就会受到父亲的严厉批评。在父亲的严格监督下,维纳不但避免了因先人一步而最易产生的骄傲情绪,还打下了坚实的基础。

维纳只读了一个学期的初中,便提前进入高中,跟随已入学半年的高一同学一起学习。即使这样,他的学习成绩依然十分出色。

父亲在对待维纳的学习上是严父,但在课后,又是他的好朋友,父子俩可以自由地谈心聊天。这时,父亲便成了一个慈父。

1898年夏天,父亲到欧洲旅行,时常往家里写信。每当给妻子寄信,也总不忘给儿子写上几句。维纳读到这些信,深切地体会到,这就是绵长而温暖的父爱啊!

维纳很喜欢玩玩具,于是父亲便经常给他买一些诸如万花筒、扩音器、显微镜之类的玩具。长此以往,维纳积攒的玩具不仅多而且大都功能复杂。父亲清楚玩具对孩子的作用是巨大的,它适合孩子爱玩好动的天性,而高科技结晶的玩具,还可以引发孩子的好奇心,培养孩子对新鲜事物的兴趣,在轻松愉快的玩耍中开发智力。

1900年春天,父亲买了一座农场。维纳有时会帮父亲拔草浇水,并从父亲那里学到许多农业知识。他还和邻近农场的一些孩子交上了朋友,常在一起玩耍。从这个农场,维纳得到了很多乐趣,学到了许多的知识,对农村也有了进一步的认识和感受。

父亲在闲暇时间,经常带维纳四处拜访他的学者朋友们。他家附近住着的许多知名学者、教授,父亲几乎都带维纳去拜访过。在拜访名人的过程中,维纳获得了许多知识和启示,使他受益匪浅。

如果说拜访名人还是维纳受到一些"规矩"的限制,那么,当他和父亲一起尽情投身于大自然时,便获得了真正的自由。

春天,父子俩踏着柔软的嫩草,迎着和煦的阳光,在充满生机的田野上漫游;秋天,他们踩着松脆的落叶,在凉爽的秋风中,去采摘各种蘑菇。在与父亲一起游玩的时间里,维纳真切地体会到了父爱的博大和深厚,往日教学中的种种不快消失得无影无踪,对父亲的崇敬之情油然而生。

请真诚地回答以下问题：

1. 你是个严厉又慈爱的家长吗？

2. 你的严厉是否已经成为了过分约束？

3. 你知道生活中哪些细节能够让孩子体会到你的慈爱吗？

近日公布的一项研究显示，那些在家中受到父母"严慈"呵护的孩子，在以后的人生中会更加优秀，更容易成功。维纳的父亲对他的教育是成功的，科学的。在儿子的学习上，他非常严厉；在平时的生活中，他又非常慈爱。家庭教育，正是需要严厉与慈爱并行，严厉加慈爱的父母，更容易以言传身教的方式将孩子培养成杰出的人。

第一，明确什么时候严厉，什么时候慈爱。维纳的父亲在孩子的学业上相当严厉，而在平时的生活中却十分慈爱，这一点值得家长借鉴。一些重要的原则性的事件，家长不能姑息，一旦孩子犯了错，那么就要进行严厉的批评，让孩子记住教训。但是家庭教育光有严厉是不够的，在一些细节之处，家长也要展现自己慈爱的一面，让孩子明白父母对他的爱。

第二，严厉要以不伤害孩子人格为前提。爱默森说："教育成功的秘密在于尊重孩子。"尊重孩子，就要不伤害孩子的人格。每个人都有一颗成为成功者的心，孩子更是如此。因而家长在严格要求孩子的同时，要体现出更多的关心和爱护，这样才能使孩子体会到潜藏在家长内心深处的信任和尊重，才能建立平等、民主、互信的亲子关系，也才能赢得孩子的尊重和爱戴。家长在孩子犯错误的时候，要严厉地指出错在哪儿，怎么改正，不要动不动就大声呵斥、讽刺挖苦，挫伤孩子的身心和人格。

第二，严厉不等于过分约束。父母严厉地管孩子，是出于对孩子的爱，是孩子健康成长所必需的，不管孩子则是父母的失职，这是常理。但是，不能对孩子过于约束，管得太多、管得不当会适得其反。有的家长不准孩子去旅行、露营、游泳，放学后不能逛街，不准这不准那，规矩繁多，诸般掣肘。孩子除了看书、学习外，一点自由也没有，形同坐牢，美其名曰"家教严厉"，结果使得已经有了独立意识、独立人格的孩子的自尊心、上进心受到了伤害。父母表面上管了孩子的事，实际上却管不了孩子的心。而且，这种专制式的管教使孩子逆反心理很强，创新思维会受到压抑，在离开了父母以后，很难有自己的想法，即使有自己的想法，也不太敢表达出来。对孩子管得太紧，剥夺了他童年的快乐，他的心情不能尽情地释放，对其身心健康影响极其不良。长此以往，就会影响到良好性格的形成，从而会影响到生命的质量。家长应起到帮助孩子、开导孩子、鼓励孩子的作用，过分的严厉，反而不利于孩子成长。

第三，在生活点滴中体现慈爱。家长如何在生活中体现自己的慈爱呢？下面有一些建议供家长参考：

与孩子目光接触。家长温柔而宽容的目光能最为迅速地与孩子建立信任和理解，因此，在日常生活中，要避免怒视、直瞪和眯缝眼睛，这些都不是富有慈爱之情的目光接触。在与孩子一起行走，一起聊天，一起游玩的时候，家长的目光应该能充分表达关注和爱。

给予孩子更多的注意。每天，家长应该多次把注意力完全集中在孩子身上，这样能够最迅速地使孩子相信，他在这个世界上非常重要，在父母的世界里尤其重要。

用孩子喜欢的方式称呼他。家长要经常喊孩子的名字，每天至少5次，使用一种尊重、慈爱的语调。无论当时多么愤怒或泄气，都不要用他的名字来羞辱或贬低他。要使用他最喜欢的称呼方式。

给孩子一个拥抱。试着每天拥抱孩子三或四次，尤其是早晨、分别时和睡觉前，但在此期间和所有合适的时候也要拥抱。尝试各种不同的拥抱方式：快速地用面颊贴着面颊的拥抱，紧紧的拥抱。如果在拥抱时发现孩子畏缩或扭动，下一次就选择另外一种触摸方式，或者问问孩子希望怎样。在别人面前，孩子也许更愿意您拍拍他的肩膀、挥挥手、致个意，或者说一些诸如"玩得开心点儿"及"一会儿见"之类的话。

用微笑表达慈爱之情。每当开始或结束与孩子之间的对话时，家长一定要微笑，让微笑显得简单而轻松。微笑决不会削弱家长的威信，它只会增强这种力量，同时还能让孩子体会到家长的慈爱。

阿格·玻尔

——让孩子参与大人间的讨论

阿格·玻尔(1922～2009),诺贝尔物理学奖获得者,生于1922年。他出生几个月后其父尼尔斯·玻尔(1885～1962)获得了诺贝尔物理学奖,被誉为原子结构学说之父。阿格·玻尔1940年进入哥本哈根大学学习物理。1943年10月,全家为逃避纳粹的逮捕,从丹麦逃到瑞典。此后两年时间,他协助父亲在伦敦、华盛顿和洛斯阿拉莫为原子能计划机构工作。回到丹麦后,他在1946年获得硕士学位。1948年,他成为普林斯顿高等研究院的成员。1962～1970年,他接替父亲任玻尔研究所所长。此后,专心于研究工作,1975年获诺贝尔物理学奖。

不可否认,阿格·玻尔是个非常幸运的人,因为他的父亲就是著名物理学家、诺贝尔物理学奖获得者尼尔斯·玻尔。而尼尔斯小时候得益于父亲的精心培养,也非常懂得怎样培养自己的孩子。

对阿格·玻尔来说,生长在知识分子家庭使他有着得天独厚的受教育的条件。父亲尼尔斯在哥本哈根知识界赫赫有名,经常有一批批著名的科学家、艺术家及各方面的著名学者聚集在他家。这些著名的人物经常在他家聚餐,并讨论重要的科学或哲学问题。

每次聚会的时候,父亲尼尔斯总是让儿子坐在餐厅里旁听,并鼓励他适时参与讨论。一开始,阿格什么都不懂,他安安静静地坐在那里,心里充满了尊敬,他尽量汲取那些名人讨论的精髓,并把它们据为己有。长大后,父亲逐渐让他参与到他们的讨论中来,鼓励他提出自己的问题,发表自己的观点,阿格在讨论的过程中比同龄人明白了更多的知识,逐渐成长起来。

请真诚地回答以下问题：

1. 朋友之间的聚会你会带孩子参加吗？

2. 生活中的很多事,你会和孩子讨论后再做决定吗？

3. 孩子的观点你是否总能耐心听完？

据研究表明,如果父母的教养方式在具有支持性的同时,又涉及争议性的问题讨论,那么这样的教养方式会促进孩子各方面能力的发展。讨论问题的好处不仅仅在此,还可以训练孩子口头表达能力;培养孩子坦诚表达意见的勇气;诱导孩子理解别人的立场,避免限于偏执;教导孩子以平等的态度和人相处;引导孩子自我反省。同时也拉近父母和孩子的关系,建立坦诚、信任的亲子关系。

那么,如果让孩子参与到大人间的讨论中来呢？

第一,给孩子讨论的环境。大人间总是有各种社交活动,这时候不妨带上自己的孩子,即使一开始孩子不发表自己的观点也没关系,在大人的活动中,孩子会吸收很多在同龄人中得不到的知识,随着知识的不断积累,孩子会有讨论的欲望。另外,需要家长注意的是,有些孩子生性活泼,很爱参与讨论,那么在大人社交的时候难免有"插嘴"的现象,家长不要疾言厉色地制止,要教给孩子正确发表自己观点的方式方法,让孩子更好地融入自己的社交圈。

第二,讨论的内容可以多种多样。讨论问题不是那么严肃的,生活中很多问题都可以讨论,可以从讨论带孩子到哪个餐馆用餐、孩子穿什么衣服等等开始,可以讨论对童话故事的看法,慢慢过渡到学习、交友等等问题。也不限于孩子的问题,讨论妈妈穿什么衣服出门也可以。养成一个讨论交流的习惯,从孩子能够理解的问题出发,随着年龄的增长,再慢慢讨论严肃的社会问题等等。

第三,放弃高高在上的地位。要做到真正让孩子参与到大人间的讨论,家长必须放弃高高在上的地位。当孩子发表一些自己看法的时候,如果观点和家长不同,家长千万不要以"我是大人"、"我比他有经验"、"我比他懂得多"、"我吃的盐……我过的桥……"为由而批判孩子观点。讨论应该是在一个平等的状态下进行的,当孩子参与到大人之间的讨论时,家长不妨弯下腰来跟孩子说话,尝试着去理解他。

第四,不要先入为主确定孩子要表达的意思。在孩子参与讨论的时候,家长不要以为自己都理解了孩子要表达什么,也不要随便猜测孩子将说什么,耐心听孩子把话说完,不理解的地方,通过发问,让孩子澄清观点。如果孩子表达能力较弱,那就要有更多的耐心,多一些询问,引导孩子充分表达自己的意见,让孩子不仅仅是表达观点,还要把观点后面的理由表述出来。

第五,多质疑孩子的观点。父母要学会理解和质疑孩子的观点,引领孩子从不同的角度出发思考问题。人的观点总是多种多样的,了解不同的观点,可以培养孩子的发散性思维,引导孩子从各个不同的方面、更全面地看待问题。

第六,正确对待固执己见的孩子。如果孩子在一些问题上固执己见,也是无妨的,因为孩子固执己见不是因为讨论问题导致的,而是通过讨论才让他表现出这个特点的。没有讨论的机会,他一样会固执己见,只是许多父母不了解而已。面对固执己见的孩子,父母也可以表达意见,对孩子把自己的意见清晰地表达出来,然后,不要强迫孩子认同,而是尊重彼此的不同意见,让孩子慢慢去体会和理解。家长的意见对孩子是很重要的,而且很多时候,孩子只是嘴巴上不肯表承认赞同家长的意见而已。

查尔斯·达尔文

——正确对待孩子的提问

查尔斯·达尔文(1809～1882),英国著名的博物学家,进化论的奠基人。1831～1836年,随贝格尔号军舰作历时5年的环球考察,通过观察研究最终创立了生物进化论。1859年出版了划时代的巨著《物种起源》。他的进化论结束了生物学领域中的唯心主义、形而上学的统治时期,对近代生物科学产生了巨大而深远的影响。恩格斯称进化论是19世纪自然科学的三大发现之一。

达尔文从小就热爱大自然,尤其喜欢打猎、采集矿物和动植物标本,并且喜欢幻想。而他的父母也很重视和爱护他的好奇心和想象力,十分支持儿子的兴趣和爱好,鼓励他去努力探索。

有一次,小达尔文和妈妈一起在花园里给小树培土。妈妈一边培土,一边说:"泥土是个宝,小树有了它才能成长;有了它,大地才长出了青草,喂肥了牛羊,我们才有奶喝、有肉吃;有了它,大地才长出了小麦和棉花,我们才有饭吃、有衣穿。"

"妈妈,那泥土能不能长出小狗来?"听了妈妈的话,小达尔文疑惑地问。

妈妈笑着说:"小狗是狗妈妈生的,不是从泥土里长出来的。"

"我是妈妈生的,而妈妈是姥姥生的,对吗?"达尔文又问。

妈妈回答说是。

"那最早的妈妈又是谁生的?"

"是上帝!"

"上帝又是谁生的呢?"小达尔文打破沙锅问到底。

这回,妈妈答不上来了,认真地说:"对我们来说,世界上有很多事情是个谜。儿子,你像小树一样快快长大吧,这些谜在等待着你去解开呢!"

妈妈的回答更加深了达尔文对这个世界的好奇,为达尔文后来的成功打下了良好的基础。

请真诚地回答以下问题:

1. 孩子提出的每个问题,你是否都能够耐心回答?

2. 当遇到你不懂的问题时,你如何对孩子解释?

3. 你是否十分注意扩展孩子的知识面?

提问是孩子对事物感到好奇,探究问题结论的思维活动,也是孩子思维发展水平提高的主要标志。所以家长应该正确对待孩子的提问,鼓励孩子"打破沙锅问到底",使之解除疑惑,掌握粗浅的知识和技能,以发展智力,形成能力。

第一,耐心、认真地听取孩子的提问。孩子在接触了周围生活和参与了一定的学习活动之后,会对周围生活中各种现象发生一定的兴趣,在求知欲望的支配下,他们会主动地向家长发问,希望家长能够给予满意的回答。因此家长在遇到孩子提问时,一定要耐心地听取,并对孩子的提问给予鼓励和支持。"疑问是知识的钥匙",只要家长经常鼓励孩子提问,孩子就会养成思考的良好习惯。反之如果家长对孩子的提问感到厌烦或不予理会,久而久之,孩子的学习积极性就会受到挫伤而懒于思考问题,影响其智力的发展。

第二,正确回答孩子的提问。正确回答孩子的提问是非常重要的,因为孩子的年龄小,对家长非常崇拜,如果家长给孩子的回答是错误的,那么这种错误将对孩子可能有终生的影响。一些家长知道正确答案的问题,可以直接告诉孩子;而对于家长自己没有把握的问题,不妨如实告诉孩子:"妈妈也不知道,我们一起去查查资料好吗?"

第三,不断提高孩子提问的水平。孩子提问的水平与其知识水平和智力水平呈正比关系,知识面宽和智力水平高的儿童,他们提出的问题有一定的深度和难度。而思维比较灵敏的孩子往往会不断发现新问题,所以在教育活动中,要注意让孩子多学一些常识性知识。凡是孩子有兴趣、自己能够看懂和学会的知识,一般不要加以限制。凡是有条件扩大孩子知识面的学习活动,应该经常举行,并在教育活动中启发孩子思考问题、探究结论的思维习惯。这样孩子会随着知识、智力水平的提高,而提高提问的水平。

威廉·亨利·布拉格

——教会孩子理智面对旁人的嘲笑

威廉·亨利·布拉格(1862～1942),英国著名物理学家。威廉·劳伦斯·布拉格(1890～1971)是他的儿子。亨利·布拉格发明了 x 射线摄谱仪,研究了一些元素的放射性,创立了 x 射线光谱学。1912 年,布拉格父子开始研究 x 射线,并提出了晶体衍射理论,建立了"布拉格公式"。1915 年,由于在放射性研究方面的重要贡献,他们共同获得了诺贝尔物理学奖。

1862 年 7 月 2 日,威廉·亨利·布拉格出生在英国坎伯利一个贫苦人家。

布拉格的父母终日辛劳,可生活仍然困苦窘迫,十分艰难。尽管如此,他们还是节衣缩食,想方设法送布拉格去读书。穷人的孩子自然懂得学习机会来之不易,所以布拉格读书格外勤奋刻苦,学习成绩始终名列前茅,因此中学毕业后被保送进了威廉皇家学院。

临行之时,母亲为儿子包好几件旧衣服,父亲则把自己脚上那双破旧的皮鞋脱下来,给儿子穿上。布拉格在父母满含期望的目光中离开家门。

威廉皇家学院颇负盛名,学生大多是富贵子弟,穿着华丽,趾高气扬。布拉格衣衫陈旧,特别是那双既破旧又不合脚的大皮鞋,更显得寒酸。那些富家子弟见到布拉格,都用鄙夷的目光瞧着他,七嘴八舌地议论:"看他的衣服,真寒酸!""那双破皮鞋,说不定是从哪里偷来的呢!"布拉格听了这些话非常气愤,可是一想到父母的厚望,就默默地走开了。

有一天,不知是谁到校长那里,诬告布拉格的皮鞋是偷的。布拉格被叫到校长办公室。刚进门,校长就直盯着他的脚,两只瘦小的脚上套着一双破旧的大皮鞋。校长板着脸问:"你的皮鞋是哪里来的?"布拉格一愣,没有立即回答,而是从口袋里掏出一封折得很整齐的信,双手递给校长。

校长困惑地把信打开,一行字迹跃入眼帘:"布拉格,我亲爱的孩子,爸爸实在对不起你,但愿几年后,那双皮鞋穿在你的脚上不再嫌大。爸爸心里埋藏着这样一个愿望：将来有一天，你在事业上取得了成就，那时我将感到无上荣耀，因为我的儿子是穿着我的破皮鞋努力奋斗成功的……"

校长沉默了，他从字里行间看到了一个父亲对儿子的爱。他把布拉格拥在怀里，半天说不出话来。此刻，布拉格再也忍不住了，眼泪夺眶而出。

学校后来澄清了事实，对造谣生事者做了批评和警告，那些富家子弟再也不敢和布拉格过不去了。

布拉格没有辜负父亲的期望，也没有被贫穷和羞辱压倒，相反从此变得更坚强。他决心加倍努力，用实际行动为穷人争口气，因此学习异常勤奋，如饥似渴，从不浪费一分一秒的时间，几年后终于以优异的成绩，被推荐到剑桥大学去深造。在剑桥，他很快又成为出类拔萃的优等生。

尽管这时，他脚上已经换上了新皮鞋，但那双父亲送他的破皮鞋依然被他珍藏着。那双破皮鞋始终激励着布拉格不断努力，向新的目标前进。

 育子智慧

请真诚地回答以下问题：

1. 你的孩子遭遇过嘲笑吗？

2. 面对嘲笑，你和孩子是如何应对的？

在一般人看来，嘲笑没有什么大不了的，你不去理睬，事情自然就过去了。但实际上，嘲笑会对孩子造成伤害，并且这种伤害产生的影响是长期的，其中包括丧失自信，持续不断的压力、焦虑、厌学甚至是攻击性行为。那么，当孩子遭遇嘲笑，家长应该做些什么呢？

第一，给孩子心理支持。家长可以站在戏弄者的角度，告诉孩子："孩子，也许你很难相信，其实那些小朋友也有不开心的时候。"为什么要这么和孩子说呢？因为这可以使孩子认识到那些孩子自身也是有缺陷的，他们并不是那么可怕，他们也有伤心难过的时候。

第二，细心观察了解孩子。家长可以问："孩子，你需要妈妈为你做什么呢？"孩子也许需要，也许不需要，因为他们可能会觉得家长的介入会把事情弄得很复杂。但是作为一种选择来提供，这是很重要的。

第三，与孩子多沟通。一些孩子对于别人的玩笑过于敏感，如何与你的孩子沟通取决于你对孩子的了解程度。你可以问自己一些问题：孩子是不是特别敏感？

这样的事情以前发生过吗？他与大多数的孩子相处得怎么样？如果你的孩子不管在什么场合都是被嘲笑的对象，而且孩子已经习以为常，这时你就得求助于学校或者心理咨询中心了。

第三，耐心倾听孩子的诉说。认真地听孩子讲述事情的整个过程，是家长给他提供帮助的重要前提。听完孩子的诉说，你可以说："这样肯定让你感到非常难受。"这时，父母不要做任何判断，先直接把孩子的感受说出来，这样可以让孩子感觉找到了心理依托，就会很信任你。

第四，和孩子商讨对策。家长可以开导你的孩子，比方说："我记得我在你这个年纪的时候也被别的小朋友说过。"为什么要这么说呢？因为被别人戏弄、嘲笑是非常孤单的事情，当听说你小时候也有过同样的经历，会让他觉得自己不那么孤立，同时他也会愿意继续听你说下去。这时，千万不要认为你已经可以告诉他应该怎么做了，你应该鼓励孩子自己解决，"我们该怎么办呢？"因为在孩子自己成功地解决问题时他才会有成就感，这能帮助他树立起一种自信心。

查尔斯·汤姆逊·里斯·威尔逊

——让孩子养成勤于思考的好习惯

查尔斯·汤姆逊·里斯·威尔逊(1869～1959),他是英国著名的物理学家,1927年因发明了能够观测带电粒子轨迹的"威尔逊云雾室",为后世进行科学研究打下了良好的基础,获得了诺贝尔物理学奖。

孩子都喜欢玩"捉迷藏"的游戏,小威尔逊也玩这个游戏,不过,他"玩"的是父母,"玩"的目的是为了去研究他感兴趣的事物。因为,当他对某个事物感兴趣时,马上就跑了过去,而忘记了把自己的去向告诉父母,总是惹得父母到处去找他。

父母一边喊着小威尔逊的名字,一边向左邻右舍打听:"看见我的小威尔逊了吗?""请问,我儿子在你们那里吗?"时间久了,当人们看到威尔逊的父母走过来时,就会说:"看看,小威尔逊又和他的爸爸妈妈玩捉迷藏了。"这个有趣的故事一直在威尔逊的家乡被传为佳话。

有一次,父亲带着小威尔逊去参加一个音乐会。父亲担心他在剧院里乱说乱动,提前交代了许多注意事项。看到儿子一动不动地坐在自己身边,眼睛盯着舞台,父亲放下心来,也非常专注地欣赏起那美妙的音乐来,全身心地沉浸在那优美的旋律里。

一曲演毕,父亲从音乐声中回过神来,扭头一看,大吃了一惊:座位空空,儿子不见了。父亲慌了神,赶紧起身去寻找,可哪里有儿子的影子? 这时,他突然想起来,儿子曾紧紧地盯着舞台,是不是被舞台上的什么东西吸引住了,想去看个究竟? 嗯,很有可能。儿子不是经常看到什么新奇的东西,马上就赶过去研究一番吗? 于是,他匆匆绕到后台去。

在那里,父亲果然看见儿子正盯着舞台用的彩灯发呆呢。看见父亲走来,小威尔逊一点也没有想到自己乱跑乱动的结果会招致父亲的责骂,而是睁大眼睛问父亲道:"爸爸,快来看看,这些灯为什么会是彩色的呢?"

父亲又生气又好笑,不过,看到儿子好奇的眼神,父亲松了口气,什么也没有说。平时,自己不是经常鼓励孩子多用脑思考问题吗? 不是经常教育孩子凡事多问几个为什么吗？孩子有了这种精神，是应该鼓励，而不是扼杀。于是，他拉着儿子的手，说："你提的问题很好。等一会儿回家去，我再好好告诉你吧。"

长大后，威尔逊一直保持着这种勤于思考的习惯，凡事都要问为什么。一次，他在天文台上看见了阳光照在云彩上产生的奇妙景象，十分好奇，心里产生了许多大问号。为了重现这种奇景，他回到实验室，不停地试验，不停地提出问题、寻找答案，最后终于发明了"威尔逊云雾室"，被著名科学家卢瑟福称为"科学史上最精彩的仪器"。

 育子智慧

请真诚地回答以下问题：

1. 孩子爱思考问题吗？

2. 你在博物馆的时候，会随机给孩子出一些"思考题"吗？

3. 讨论问题时，你会鼓励孩子发表自己的观点吗？

养成勤于思考的习惯对孩子是非常重要的，它可以帮助孩子加深对知识的理解和记忆，把散落的知识点联结成有机的整体，从总体上把握知识体系，提高学习质量。养成勤于思考的习惯，还有利于孩子对书本知识批判地吸收，可以防止"死读书"，从层次上提高了孩子的学习能力。

那么，父母怎样才能使孩子养成勤于思考的好习惯呢？儿童教育专家认为，作为父母创造出一种"家庭思考环境"非常重要，其具体做法是：

第一，父母应注意引导孩子对思考采取认真的态度。聪明的孩子可能懒于思考，因而他们对任何东西都容易不加思考地发表看法，对此家长应引导他们认真思考某个问题，养成良好的思考态度。

第二，培养孩子独立思考的习惯。孩子往往有千奇百怪的想法，家长要引导孩子自己去思考。同时要注意，不要对孩子的思考过程和结果"忍不住"指指点点，这是孩子独立思考的必然过程，适时地提出中肯的指导意见就可以了。

第三，随时给孩子出一些思考问题。无论是带孩子上博物馆，还是陪他们看书看电影，父母都可以提一些问题，启发孩子进行思考。当然，这对父母的要求很高，必须具备比较广博的知识，家长可以在去之前做好一些知识储备，以引导孩子思考问题。

第四，全家参与。在一起谈论问题时，即使年龄很小的孩子，也会有自己的看

法。家长要抓住这一点,组织全家一起讨论问题,鼓励孩子多发表自己的想法,并且对孩子发表意见的行为表示肯定。在家长的正面引导下,孩子会积极思考,养成勤于思考的好习惯。

第五,对问题要全面思考。家长要教育孩子无论对什么事物进行思考,都要考虑到它们的优缺点,是否有吸引力,有无参考价值,等等。对事件则要考虑它的短期、中期和长期的后果。总之,要指导孩子更全面地思考问题,这对提高孩子的思考能力十分有用。

埃德加·艾德里安

——向被错怪的孩子道歉

埃德加·艾德里安(1889～1977),英国著名的神经生理学家,曾担任皇家学会的弗勒顿研究院教授、剑桥大学教授以及皇家协会总裁。1932年,因对皮肤和肌肉的机械感受器中"全无定律"的证明和对适应现象(艾德里安定律)的发现,与谢灵顿一起获得诺贝尔生理学及医学奖。

艾德里安出生于一个贵族家庭,父母都是有知识有教养的人士,对孩子的教育也相当严格。他们秉持的原则是:该做的就大力支持,不该做的就坚决禁止。

有一天,小艾德里安在河边玩耍,忽然发现岸边躺着一只从上游冲下来的死狗,已经被水浸泡得有些臃肿,甚至还有一点腐臭味。小艾德里安高兴极了。要知道,平时喜欢解剖的他,只解剖了一些小虫子、小鸟和小老鼠之类的小动物,远远不能满足他的需求。而最近,他刚从一本生理书里学到了介绍狗的内部结构的知识,正想实验实验呢,没想到上帝成全他,就让他碰上了一只死狗。

于是,小艾德里安费了九牛二虎之力,把死狗拖了上来,放在一个干燥的地方,掏出随身携带的小刀就解剖开了。他一边干着,还一边掏出小本本,在上面记录着什么。他干得很认真,忘了时间,忘了回家吃饭。

母亲在家里等急了,只好出来四处寻找。这时,一位熟人告诉他,小艾德里安正在河边玩一只死狗,弄得满地脏兮兮的。说完,那人还做出恶心的样子,并瞪了小艾德里安的母亲一眼,意思是说:你是怎么管教你的贵族儿子的。

母亲一听,气得火冒三丈。她跑到河边,看到了儿子果然像那位熟人描述的一样。她一边跑来一边大声斥责儿子:"天啊,你把谁的狗打死了?你怎么能这样对待别人家的狗?这是不能容忍的。"

"妈妈,你误会了。"蹲在狗身边的小艾德里安站起来辩解道,"这根本不是我打死的,它是从河上游漂下来的。你看,它身上都有臭味了。"

"那也不行。你看你把狗弄得多脏!满地都是五脏六腑,太恶心了。你怎么这样不讲卫生?"母亲余怒未息。

"妈妈，我这是在解剖狗呢。你看，我把狗的内部结构都弄清楚了，还记下了不少数据呢。"

母亲仔细一看，顿时感到自己太鲁莽了。儿子既没有打死狗，也不是为了玩死狗，他是为了解剖这只狗啊。儿子平常就喜欢解剖动物，这是一种强烈的求知欲和科学探索的精神，不是曾经得到家里的大力支持吗？自己怎么能不分青红皂白就骂孩子呢？

"对不起，孩子。妈妈误会了你，你做得对。妈妈保证以后再不干涉你做实验了。"

看到母亲亲切的目光，小艾德里安笑了，继续埋头进行他未尽的工作。

正是父母对孩子的理解和支持，才使艾德里安一步一步走进了科学殿堂。

 育子智慧

> **请真诚地回答以下问题：**
> 1. 你错怪过孩子吗？
> 2. 你会放下身份向孩子道歉吗？
> 3. 你道歉时的态度真诚吗？

当孩子"闯祸"后，一些家长由于一时感情冲动，往往会对孩子进行不恰当的批评或惩罚。事后，父母又往往会后悔。这时，倘若父母能勇于真诚地向孩子道歉，用自己的行动补救自己的"过失"，则能引导孩子更好地走自己的路。但是，总是有许多父母碍于面子，即便错了，还是硬撑着、扮强势，不肯低头认错。其实，向孩子道歉，不但无损父母的权威，还能让孩子感受到平等的家庭氛围，感受到以身作则的教育力量，更有利于孩子的成长。

那么，家长该怎么向孩子道歉呢？

第一，孩子年龄不同，方法不同。相对于年龄小一点的孩子来说，父母其实不用讲太多的道理，只要用一些行动，例如手势、表情、做法等，很自然就可以让孩子知道在这件事上，父母做错了，而且父母在向他们道歉，并不需要说太多的话。但是对于年龄大一点的孩子来说，父母向他们道歉，不仅仅要说"对不起"，还必须向他们讲明这件事错误的原因，为什么做错了，这也是一种间接教育的方法。

第二，注意道歉的态度。父母道歉的态度也是很重要的，不能太过于生硬，或者轻描淡写。这些错误的态度，即使道歉了也不能挽回什么，只会加深误解，因为年龄大的孩子能明显感觉得到父母态度的不同，意识到父母是不是在敷衍。因此，父母应用真诚的态度来道歉，不要说碍于面子或者身份，不愿意对自己的孩子道歉，或者只是略微地说一下。比如，父亲撞到女儿，这时候，父亲与其说"我不是故意的"，倒不如真诚地对她说"对不起，女儿，我撞伤了你"。父亲这时候大大方方的道歉比不真诚的辩解更能够得到女儿的尊重。

阿尔弗雷德·贝恩哈德·诺贝尔

——培养孩子的探索精神

阿尔弗雷德·贝恩哈德·诺贝尔(1833～1896),瑞典化学家、工程师和实业家,诺贝尔奖金的创立人。诺贝尔一生致力于炸药的研究,被誉为"炸药大王",共获得技术发明专利355项,并在欧美20个国家开设了约100家公司和工厂。此外,他对化学、光学、机械学、生物学、生理学及枪炮制造也有一定的研究。在他逝世的前一年,立嘱将其遗产的大部分作为基金,将每年所得利息分为5份,设立物理、化学、生理与医学、文学及和平5种奖金(即诺贝尔奖),授予世界各国在这些领域对人类作出重大贡献的人。

诺贝尔1833年出生于瑞典首都斯德哥尔摩。父亲是一位颇有才干的机械师、发明家,但由于经营不佳,屡受挫折。母亲出身于农民家庭,吃苦耐劳,心地善良。后来,一场大火烧毁了全部家当,一家人的生活陷入穷困潦倒的境地。

父亲一直倾心于化学研究,尤其喜欢研究炸药。他见多识广,了解国内外许多科学家的奋斗史,常常给诺贝尔讲那些大人物的故事,鼓励儿子长大也做一名科学家。受父亲的影响,诺贝尔从小就表现出顽强勇敢的性格,他经常去父亲的炸药实验室观看,还不时地问这问那。

一天,8岁的诺贝尔问道:"爸爸,炸药能伤人,是可怕的东西,你为什么还要制造它呢?"

父亲把他拉到旁边回答道:"炸药的用处很大,可以用来开矿、修路,发展工业离不开它啊!"

诺贝尔若有所悟地点点头:"那我长大了也要像你一样制造炸药。"

在父亲的熏陶下,年幼的诺贝尔便立志长大后要做制造炸药的科学家。

8岁这年,诺贝尔到斯德哥尔摩市一流的雅克布斯小学读书。这是诺贝尔唯一一次接受正规学校教育。但仅仅维持一年时间就因健康原因离校了,其后便一直在家接受教育。

父亲认为,孩子以后要当科学家,就得从小培养他的探索能力。如果只教孩子一些科学理论,恐怕长大后只能是纸上谈兵的无用之徒。于是父亲着手让诺贝尔学着做一些小实验。诺贝尔非常高兴,不但认真地做实验,还认真记实验笔记,一些不会写的字就用符号来代替。

有一次,小诺贝尔上街买食盐,回来的路上不小心把一包盐洒到沙堆里。父亲看着儿子沮丧的样子,笑着说:"一包盐值不了几个钱,再买一包不就得了。"可转眼一想,为什么不考考小家伙的化学知识呢?于是又改口说:"你有没有办法把洒在沙子里的盐再弄回来?"

小诺贝尔突然受到启发,他不慌不忙地说:"我有办法了!用水溶解脏盐,盐可以溶于水,但沙子却不溶。我们用漏斗去过滤盐水,沙子就留在漏斗上,盐仍然在水里。最后,把过滤干净的盐水蒸干,就可以得到干净的盐了。"

果然,小家伙费了一番周折,最后将盐干干净净地从沙子里还原出来了。诺贝尔在父亲的言传身教下,其独立进行科学探索的实验能力已初见锋芒。

 育子智慧

请真诚地回答以下问题:

1. 你的孩子爱探索吗?

2. 在孩子探索的时候,你会尽量让孩子独立思考吗?

3. 你会主动引导孩子去探索某个现象吗?

探索精神是指孩子能够主动地研究,发现事物的某些规律、联系、属性等的心理倾向,是孩子学习知识、发展能力的必要途径。培养孩子探索精神,对于丰富孩子的精神生活,增长知识,锻炼意志,发展特长,激发科学智趣,培养科学素质,都有着十分重要的作用。那么,家长在培养孩子的探索精神时有哪些注意点呢?

第一,抓住契机因势利导。在探索行为发展过程中,孩子在心理上经历了这样一个过程:自我兴趣——自我探索——产生愉快积极的情绪——主动探索——产生更大的情绪体验——焕发出更积极的探索行为。这是一个循环往复的过程,而孩子在每一次往复的过程中,探索精神都将得到进一步的强化。家长在孩子进行探索的时候,如果发现孩子有疑问,就要及时地抓住时机,因势利导,激发孩子进一步的探索兴趣。

第二,创设条件,让孩子独立探索。家长要尽量创设条件,让孩子独立探索(在孩子的探究过程家长可以适当加以引导），这样适合孩子爱玩好动、爱思考的年龄特征，容易满足他们对新鲜事物总想亲自尝试的心理要求。整个探索过程是在孩子自己的操作下、在孩子自己独立的思考下进行的，因此他们的兴趣强烈，全过程的印象更深刻。家长还要注意引导重视过程，而不要只注意结果。

第三，让孩子探索的事物要符合孩子的年龄特点。孩子好奇、好问、好动、好模仿。喜欢实践，求知欲强，形象思维占主导地位。因此，孩子探索的内容应当是他们所关心的、熟悉的、能接受的事物和现象，并且要趣味性。探索对象应从宏观到微观，自简单到复杂，由近及远，由具体到抽象，与孩子的年龄、心理特征相适应，使孩子的认识由初级阶段逐渐发展。

第四，和孩子讨论问题切忌急躁。和孩子讨论问题，家长一定不要急于求成。不要随意说"说得好"或"很好"，因为过快过早赞扬可能传递讨论已经结束的信息，应该说"真有趣""我从来没有这样想过"，以便使孩子的探索如滚雪球一样越滚越大。不要催促孩子去"想"，这种催促，只能使孩子为了急于表现，而去揣测大人希望的答案，并用尽量少的话说出来，以免猜错时受到责备。

奥尔瓦·格尔斯特朗德

——教会孩子正确对待他人的评价

奥尔瓦·格尔斯特朗德(1862～1930),瑞典著名的科学家。他曾获得德国眼科界的格雷夫奖章,并于1911年因为在研究眼睛屈光方面取得的巨大成就,获得诺贝尔生理学及医学奖。

格尔斯特朗德出生在瑞典的一个贫民窟里,他的父亲是这个贫民窟的眼科医生,医术很高,医德高尚,具有很高的声望,深受普通贫民的欢迎。

由于父亲收费很低,吸引着许多人来看病,小诊所里每天都被挤得水泄不通。对于那些无钱治病的患者,父亲同样认真救治,甚至还送去救济金帮助他们。虽然父亲也不很富裕,但总是尽自己最大能力伸出援助之手。

与父亲的小诊所天天红火的情景相比,那些富贵人家的医院却显得冷冷清清,生意清淡。这引起了他们的嫉妒。他们到处散布流言飞语,甚至中伤父亲,诋毁父亲的形象和小诊所的声誉。什么"没有经过正规培训的庸医"、"他治病根本不是按科学,而是左道旁门"、"迟早他会把病人治死"、"靠不正当手段竞争患者"、"总有一天会关张",等等。

有时,一些不怀好意的人还拦住在外玩耍的小格尔斯特朗德,对他说:"你的爸爸又把谁的眼睛治瞎了?"

小格尔斯特朗德反驳说:"你胡说!我爸爸从来没有把人治瞎。"

"没有?那你爸爸怎么不敢站出来澄清啊,天天缩在小诊所里不敢出门。告诉你爸爸,小心我们砸你的诊所。"

小格尔斯特朗德很受委屈,他不明白为什么别人那样说自己的父亲,也不明白父亲为什么不站出来说清楚。终于有一天,他忍不住了,问爸爸:"爸爸,别人都在说你的坏话,难道你没有听见吗?"

父亲抚摸了一下他的脑袋,点点头,说:"爸爸知道。"

"难道他们说的是真的吗?"小格尔斯特朗德问。

"不,他们的话没有一句真话。"父亲坚定地说。

"那你为什么就不站出来反驳他们？你这样做不等于默认了吗？"小格尔斯特朗德不解地说。

"孩子,有些话是不用解释的,"父亲意味深长地说,"你越解释,就越说不清,反而白白耽误了自己的宝贵时间。让时间来证明这一切吧。是黑的,白不了;是白的,也黑不了。只要我们走好自己的路,问心无愧,就不怕别人的流言飞语。你说呢,儿子？"

对于父亲的话,小格尔斯特朗德尽管还似懂非懂,但他坚信父亲的话是正确的。因为,他看到了老百姓依旧敬重自己的父亲,小诊所依旧挤满了病人;甚至,父亲还被推举为医务长官,名声传遍了欧洲北部。这些都使他由衷地敬佩自己的父亲。

小格尔斯特朗德决心像父亲那样,做一个受人敬重的医生,为穷人治病。他把自己的理想化作学习的行动,并最终从父亲手里接过家庭的接力棒,一边为病人解除痛苦,一边探索未知的医学领域,终于取得了辉煌的成就。

 育子智慧

请真诚地回答以下问题：

1. 面对小伙伴的中伤,孩子的反应如何？

2. 你有适时地帮助孩子建立正确的自我评价吗？

3. 你遇到一些不良的评价时,是如何做的？

"走自己的路,让别人说去吧",这是小格尔斯特朗德父亲对他的教育。教会孩子正确对待他人的评价是非常重要的,社会上各种五光十色的价值观都会折射到孩子的生活中。当别人对孩子进行评价——尤其这个评价是中伤孩子的错误评价时,父母要及时对孩子进行疏导和教育。

第一,教会孩子进行正确的自我评价。什么是自我评价？自我评价是指适当地对自己的感知、所思所想、期望、品德、行为及个性特征的判断与评估。家长要教会孩子对自己进行正确的自我评价,全面地、恰如其分地评价孩子的心理和行为,当孩子对自己有了一个客观而正确的认识之后,面对他人的中伤,孩子自然能够不受影响。

第二,教会孩子善于控制自己的情绪。面对外界的流言飞语,家长要让孩子学会控制自己的情绪,不要因为一些莫须有的评价而做出不理智的行为。流言止于智者,就像小格尔斯特朗德父亲所说,"是黑的,白不了;是白的,也黑不了。只要我们走好自己的路,问心无愧,就不怕别人的流言飞语"。家长要让孩子控制、调试好自己的行为和情绪。

第三,培养孩子豁达的胸怀。嘴巴长在别人的脸上,孩子和家长都不可能控制别人的所言所行,因此,家长必须培养孩子豁达的胸怀,在面对流言飞语时,让孩子不要过分在乎,对非原则性的问题要学会谦让、不计较、不理会,对他人的取笑、讥讽,一笑了之或幽他一默。当然,如果他人的错误评价已经对孩子的生活造成了极恶劣的影响,家长也要及时联系学校和相关人员,做出必要的制止措施,保护孩子的权益。

阿道夫·冯·拜耳

——教育孩子为他人着想

阿道夫·冯·拜耳(1835~1917),德国有机化学家,他是染料史上第一个人工合成靛蓝并对其性质和结构进行研究的化学家,后又在酚醛树酯的合成及尿酸的研究方面有杰出贡献。由于在合成靛蓝有机染料和芳香族化合物方面的研究作出了重要贡献,他获得了1905年的诺贝尔化学奖。

小拜耳的父亲曾是一名军人,对科技的发展非常感兴趣。退休后,50多岁的他本应该颐养天年,但他却开始学习地质学。每当父亲学习时,母亲就带着孩子离开,不让丈夫受到干扰。

眨眼间,小拜耳10岁了。生日那天,小拜耳高兴极了。他想,母亲一定会好好为他庆贺的,甚至还会送他一件珍贵的礼物呢。这一天,真是盼得太久了啊。

然而,小拜耳发现,母亲似乎根本没有做任何准备,连提都没有提。一大早,父亲就开始自学,连一声"生日快乐"都没有说,母亲也没有任何表示。好几次,小拜耳真想主动提醒母亲,但话一到嘴边,还没出口,母亲就把话题岔开,根本不往生日上提。

吃完早饭,母亲对他说:"儿子,咱们到姥姥家去。"

小拜耳想:难道是到姥姥家过生日?或者,在从姥姥家回来时,母亲再给买礼物?只得跟着母亲去了姥姥家。

在姥姥家,姥姥像往日一样热情地接待了他们,但生日的事依然只字未提;生日礼物,更是不见踪影。小拜耳不好意思开口问姥姥:这毕竟是来做客呀,那样问就太不礼貌了。

回家的路上,小拜耳再也忍不住了,他问母亲:"妈妈,今天是我的生日呀,难道你忘记了吗?"

"没有忘记呀。儿子的生日,做妈妈的怎么会忘记呢?"母亲的回答让他感到吃惊。

"你既然知道了,为什么还带我到姥姥家做客,却不在家里庆贺一下?"小拜耳委屈地说。

"爸爸明天就要考试了,你知道吗?"母亲和蔼地问。

小拜耳点点头。

"你想过没有,如果我们在家里庆贺,是不是会影响爸爸学习?"

小拜耳又点点头。

"孩子,我知道你的心情,很想妈妈为你庆贺一下。可是,爸爸小时候没有机会学习,现在50多岁了,才有这个学习的机会。如果失去了这个机会,将来更不好考了。你说,我们是不是应该牺牲一下,为爸爸着想?"

听了母亲的话,小拜耳的眼前立即浮现了父亲趴在桌子上自学的情景。父亲学习很吃力,但劲头却很高,即使受到冷嘲热讽也坚持自己的志向。对父亲的这种学习精神,小拜耳一向很敬重。他不由得又点了点头。

母亲接着开导说:"你现在正是学习的大好机光,记忆力好,头脑灵活,如果用功,就会学到许多知识;一旦到了你爸爸这个年纪,学习就会很吃力的。一个人有了知识,才能成为一个有用的人,不被人小瞧。"

"我知道了,妈妈。"

"不过,你放心,等你爸爸考完了,我们会抽出时间,好好为你的生日庆贺一番,好吗?"

"谢谢妈妈。我一定好好读书,不让你失望。"小拜耳高兴地说。

 育子智慧

请真诚地回答以下问题:

1. 在你特别累的时候,孩子会吵着让你给他讲故事吗?

2. 公共汽车上,孩子会主动让座给老人吗?

3. 平时在家里,你会让孩子做一些他力所能及的事情吗?

现在会为他人着想的孩子真的不多,我们看得最多的场景是孩子们不顾家长是否劳累、是否开心而一意孤行地让家长为自己做事。

"妈妈,我要出去玩!"

"今天妈妈特别累,你先在家里玩,明天妈妈再陪你出去吧!"

"不,我不,我就要出去,我都和小朋友约好了!"

......

孩子们为什么不懂得为他人着想呢？

第一，家长的溺爱。现在许多家庭都是"6＋1"模式，孩子就是整个家庭的中心，只要孩子喜欢，为孩子做什么都是值得的。这种溺爱让孩子觉得一切的索取都是理所应当的——我生下来就是要被人疼爱的。

第二，教育的片面。现在许多家长在对孩子的培养上，往往只重视孩子的智力开发，而忽略了对孩子进行这方面的教育。这就让孩子失去了为他人着想的意识。有不少家庭，当孩子愿为辛劳一天满脸倦意的父母做些家务时，父母总是说："去玩儿吧，不缠着妈妈就是帮妈妈最大的忙。"他们这是片面地培养孩子，似乎周围所有的人都应该帮助和关心孩子，而孩子的任务仅仅是接受这些关爱。这样的孩子很快习惯于家庭给予的一切。他们在家里没有任何义务，而有的仅仅是特权。因此，他们很容易滋长起自私、冷漠，无视他人的快乐与痛苦的思想。

培养孩子关心他人的好习惯可以让孩子了解父母工作的不易和生活的艰辛，让孩子理解父母，为父母分忧解愁，让孩子在享受父母关怀的同时，也细心关心父母。

父母可以这样做：

第一，明确培养内容。培养孩子"为他人着想"应包括以下内容：尊重他人的意见，理解他人的想法，愿意同他人分享自己的幸福，体验和同情他人的情感，爱护他人的劳动成果，先人后己、助人为乐等等。

第二，从细处着眼。家长应从细节着眼，培养孩子关心他人、为他人着想的品质。在公共汽车上要主动让座给老弱病残幼和抱婴者；在商场推开弹簧门时应注意身后有没有人，有人时应当等后面的人撑到门时才走开；乘电梯时要站在右边，不要妨碍有急事的人从左边超过；进影剧院不应迟到，观看时不应交谈，以免影响他人观看；出入公共场所要讲文明；不要乱扔果皮纸屑，既影响环境卫生，也妨碍他人健康。

第三，让孩子做一些力所能及的事。孩子是家庭、社会的一员，不能因为他们小就过度保护，不肯或不敢让他们做事情。因为只有勤快的孩子才会懂事，才知道关心体贴别人。做家长的要赋予孩子一定的责任和义务，要循序渐进地教会孩子做一些力所能及的事。

勒奈·笛卡尔

——孩子的学习一定要劳逸结合

勒奈·笛卡尔(1596~1650),17世纪法国著名的数学家、物理学家、哲学家,是西方近代资产阶级哲学的奠基人、近代数学的始祖。他分析了几何学与代数学的优缺点,创立了解析几何学。1629~1649年在荷兰写成《谈谈方法》及其附录《几何学》、《屈光学》、《哲学原理》,死后还出版有《论光》。

笛卡尔小时候智商很高,不仅学的东西很快就掌握了,还能举一反三,提出更深层次的问题。他出生后不久,母亲就病故了。他的身体也不太好,时常生病。父亲很怜惜他,让他大部分时间休息。然而,小笛卡尔却是一个好动脑的人,不管走在哪里都表现出若有所思的样子。他家的女佣人新来时,还以为他是一个呆子呢。

一天,他和小朋友在一起下棋,尽管小伙伴催了他几次,他还是坐在那里眼睛盯着棋子,呆坐不动。正当小伙伴不耐烦时,他却突然说:"对,就这样。"然后跳起来,头也不回地跑到房间,留下小伙伴莫名其妙地愣在那里。不久,他出来了,对小伙伴说:"爸爸一个月前给我留下一道题,我刚才突然想起了它的解法。现在我已经解出来了,接着下棋吧。"

小笛卡尔整天处在思考问题的状态中,加上身体瘦弱,使父亲非常不安。他担心儿子智商太高,太过于成人化,如果思考过度,没有劳逸结合的话会伤害身体的。为了控制孩子接触太多知识、想的问题太复杂,父亲把一些他认为不宜过早涉及的书籍全部收藏起来,让孩子以休息为主。在儿子休息的时候,父亲抽出时间陪孩子说话。讲故事、说笑话,千方百计地转移他的注意力。因为,房间里一旦只剩下他一个人了,他就会一刻不闲地思考许多复杂的问题。

父亲还"逼迫"小笛卡尔出去玩耍。除了找伙伴陪他下棋外,还把邻家的小伙伴们召集来做游戏,或者到林子里捉小鸟和蜻蜓,或下水里游泳,或爬山。在布置作业方面,父亲也尽量控制数量和难度。在父亲和保姆的关照下,小笛卡尔的身体往健康的方向发展;同时,他的智力也丝毫没有受到负面影响,他的爱思考的习惯也一直保持了下来。

正是由于不断地思考,从读书时开始,他便对僵化的说教有强烈的怀疑批判精神,坚定不移地寻找真理。他因为怀疑教会信条受到迫害,长年在国外避难。他的著作生前或被禁止出版或被烧毁,在他死后多年还被列入"禁书目录"。但在今天,在法国首都巴黎安葬民族先贤的圣日耳曼圣心堂中,有一块庄重的大理石墓碑上却镌刻着这样的文字:"笛卡尔,欧洲文艺复兴以来,第一个为人类争取并保证理性权利的人。"

 育子智慧

> **请真诚地回答以下问题:**
> 1. 你知道劳逸结合对孩子的重要性吗?
> 2. 孩子的作息时间表是怎样安排的?
> 3. 在制定作息时间时,你有征求孩子的意见吗?

从生理学上来说,合理地安排孩子学习、劳动、课外活动和休息的时间,能调节其大脑各个区域和谐的活动,使孩子工作、学习效率提高。所以家长在辅导孩子学习时,要注意劳逸结合。

如何做到这一点呢?帮助孩子制定一个合理的作息时间表至关重要。

在孩子的生活和学习中,劳逸结合才能让孩子有足够的精力去学习,提高学习效率。制订孩子的作息时间表一定要考虑孩子的个性特点和实际情况,最好是让孩子自己参与制订。下面一个例子应该给我们的父母一些有益的启示:

乔治的妈妈原本替乔治订下了一个她认为是十全十美的作息时间表:早晨6点起床,中午放学回家,吃完午饭后做1小时功课,然后上学;下午回家,先做完功课,再看妈妈替他预录的卡通节目,然后有半小时的自由活动时间,晚饭后可以休息一会儿或到附近公园散步,之后回家再温习功课,然后才上床睡觉。

乔治妈妈满以为有了这样劳逸结合的作息时间表,肯定对乔治有很大的帮助,谁知实行了没有几天她便发现乔治的功课愈做愈慢,有时候还打瞌睡;有时在乔治的功课还未完成时,他的好同学布迪便打电话来问他看了某个电视节目没有;每天晚上的散步也似乎令乔治疲累过度,根本不能在晚上集中精神学习了。

明智的乔治妈妈及时发现时间表确实有问题,于是果敢地做出改动,午饭后让乔治有点午睡时间,下午看了儿童节目才开始做功课,晚上的散步时间也视孩子的需要而增多或减少。时间表变得更具弹性,乔治的学习兴趣也比从前增加了。

　　家长在为孩子制定时间表时,要注意长、短计划相结合。长期计划是在一个较长的时间内应达到的目标,长期计划的第一步,是要注重孩子内在的思想和感情,而不只是关心他们表露在外的不满和反抗。短期计划虽然也是每天的具体作息表,却也应当注重"模糊概念",比如不要具体规定几点几分起床、睡觉,几点几分吃饭、看电视、做作业,而应当是在几点之前休息,几点至几点起床,作业必须在看电视之前完成,看电视的时间在多少时间之内等等。

　　总之,制定一个有弹性的、适合孩子性格特点的时间表,才会让孩子劳逸结合,更好地提高学习效率。

伊雷娜·约里奥·居里

——善于把握孩子智力发展的规律

伊雷娜·约里奥·居里(1897～1956),法国著名科学家居里夫人的长女。居里夫人发现了放射性元素钋和镭,并因此与法国物理学家亨利·贝克勒尔分享了1903年诺贝尔物理学奖。之后,居里夫人继续研究了镭在化学和医学上的应用,并且因分离出纯的金属镭而又获得1911年诺贝尔化学奖。伊雷娜·约里奥·居里与其夫约里奥·居里合作,于1932年发现一种穿透性很强的辐射,后确定为中子。1934年发现人工放射性物质,并对裂变现象进行研究。1935年夫妻共诺贝尔化学奖。夫妻俩还于1948年领导建立了法国第一个核反应堆。

居里夫人的科研工作可以说忙得令人难以想象,但是她却从来没有忽略过对女儿的教育。作为一个科学工作者,她自然十分重视科学地教育孩子,尤其重视对孩子进行早期教育,并善于把握孩子智力发展的年龄优势。

居里夫人有两个女儿,伊雷娜和艾芙,在女儿不足一岁时,居里夫人为她们"发明"了一套独特的教育方法,她称之为"幼儿智力体操"训练。居里夫人的想法是让她们广泛接触人和大自然。她忙里偷闲,带着两个女儿到动物园看动物,还在家里养了一只猫。

每当看到女儿们与猫在一起玩得嘻嘻哈哈,居里夫人都会忍不住也加入其中;有空的时候,她还喜欢带着她们到公园去看绿草、蓝天、白云,看色彩绚丽的各种植物和人群,让她们到水中玩水,在欢声笑语中,使她们感受大自然的多姿多彩。

就这样,孩子快乐无忧地长大了。居里夫人想:"仅仅学习大自然的知识是远远不够的。"于是她又开始了一种带艺术色彩的"智力体操"——教孩子唱儿歌,给她们讲童话。

每晚睡觉之前,居里夫人坐在女儿的窗前,用低沉轻柔的声音给她们讲白雪公主,讲丑小鸭,女儿深深迷恋上那些有趣的故事。每当这个时候,她们总是安静又听话,眼睛专注地看着妈妈。

再大些的时候，居里夫人就开始教给女儿一些手工制作，还给她们讲一些智力故事。居里夫人一有空，就亲自训练她们数数，教她们识字，还不厌其烦地送她们去学习弹琴、画画、做泥塑。居里夫妇都很喜欢养花，女儿们也学着在自己家的庭园中栽花、种蔬菜，虽然有时候院子被搞得乱七八糟，但居里夫人从来都不在意。

饭后，居里夫人经常抽出时间与女儿们去散步，在散步时居里夫人也不放弃给女儿传授知识的机会，给她们讲许多关于植物和动物的趣事，讲种子是怎样在花里长成的，小老鼠和鼹鼠是怎样打洞的，哪里能找到兔子窝，等等。

她总是用身边可以见到听到的东西教女儿，而且不停地变换花样，孩子们就不会觉得枯燥。有时候，邻居们还能看见在林荫道上，居里夫人教两个可爱的女儿骑车，她们的笑声、歌声撒了一路。

可以说，"智力体操"陪伴了两个女儿的成长。居里夫人这套幼儿早期"智力体操"训练，把握了孩子智力发展的年龄优势，使孩子增长了智力，同时也培养了孩子的各种能力，使孩子得到全方面的发展。

 育子智慧

请真诚地回答以下问题：

1. 你知道孩子的智力有哪些基本因素构成吗？

2. 你了解孩子智力的核心因素——思维力的发展规律吗？

3. 你是否按照智力的发展规律在培养孩子？

现在的家长，大都对孩子的智力非常关心，而且千方百计、加大投资开发孩子的智力。然而，如果考察一下家长对智力的理解和对智力发展规律认识，许多家长又模模糊糊。其实，只有结合了孩子智力发展的规律和优势，才能更好地开发孩子的智力。因此，下面着重说明智力的因素和智力的发展进程。

智力，通俗说是指人的"脑力"，人的"聪明度"，或说人认识事物的能力。智力由四个基本因素构成：

第一，观察力。即观察事物的能力，孩子的智力活动是从观察开始的。进行观察时，眼睛首当其冲，因而有人说：眼睛是智力的窗口。研究表明，人吸收的信息70％来自眼睛，"察"的含义，还包括各种感官的功能，耳朵听，鼻子嗅，舌头尝，身体感觉，都能对事物有所"察"。培养观察力，靠眼、耳、鼻、舌、身的协同活动，各司其职，各有侧重，把信息传到脑子里去加工。

第二，记忆力。即脑子记录、保持、再认和重现事物的能力，通常说"记性"。正常人都有记性，但优劣不一，关键在于是否经过科学的训练，掌握科学的记忆方法。记忆有两类，有意记忆和无意记忆。有些事物，人们没有意识地去记它却记住了，那就是无意记忆。有意记忆，是有目的、有计划、有方法地进行记忆。记忆的事物，对人来说是一种知识储备、信息储备，是进行思考和接收新知识、新信息的基础条件。

第三，思维力。即进行思考——分析、综合、归纳、演绎、推理等的能力。思维力是智力活动的核心因素，没有思维力，其他智力的因素的活动不能正常进行，也失去意义。因此，积极开动脑筋是非常重要的。思维力由三种能力组成，即形象思维能力，逻辑思维能力，直觉思维能力（亦称"顿悟"）。一个人爱动脑筋、会动脑筋是他智慧发展的前提。思维力通过科学训练，可以不断提高。

第四，想象力。即在脑中利用已有信息再造和创造事物的能力。想象力与人的创造性紧密相连，一个富于创造力的人，常常具有很强的想象力。想象力使人的智力活动更加灵活，更有创意。

观察力、记忆力、思维力、想象力的协同运作，即是人的智力活动。智力一般没有单因素的活动。

孩子的智力发展，在上小学之前，已达全部智力的 60%～70%。余下的 30%～40%，有待于在小学、中学继续开发。所以，智力的早期开发具有重要意义，同时，小学、中学阶段是否科学地发展智力，将可能进一步拉开人与人之间的智力距离。

作为智力核因素的思维力，一般经历 5 个发展阶段：

第一，直观行动思维（0～3 岁）。其特点是思维与动作行为紧密相连。婴儿用手抓彩球、抓奶瓶时，他的脑子有简单的思维活动，随着生长，思维活动越来越复杂起来。

第二，具象思维（3～6、7 岁）。孩子的思维活动以具体形象为主，想事情总是跟具体事物相连。给这个年龄段的孩子讲道理，必须与各种各样的故事和生活中的具体例证结合起来，否则他们听不懂，这时的孩子爱编故事，讲故事，那正是他们的思维活动。

第三，具象、抽象思维（6、7 岁～11、12 岁）。这是小学阶段的思维特点，由具体形象思维向抽象思维过渡。比如，孩子懂得了"5"、"8"这些数字可以是任何事物的数目，"5"既可以是 5 个苹果，也可以是 5 张桌子或 5 把椅子。抽象的数学运算能力逐渐发展。小学中年级是孩子思维力向抽象逻辑思维过渡的关键期，家长应该特别重视帮助孩子顺利完成这个过渡和飞跃。

第四，经验型抽象逻辑思维（11、12岁～14、15岁）。这是初中阶段的思维特点，孩子的思维以抽象逻辑思维为主，但经验成分特别大，学习经历、生活经历是他们逻辑的依据。初中二年级向理论型逻辑过渡。每个孩子的思维发展不一样，抓好向理论型过渡十分重要。

第五，理论型抽象逻辑思维（14、15岁～17、18岁）。这是孩子思维走向成熟的阶段，正值高中时期。孩子应该在这阶段学会辩证地思考问题，不再偏激地钻牛角尖儿。

这5个阶段，正是一个人的思维由简单到复杂、由幼稚到成熟的过程。科学家研究，这5个阶段也正是整个人类思维的发展历程，称之为思维发展的"两条平行线"。家长要把握孩子发展的规律，针对孩子不同的年龄段，进行行之有效的培养。

伽利略·伽利莱

——恰当的批评是对孩子负责的表现

伽利略·伽利莱(1564～1642),意大利物理学家、数学家和天文学家,科学革命的先驱。他把望远镜运用到天文观测上,发现了月球上的山脉、峡谷和陨石坑;发现了木星最大的四个卫星;发现了金星的相变和太阳黑子,有力地支持了哥白尼的日心说。他以系统的实验和观察推翻了纯属思辨的传统自然观,开创了以实验事实为根据并具有严密逻辑体系的近代科学,融会贯通了数学、物理学和天文学,被称为"近代天文观测之父"、"近代科学之父"。

1564年2月15日,伽利略·伽利莱诞生在意大利图斯卡尼公国的比萨镇。伽利莱家族是当时佛罗伦萨的贵族,但是伽利略的父亲文森西奥却并不富有,母亲则来自一个富有的上层社会家庭。

文森西奥是当时著名的音乐家和商人,擅长弹奏鲁特琴(一种半梨形的弦乐器)。他对当时的音乐理论非常不满意,但是没有人同意他的看法,于是他一个人发起了对音乐理论的革命。这种举动对儿子产生了强烈的影响,可以说,伽利略日后所具备的非凡勇气已在那时悄然形成了。这种勇气使他在很多年后敢于向教会开战,打破上千年的迷信,开创了近代实验科学。

伽利略可能天生就喜欢手工制作。他还很小的时候,就经常一个人坐在院子里,用一把刀对着一块木头刻刻划划。父亲看见伽利略每天都在鼓捣木头,感到很好奇,后来才发现他是在制作玩具,便不再管他了。看到儿子专心致志的样子,父亲也不去打扰。

有时候,父亲也走会到伽利略身边,拿起一个雕刻好的木头问道:"这是什么?"

伽利略停下手里的活计,回答道:"这是一只小狗。"

父亲摇着头批评道:"这是小狗吗,怎么不像呀? 小狗的耳朵好像比这个要大些。还有,腿也太短了。爪子呢? 也没有爪子呀!"

伽利略从父亲手中接过小狗,仔细端详一番,觉得父亲说得很对,便说:"我会把它刻成一只真正的小狗的。"

父亲微微一笑,他知道小伽利略会做好的。

后来,每当小伽利略做出了新的木雕,就会给父亲看,父亲会对他的作品提出中肯的批评意见。慢慢的,小伽利略的"手艺"越来越好,他的专注力、观察力、动手能力也得到了很大的提高。

 育子智慧

> **请真诚地回答以下问题:**
>
> 1. 你同意批评是一种和夸奖一样的正常的教育方法吗?
>
> 2. 批评孩子时,你是空泛说教占多还是很有针对性地指出孩子的不足?
>
> 3. 孩子接受批评,改正之后,你会给他适当的鼓励吗?

恰当的批评是对孩子负责的表现。很多家长盲目推崇"赏识教育",对孩子无论哪个方面都一夸再夸,其实这对孩子的成长非常不利。批评和惩罚,与表扬和鼓励一样,都是正常的教育方法。虽然赏识孩子是主流的教育方式,但它无法替代批评的功能,批评也是孩子成长必需的营养。

但是,批评是要讲究方法的,家长在批评孩子的时候,要注意以下几个方面:

第一,避免空泛说教。批评孩子时,用语要有针对性,要讲他欠缺在哪里,不要太空泛。比如伽利略的父亲,就非常明确地指出了"小狗的耳朵好像比这个要大些。还有,腿也太短了。爪子呢,也没有爪子呀!"告诉了伽利略不足在哪里,孩子也比较容易改正。

第二,注意保护孩子的自尊。批评孩子不可用易于损伤孩子自尊心的恶语,如"蠢货"、"没出息的东西"、"不要脸的玩意"等。另外,尽量避免在众人面前批评孩子,尤其对那些较敏感的孩子。

第三,增加与孩子的身体接触。在批评孩子时可以搂着他的肩膀说话,或拉着他的手讲话,适当的身体接触,能够达到恩威并用的效果。

第四,注意语言的艺术性。批评的语言讲究艺术性,家长可以这样来做:鼓励孩子时,顺便点明不足,比如说"你如果怎么做会更好",孩子会很自然地接受批评建议。

第五,适当鼓励孩子。在孩子接受了批评并作出积极的反应后,家长要及时给予肯定和表扬,强化他的积极行动,不可置之不理。

伊凡·彼特诺维奇·巴甫洛夫

——尊重孩子的意愿

　　伊凡·彼特诺维奇·巴甫洛夫(1849～1936 年)，俄国生理学家、心理学家、高级神经活动学说的创始人。他提出了条件反射、两个信号系统等学说，开辟了高级神经活动生理学的研究领域，在医学、生理学、哲学等方面都作出了重要贡献。1904 年获诺贝尔生理学和医学奖。

　　巴甫洛夫能够走上科学研究之路，与父亲开明的态度是分不开的。

　　巴甫洛夫出生在教士家庭，他起初为了子承父业，长大后做一名牧师，接受的是神学教育。可是，当他读到了达尔文的《物种起源》和俄国生理学家伊凡·塞基洛夫的《大脑反射》后，对生理学产生了极大的兴趣，于是打算放弃神学，开始学习生理学。父亲并没有因为儿子有违自己的初衷而斥责他，相反十分尊重他的兴趣和志趣的选择。

　　父亲建议说："你在教会学校毕了业再转学吧！"

　　"我不想再浪费时间了，爸爸，我有很多问题想尽快弄明白。"巴甫洛夫低声却坚定地回答。

　　"你想知道些什么呢？"

　　"我特别想知道，人体是怎样的构造？"

　　"难道你的理想是做一名医生吗？"

　　"不是。"巴甫洛夫摇摇头。

　　"那你为什么要知道人体的构造呢？"

　　"为了帮助人，为了使人类变得更健康、聪明而又幸福。"巴甫洛夫热烈地回答。

　　"你很有胆量，你的想法更是勇敢。你会为实现你的理想而努力吗？"父亲关切地问。

　　"我已经下定决心了，爸爸，我会下苦工夫的。"巴甫洛夫坚定地回答。

　　父亲明白儿子的想法是经过深思熟虑才产生的，于是立即站起来，高声说："好吧，我祝你成功！"

就这样,巴甫洛夫顺利地转而学习生理学,开始了新的学习生涯。

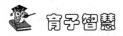 育子智慧

请真诚地回答以下问题:
1. 在做决定之前,你会询问孩子的意愿吗?
2. 你是否经常鼓励孩子说出自己的想法?

孩子懂事以后,便开始思考这个世界,思考他所遇到的每一件事,并逐渐产生自己的想法和观点。父母和孩子的世界确实不同,但孩子在成长的过程中,却一直在向父母靠近。他们对父母世界的事情发表意见和想法,说明他们有了独立的思考意识,这是非常可贵的。这时,父母应该赏识和尊重孩子的想法、理解孩子的心情、倾听孩子的诉说。

事实证明,受到父母尊重的孩子同父母非常合作,他们待人友善,懂礼貌,同大人谈话没有局促感,自我独立意识强。儿童心理学家认为,这些都是孩子受到应有尊重的良好反应。许多父母也想尊重孩子的意愿和想法,但往往不知道怎样做,其实,只要把握一个原则就可以了,那就是给孩子一个自主决定的机会。

尊重孩子的意愿,就是要征得孩子的同意,让孩子有选择的机会,并且在尊重孩子的基础上给予引导,这也是民主家庭中父母为孩子负起的一个责任。尊重孩子的意愿,不仅仅是因为他们年龄小,需要爱护、关心和培养,还在于他们从出生起就是一个独立的个体,有自己独立的意愿和个性。无论父母还是老师都不能代替孩子对客观进行选择。父母在决定之前,不妨先听听孩子的意愿和想法。比如,许多父母都希望自己的孩子多才多艺,成为一个优秀的孩子,那么,在为孩子选才艺班这件事情上,一定要仔细观察,然后听取孩子自己的想法,再选择一种比较适合孩子性情及兴趣的才艺。千万不要强迫孩子听自己的,这会破坏他以后学习的信心和欲望。

海克·卡末林·昂内斯

——犯错误是上帝给孩子们的权利

海克·卡末林·昂内斯(1853～1926),低温物理学家,生于荷兰的格罗宁根。他29岁被任命为莱顿大学物理学教授和物理实验室负责人,因制成液氦和发现超导现象,1913年获诺贝尔物理学奖。

可以说,昂内斯生于一个书香之家。他的伯伯和叔叔都是知名的学者,父母也同样是博学之士。从会说话开始,他就接受良好的家庭教育,先是跟着大人读书认字,大一些,又背诵诗词歌曲。后来,他的涉猎范围包括天文、物理、化学,尤其对数学具有很高的天分。他几乎读遍了长辈们的所有藏书。

除了酷爱读书外,小昂内斯还爱实验,用实验证明书本里介绍的知识。他把家里最高的阁楼比作自己的"天文台"和"实验室",有空儿就钻进里面,埋头学习钻研。

一次,小昂内斯在做实验时,不小心着了火,未能控制住。火借风势,转眼间膨胀起来,迅速把实验室变成了一片火海,直至烧毁大半座楼房。

小昂内斯自知闯了大祸,吓得逃到荒野,整夜不敢回家。他想:爸爸一定饶不了我,这下子什么都完了。

儿子丢失,这可急坏了双亲。他们还以为孩子葬身火海了,可火灭后清点残迹,一点踪影都没有找到,便又四处寻找。直到天亮时,他们才在田野上发现了吓得哆嗦成一团的儿子。

"爸爸,我对不起你。你会打我吗?"小昂内斯哭着喊。

父亲一边心疼地拥抱他,一边安慰他说:"没关系。为了研究科学,你就是把自家的房子全拆了,把田地全毁了,我也不埋怨你。"

"爸爸,我以后再也不要做这种试验了。"小昂内斯保证说。

"那怎么能行? 如果不做实验,你怎么学到真正的知识? 孩子,别怕,以后小心就是。"

小昂内斯对父亲的宽容十分感动。他决心不负父母的期望,在学术上作出一番成绩。

由于小时候打下的良好基础,18 岁时,昂内斯被保送到德国学习,先后受到两位老师的栽培。25 岁时,学成回国,被授予格罗宁根大学有史以来的第一位物理学博士学位。29 岁时,他被任命为大学物理系主任。这期间,他全身心地投入热力、电力与金属关系的研究之中。1915 年,他发现了水银在零下 269 摄氏度时电阻突然消失的现象,因而创立了超度传导学,引起了全世界的轰动。

 育子智慧

请真诚地回答以下问题:

1. 孩子不小心摔碎了玻璃杯,你的反应通常是什么?

2. 当面对孩子屡教屡犯的坏习惯时,你是如何做的?

3. 你曾经嘲笑过孩子的缺点吗?

孩子是稚嫩的,不成熟的,他们成长的过程其实就是不断犯错误的过程,也正是不断改正错误、掌握方法的过程。法国作家罗曼·罗兰说:"人生应当做点错事。做错事,就是长见识。"请父母们记住:犯错误是上帝给孩子们的权利。正像曾经迷过路的孩子再也不敢忘记回家的路一样,往往只有犯过错误然后改正的人才能不断走向成熟,迈向成功。面对犯错的孩子,家长要用宽容的态度来对待。

第一,宽容孩子的失误。在孩子成长的过程中,不小心摔坏东西、损坏东西的事情非常常见。对自己不小心所造成的破坏,孩子也非常后悔和难过,甚至感到恐惧。这时,家长应该宽容和安慰孩子,而不是批评和指责。批评和指责不仅于事无补,而且会造成孩子对父母感情的疏远。以后再发生这种事情,他们可能会故意隐瞒父母,从而使孩子养成说谎的习惯。对孩子不小心的失误给予宽容,不仅可以安慰孩子的心灵,更重要的是让孩子通过这件事情吸取有益的经验教训;而一味地训斥和打骂,只会让孩子感到恐惧,却淡忘了事件本身。受到父母赏识、宽容和教育的孩子,会在愉快中接受父母的建议,时刻记住自己的失误,并在以后逐步改进或改正。

第二,宽容孩子的坏习惯。当孩子养成一些坏习惯时,父母首先应该表现出宽容的态度。有坏习惯的孩子并不是坏孩子,有时候,他们自己也不喜欢这些坏习惯,但又无法控制自己不去做已经习惯的事。因此,父母应该理解孩子,对孩子的坏习惯抱以宽容的态度。在帮助他们改正缺点的过程中,坚持赏识和鼓励孩子,用温和的语言让孩子认识到自己的坏习惯,并对孩子的进步给予赞扬。要知道,父母一个赞许的微笑,一个会意的眼神,都会让孩子受到莫大的鼓舞,从而有动力也有勇气纠正自己的坏习惯。

发现孩子有了坏习惯,即使是"屡教屡犯",父母也不要抱有成见,或者丧失教育孩子的信心。因为这种态度不仅不利于纠正孩子的坏习惯,也不利于孩子其他方面的发展和成长。最好的方法就是告诉孩子这个坏习惯的危害性,让他感觉这个坏习惯会影响他在别人心目中的形象,会让别人讨厌。父母可以对孩子说:"你是一个很可爱的孩子,但是如果你改掉了这个坏毛病,大家会更加喜欢你的!"

第三,宽容孩子的缺点。每个孩子的能力都是不同的,他们总会在一些方面有不足甚至是缺陷。这时候,如果连父母都看不起他们,甚至嘲笑他们,那孩子会更加自卑,甚至自暴自弃。面对孩子的缺陷,家长不要嘲讽、责怪甚至放弃,而是应该去宽容他、安慰他、鼓励他,热情地拥抱他,相信孩子一定能还给我们一个奇迹。

弗里茨·普雷格尔

——单亲孩子需要更多的关爱

弗里茨·普雷格尔(1869~1930)是奥地利著名的分析化学家。1923年,他创立了有机化合物的微量分析法和微量化学学科,促进有机化学的发展,也为现代医学和工业作出了突出贡献,因而获得诺贝尔化学奖。其主要著作是1917年发表的《有机微量定量分析》。

谁能想到,普雷格尔——这个荣登科学殿堂的化学家,小时候却是个单亲家庭的孩子。普雷格尔的父亲很早就去世了,母亲一个人带着普雷格尔,非常辛苦。由于缺少父亲的教育,普雷格尔的性格从小就很顽劣。

那天,小普雷格尔像过去一样很晚才回家,衣服被弄得脏兮兮的,脸上、手上全是泥巴。他一进门,就躺在沙发上。母亲从厨房里走出来,一看到儿子的样子就吓了一跳,她大声叫道:"天啦,你怎么把衣服弄得这么脏?这可是早上才换上的干净衣服啊。你知道吗?天气越来越冷了,水也越来越凉了,洗衣服更难了。"

小普雷格尔依然躺着,不以为然地说:"哪个母亲不在冬天洗衣服?这有什么?"

可怜的母亲气得落下了眼泪,却又说不出什么,只好把儿子的脏衣服脱下来,又回到厨房里干活去了。

正在这时,门铃突然响起来了。隔壁的伍德太太拉着她的孩子闯了进来,对孩子说:"来,汤姆,让婶婶看看普雷格尔对你做了什么。"

"你们来干什么?是来告状的吗?告诉你们,我不怕。下次惹了我,我还要揍他。"小普雷格尔从沙发上跳下来,恶狠狠地说。

"天啊!这就是你的孩子吗?他打了人,居然还是这样的态度!"伍德太太对小普雷格尔的母亲喊道。

母亲连忙向伍德太太道歉,请求她原谅;可小普雷格尔仍然警告汤姆,以后要小心。

"看看吧,这就是没有父亲管教的孩子!"伍德太太气愤地说。

这时,母亲再也无法忍受了,她扬手狠狠打了儿子一记耳光。

"妈妈,你打我?"小普雷格尔颇感意外,眼里滚动着泪花。在他的印象中,这可是母亲第一次下这样的手。"是汤姆先骂我是个野孩子,我才打他的。"伍德太太见状,不好意思地走了。

屋子里只剩下他们母子二人,小普雷格尔还在轻轻地啜泣。

"孩子,你父亲死得早,他临终时要我好好教育你。为了你能过上快乐、幸福的生活,妈妈拼命地干活,从来没有好好休息过,手上起满了老茧。可是,你却一点也不心疼妈妈,在外面惹事,让妈妈受到别人的指责。"母亲边说边流下了眼泪。

小普雷格尔看了一眼母亲的手,惭愧地低下了头。

"虽然你没有父亲,但是作为一个男孩子,应做一个坚强的人,有志气的人,为妈妈争口气。可是,你却经常伤妈妈的心,让妈妈流眼泪。你难道不觉得惭愧吗?"母亲继续说道。

小普雷格尔想到自己的确经常惹得母亲流下眼泪,心里羞愧极了。良久,他紧紧握着母亲的手,用坚定的语气说道:"妈妈,我对不起你。请你相信,我从今以后决不再淘气,决不让你再流泪,要努力学习,做一个真正的男子汉。总有一天,你会为你的儿子感到自豪的。"

后来,普雷格尔终于实现了自己的诺言。母亲再次为他落泪,可那是骄傲和幸福的泪。

 育子智慧

> **请真诚地回答以下问题:**
>
> 1. 你家是单亲家庭吗?在孩子的教育上你是否意识到要花更多的心血?
>
> 2. 你有及时地安抚孩子受伤的心灵吗?
>
> 3. 你是否会留心孩子与伙伴相处得如何?

据有关部门统计,目前我国单亲家庭子女已达数百万之多。父母一方的离去对孩子的心理会造成很大影响,大部分孩子都会出现或多或少的心理问题,如多疑、闭塞、自卑,反抗性和攻击性强等。为了孩子能健康成长,并逐渐拥有一个完整的人格,单亲家庭的家长应该给孩子更多的关爱。

那么,家长具体要怎么做呢?

第一,理解孩子,安抚孩子受伤的心灵。刚刚成为单亲家庭,孩子不能理解或有异常都可以理解,这就需要家长努力来安抚孩子受伤的心。若几个月后还发觉孩子有不爱说话、行为孤僻等举动,就要引起父母的注意了。有资料显示,单亲家庭的孩子容易不合群、孤僻、拘谨、沉默寡言。父母在此时要及早发现,特别对一直内向的孩子,要提早预防,努力帮孩子度过这段危险期。

第二,避免在孩子面前过多地流露悲伤情绪。由以前的完整家庭变成单亲家庭,父母自身也会"愈想愈伤心",可能会用封闭、极端的行为来保护自己,这种自怜自艾会直接影响孩子的心情,让孩子也陪家长沉入无尽的忧伤中。所以,父母必须坦然面对单亲的现实,尽快调整好自己的心情,以快乐、健康、积极的态度去迎接以后的生活,给孩子创造良好的成长氛围。

第三,生活的变动越小越好。父母一方的离去绝对属于孩子成长中最大的变故之一,所以在最初的那段日子里,最好是不要有太大的变化,比如搬家、转校等。这时的孩子已经不能接受更多的变化,哪怕一点点变故,都可能成为压垮孩子的"最后一根稻草"。

第四,要以平常心态对待孩子的成长。单亲家庭中的有些父母会有补偿心态,认为亏欠了孩子,所以对孩子的要求尽力满足;又或者把自己全部的爱及希望都寄托在孩子身上,对孩子处处严厉要求。这两种极端的行为,都会使孩子形成任性、独僻、霸道或暴力的个性。家长应把孩子当成是一个普通的小孩,用平常心态去教育,给孩子一个健康的发展空间。

第五,注意孩子与伙伴的相处。孩子一天大部分的时间都在幼儿园、学校里,处理好同伴关系,保持正常的群体生活,可以淡化孩子的痛苦,及早从生活的阴影中走出来。单亲家庭的孩子容易不合群,父母要鼓励孩子多交几个要好的小朋友,经常带孩子跟同龄的小伙伴一起玩耍,不要给孩子提供形成孤僻性格的土壤。

另外,有些好事者会说一些刺激性的话,如小普雷格尔的朋友一样,说他是个"野孩子"。这时家长不妨找那人聊一聊或者写一封信。家长这样做不但不丢脸面,反而是一种教育行为。如果那人是孩子的同学,家长也可以找孩子的老师反映一下情况,请老师以适当的方式在班上讲清道理,教会其他人正确对待这种情况,在孩子周围形成一种良好的舆论氛围。

欧内斯特·卢瑟福

——给孩子动手实践的机会

　　欧内斯特·卢瑟福(1871~1937),生于新西兰纳尔逊,并在新西兰长大,著名物理学家。他1891年进入新西兰坎特伯雷学院学习,23岁时获得了三个学位(文学学士、文学硕士、理学学士)。1895年在新西兰大学毕业后,1898年担任加拿大麦吉尔大学的物理教授,1907年返回英国出任曼彻斯特大学的物理系主任。1908年获诺贝尔化学奖。1937年因病在剑桥逝世,与牛顿和法拉第并排安葬。

1871年8月30日,欧内斯特·卢瑟福出生了。卢瑟福兄弟姐妹一共12人,他排行老四。

卢瑟福的父亲聪明又肯动脑筋,还特别肯动手实践,他勤奋又有创造性。在开办亚麻厂时,他试验用几种不同的方法浸渍亚麻,利用水力去驱动机器,选用本地的优良品种,结果他的产品被认为是新西兰最好的一类。他还设计过一些能提高工作效率的装置。

在父亲潜移默化的熏陶下,卢瑟福也喜欢动手动脑,这也显示出了他与众不同的创造天赋。

卢瑟福家有一个用了很多年的闹钟,经常停下来,很耽误事。有一天早上,卢瑟福一走进校园就听见了朗朗的读书声,他知道自己迟到了。在得到老师的允许后,卢瑟福红着脸走到了自己的位置上。他是个认真的孩子,心想:今早闹钟没有响,难道是又停了?

中午回到家,卢瑟福做的第一件事就是冲进自己的房间,试了试闹钟,指针果然不走了。他急忙跑到隔壁的修表店里,说:"先生,我的闹钟停了,您能帮我修好吗?"

店主接过来一看,说:"卢瑟福,这个闹钟这么破,修不好了,你还是再买一个吧!"说完,就把闹钟还给了卢瑟福。

晚饭时,卢瑟福对父亲提起了早上迟到的事,然后说:"爸爸,您给我买一个新闹钟吧。"

父亲问:"旧的呢?不能用了吗?"

"修表的师傅说太旧了,修不好了。"卢瑟福说着,把闹钟递给了父亲。

父亲仔细看了看,说:"孩子,你已经十几岁了,为什么不亲自动手试着修一修呢?说不定钟表师傅修不好的,你靠着自己的智慧可以修好呢!"

听了父亲的话,卢瑟福点了点头。吃完饭,他就回到房里,把小闹钟拆开,仔细检查每一个零件。夜很深了,卢瑟福房间里的灯还亮着。他检查完了零件,再把零件一个个都安装上。在安装的过程中,他发现一个重要的零件找不到了。怎么办呢?他急得团团转,眼看就快大功告成了,他可不愿意就此放弃啊!

突然,他想起自己还有许多玩具,或许在那里会找到一个零件。于是,他弯下腰,从床底下拉出一个大箱子,里面是满满一箱的玩具。在这些玩具中,他找到了需要的零件。闹钟修好了,不仅走得很准,而且也可以响铃了。

"叮铃铃……"听到一声清脆的铃声,卢瑟福感到无比的兴奋。

"孩子,你还没睡吗?"父亲推门进来。

"哦,爸爸,我终于把它修好了。您看,现在它已经完全和新的一样了。"卢瑟福兴奋地说。

"嗯,很好。我就知道你一定能行。"父亲微笑着抚摸卢瑟福的头,"现在,你该去睡觉了。"

"好的。爸爸,晚安。"

那一夜,卢瑟福睡得特别香,第二天他起得很早,因为闹钟准时把他从梦乡中唤醒了。

这次亲手修闹钟的经历让卢瑟福成长了很多,他的动手能力大大提高了。当时,照相机还是比较贵重的物品,卢瑟福竟然自己动手制作起来。他买来几个透镜,七拼八凑居然制成了一台照相机。他自己拍摄照片,然后自己冲洗,成了一个摄影迷。卢瑟福这种自己动手制作、修理的本领,对他后来的科学研究工作极为有用。

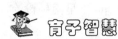 育子智慧

请真诚地回答以下问题:

1. 你知道动手能力对孩子发展的重要性吗?

2. 你会因为害怕孩子发生危险而制止孩子动手实践的行为吗?

3. 孩子有自己的小小工具箱吗?

卢瑟福的父亲对他一个重要影响就是动手实践，这让卢瑟福的一生受益匪浅。动手实践技能是孩子生存成长的基础，是孩子手与脑结合、身心协调发展的过程。父母应该给孩子一个动手实践的机会，不要让自己的"过度好心"剥夺了孩子生存成长的机会。

第一，动手是孩子的"头脑体操"。俗话说，"心灵手巧"。这是非常有道理的。因为手的神经与大脑中枢神经直接相连，手的活动越灵活，其头脑的活动也就越灵活，可以说对手的刺激就是对头脑的刺激，动手是日常生活中的"头脑体操"。灵巧的手是一个人大脑发育良好的标志之一。在大脑中支配手部动作的神经细胞有20万个，而负责躯干的神经细胞却只有5万个，可见大脑发育对手灵巧的重要性，而手的灵敏动作又会反过来促进大脑各个区域的发育，这就是人们常说的"眼过百遍，不如手做一遍"。

第二，从孩子的兴趣特点出发。儿童都具有强烈的好奇心，对自己感兴趣的事往往会主动去做。因此，父母要培养孩子的动手能力，不妨从孩子感兴趣的事情开始。比如孩子喜欢拆卸小汽车，就指导他如何拆，如何装；孩子喜欢花花草草，就指导他自己种植一株"朋友树"。

第三，家长要因势利导。孩子的好奇心很强，他们愿意自己动手拆卸、组装东西。看到剪刀、小刀、锯子，他能很快地切断纸、布、木头，他会想：为什么刀能把纸剪成两半？为什么锯子来来去去就可以把木头锯断呢？为什么小刀能把苹果皮削下来呢？他们不但会提出问题而且会想尽一切办法在大人不注意的时候自己动手试上一试。例如，有的孩子看到小刀可以削掉苹果皮，就会用小刀削梨子，或者用小尺子去试着削苹果，想看看能不能削下来。这些举动，就是孩子进行尝试性的创造活动，家长在这个时候就要因势利导，当孩子想动手干些事情的时候，就可以给孩子讲一下简单的道理，并做一些示范，然后，再让孩子进行模仿。这时，孩子就会产生一种成功的喜悦，激发起更大的创造欲望。

第四，不要因为危险就因噎废食。孩子有时候会不小心把手弄破，把衣服弄脏。这时，有的家长就会阻止孩子的活动，不让孩子动手操作。这实际上是一种因噎废食的做法。家长应先告诉孩子可能出现的危险，并做好预防措施，再让孩子动手。这样，一方面锻炼了孩子的动手能力和创造力，又不会出现危险。换句话说，即使衣服脏了点，家长动手洗一下就行了，如果孩子的动手能力差从而影响了孩子智力水平的提高，哪个更得不偿失呢？

第五，家长应随时随地培养孩子的动手能力。学习电子琴、钢琴、打字等都可以灵活锻炼手指，促进眼、耳、脑、手的配合，既开发了孩子的智力又掌握了一定的技能，家长何乐而不为呢？对于经济不是很富有的工薪阶层，家长可以让孩子练习团纸、折纸、玩橡皮泥等。在日常生活中,家长也还可以让孩子自己动手剥鸡蛋,让他先磕一下,再一点点地把鸡蛋皮剥下来,皮上还要尽量不带蛋白。经过多次练习,孩子就会熟练地自己剥鸡蛋了。这对灵活运动孩子的手指、腕部关节,提高动手能力是十分有益的,同时,还能培养孩子的耐心。因此,培养动手能力并不一定需要花很多钱,只要家长肯于动脑,用家里平常的东西,一样能培养出心灵手巧的孩子。

第六,给孩子准备一个工具箱。有的家长眼光远大,很善于教育孩子。他给孩子准备了一只工具箱,里面放上尺子、小螺丝刀、小剪刀、针线等工具,让孩子做一些力所能及的修补工作,如旧玩具,如与家长一起修理自行车、煤气灶、钟表之类的东西。这样,一方面可以培养孩子的动手能力,掌握一定的技能,另一方面,也可以培养孩子勤俭节约的意识,使孩子体会到家长劳动的艰苦,从而增进孩子与家长之间的感情。

福井谦一

——当孩子考试成绩不理想时

福井谦一(1918~1998),日本理论化学家,美国科学院外籍院士,欧洲艺术科学文学院院士、日本政府文化勋章获得者。福井由于在 1951 年提出直观化的前线轨道理论而获得 1981 年诺贝尔化学奖,他是第一位获得诺贝尔化学奖的日籍科学家,同时也是亚洲第一位诺贝尔化学奖得主。

福井谦一一家本来住在乡下,但父亲不愿在贫困、闭塞的乡村继续住下去,便把家搬进了大阪府的岸里,好让孩子受到良好的教育。自然,福井谦一便进了这里的知名学校学习。父亲对儿子的期望也很高,希望他将来能够出人头地,彻底改变家庭的命运。

然而,福井谦一最初的考试成绩并不理想。那是一个夏日,阳光火辣辣地照射大地。人们都躲进屋子里避暑,路上行人稀少。这时,有一个孩子却游荡在大街上,顾不得阳光的暴晒。他把手里的试卷看了一遍又一遍,一声又一声地叹着气。"这次又没有考及格,我该怎么向父亲交代呢? 他一定非常失望啊。"他一路自言自语着,表情很痛苦。

不用说,他就是本文的主角福井谦一。

小谦一忍着饥肠辘辘向家里走去,不知不觉就到了家门口。他知道,家总归要回的,父亲总归要面对的:如果不回家,父亲不是更着急吗? 再说,肚子早饿了,午饭也得吃啊。就这样,他硬着头皮走进家门,一头碰上了父亲。

"爸爸,我这次考试又没及格。"小谦一低下头,小声告诉父亲。

"真的吗?"父亲听得清清楚楚,"让我看看。"

父亲看了儿子的试卷,一丝失望从心头掠过,因为这是儿子很多次不及格考试的最新记录。

但是,看到儿子同样难过的表情,父亲并没有把失望和难过表现出来。他迟疑了片刻,微笑着对小谦一说:"啊,这是第几次不及格了? 不过不要紧,这次考试不能代表下一次考试;现在考得不理想,不能代表以后考得也不理想。我想,只要你努力了,总有及格的时候。你说呢,谦一?"

"爸爸,我看我还是不上学了。我不是读书的料,将来还会让你失望的。"小谦一哭了。

"谁说的呢?"父亲一愣,他抚摸着儿子的脑袋,鼓励他道,"谁说你很笨呢？虽然你的功课暂时没跟上,但这并不表明你很笨。你是个很努力的孩子,这点困难算得了什么？只有在困难面前不退缩,才能战胜困难。如果连这一点困难都战胜不了,以后不管干什么,都会被困难吓倒的。相信爸爸的话,努力地学,你会超越自己的。"

小谦一被父亲宽容和鼓励的话打动了,心里重新燃起了勇气和希望。他对父亲说:"爸爸,我不应该在困难面前退缩,我收回我刚才的话,从今以后继续努力。"

"孩子,这就对了。"父亲脸上露出欣慰的微笑。

小谦一开始制订一个学习计划,除了课堂听讲,他把其余时间也都尽量利用上。早上,他早起半个小时,温习昨天的功课;上课时认真记笔记,不懂的地方就画下来,及时向老师请教;晚上,他又把学习时间延长半个小时。

一分耕耘一分收获,再次考试又开始了,虽然这次仍然不及格,但比上次却大大前进了一步。小谦一不敢耽搁,继续抓紧学习。休息日,他放弃了玩耍的时间,一个人到图书馆里看书,直到下班的时间,他还专心致志地埋头做题。

工夫不负有心人,再一次考试时,他终于及格了。

 育子智慧

┌───┐
请真诚地回答以下问题:

1. 孩子的学习成绩如何?

2. 在孩子考得特别糟糕的时候,你是如何与他沟通的?

3. 你会细心地帮助孩子一起分析成绩不理想的原因吗?
└───┘

作为家长,总是希望自己的孩子每次考试都能拿100分,可是事情往往无法尽如人意。当孩子"考试总是不理想"的时候,家长应该怎么办呢?

第一,及时疏导孩子的心理。考试没考好,孩子自身也非常焦虑、生气、失望、气馁……的,尤其是家里经济条件不是很好的孩子,还会有对不起父母的感觉。因此,家长在生活上要多给孩子一些温馨的关照,同时在言语和行动上要相信孩子,鼓励孩子,告诉孩子:"做最好的自己。只要你尽到了自己最大的努力,不管结果如何,我们做父母的不仅不会责怪你,而且还会理解你的。"

第二,帮助孩子进行自信心方面的训练。孩子考试成绩不理想,往往容易影响他的学习信心,针对这种情况,家长要指导孩子有意识地进行自信心方面的训练。比如,可以帮助孩子盘点一下自己学习上的优点(如记忆力好、善于归纳总结、注重基础、学习踏实等等),哪怕是很小的优点也不放过;还可以让孩子不时地用内心的语言激励自己:"我很棒"、"我表现得很好"、"我的学习会越来越好"等等。家长要帮助孩子重新树立自信。

第三,恰如其分地分析考试成绩不理想的原因。每当孩子拿回不理想的成绩单的时候,家长要引导孩子恰如其分分析自己考试成绩不理想的原因,比如是所学知识没有掌握,还是解题不符合规范? 是学习方法问题,还是粗心大意问题等等。不仅要找出解决问题的相应方法,还要找出进一步提高的措施,切实做到查漏补缺,以达到有重点、有针对性的高效率学习。

祖冲之

——知之者不如好之者，好之者不如乐之者

祖冲之(429～500)，字文远，范阳郡道县(今河北涞源)，南北朝时期杰出的天文学家、机械制造家和数学家。祖冲之在天文学方面，创制了《大明历》，首次引用了岁差，采用了391年中设置144个闰月的新闰周，比以前的更加精密。祖冲之推算的回归年和交点月天数都与观测值非常接近。在数学上，祖冲之推算出圆周率的真值应该介于3.1415926和3.1415927之间。在机械制造上，他曾制造了铜铸指南车、利用水力舂米磨面的水碓磨和计时仪器漏壶、欹器等。

祖冲之的父亲祖朔之是位小官员，他望子成龙心切，祖冲之不到9岁，父亲就逼迫他背诵《论语》，读一段，就叫他背一段。两个月过去了，祖冲之也只会背十多行，气得父亲把书摔在地上不教了，并且怒气冲冲地骂道："你真是一个大笨蛋啊！"

过了几天，父亲又把祖冲之叫来，教训他说："你要用心读经书，将来就可以做大官。现在，我再教你，你再不努力，就决不饶你。"

可是父亲越教越生气，祖冲之也是越读越厌烦。他皱着眉头，愤愤地说："这经书我是说什么也不读了。"父亲气得额头上的青筋都迸出来了，嘴里骂着"笨蛋"、"蠢牛"、"没出息"，忍不住伸手打了祖冲之几巴掌，祖冲之号啕大哭起来。

正在这时，祖冲之的祖父来了。问明原因，就对祖朔之说："如果祖家真是出了笨蛋，你狠狠打他一顿，他就会变聪明吗？孩子是打不聪明的，只会越打越笨。"祖冲之的祖父还严厉地批评祖朔之说："经常打孩子，不仅不能起到任何好的作用，而且还会使孩子变得粗野无礼。"

祖朔之说："我也是为他好啊！他不读经书，这样下去，有什么出息。"

"经书读得多就有出息，读得少就没有出息？我看不一定吧。有人满肚子经书，只会之乎者也，却什么事也不会做！"祖冲之的祖父批评说。

"他不读经书，将来怎么办？"

"不能硬赶鸭子上架，他读经书笨，说不定干别的事灵巧呢。做大人的，要细心

观察孩子,加以诱导。"

祖朔之觉得父亲的话有道理,就同意不把孩子硬关在书房里念书,并建议父亲领祖冲之到他负责的建筑工地上去开开眼界,长长见识。

祖冲之随爷爷到了工地上,处处感到新鲜,问这问那。有一次,祖冲之问爷爷:"为什么每月十五的月亮一定会圆呢?"爷爷解释说:"月亮运行有它自己的规律,所以有缺有圆!"

祖冲之越听越有趣,从此,经常缠住爷爷问个不停。爷爷便对祖冲之说:"孩子,看来你对经书不感兴趣,对天文却是用心钻研,正好,咱们家里的天文历书多得很,我找几本你先看一看,不懂的地方问我。"

祖朔之这时也改变了对儿子的看法。每天,教孩子读天文方面的书,有时祖孙三代一起研究天文知识。这样,祖冲之对天文历法的兴趣就更浓了。

一天,爷爷带祖冲之去拜见一个叫何承天的官员,这个人在钻研天文方面很有成就。何承天问祖冲之:"小家伙,天文这东西研究起来很辛苦,既不能靠它发财,更不可能靠它升官,你为什么要钻研它?"

祖冲之说:"我不求升官发财,只想弄清天地的秘密。"

何承天笑道:"小家伙,有出息。"

从此,祖冲之就经常找何承天研究天文历法。后来,祖冲之终于成为了一名杰出的科学家。

 育子智慧

请真诚地回答以下问题:

1. 你是否会认真观察孩子的行为举止?

2. 你了解自己孩子的兴趣所在吗?

3. 你发现孩子的兴趣之后,你是怎么做的?

古代伟大的教育家孔子说:"知之者不如好之者,好之者不如乐之者。"这就是说,对于知识的学习来说,最重要的是自己喜欢,自己感兴趣。喜欢了、感兴趣了就会主动去学习,去求知。如果能够这样,对孩子来说是一种自我的成长与发展,对父母来说是一种精神的解脱。

然而,这样一种理想状态似乎在大多数父母、孩子那里都得不到实现。原因可能有以下三点:

第一,父母不能发现孩子的兴趣所在。很多父母忙于工作以及其他事务,对于孩子的关注可能比较少。而孩子的兴趣往往是显示于生活细节之中的,比如可能会经常性的玩某种玩具、比较集中地问某一门类的问题,或者在听到音乐、看到绘画作品时有某种特殊的反应,这些其实都是兴趣的表征,如果父母不经常细心地观察孩子,那就很不容易发现孩子的兴趣点。

第二,父母没有给孩子营造自由表现兴趣的环境。有一些父母管教孩子时过于严厉,经常批评孩子,这里做的不对,那里做的不好。长此以往,孩子在父母面前就会战战兢兢的,总是担心做错什么。于是,孩子为了获得父母的认同,就会将注意力放在那些让父母满意的事情上,而不是在一种心灵舒适自由的状态下去做自己想做的事情。就拿祖冲之来说,父亲想让他读经,他也想让父亲满意,无奈自己就是不"好之",在父亲的殴打责骂之下,甚至对读经起了逆反心理。在爷爷所营造的宽松气氛之下,祖冲之能够去问自己感兴趣的问题,并产生了钻研的志向。所以,父母一定要给孩子一个宽松自由的物质环境、心理环境。

第三,父母发现了孩子的兴趣,但不给予支持。在现实生活中,父母有时能够发现孩子的兴趣所在,但是这种兴趣与父母的预期不相同,父母就不支持。祖冲之的祖父、父亲发现了他对天文的兴趣之后,首先给孩子提供了一些书籍支持他的兴趣,但是,天文毕竟是一个不能带来功名利禄的兴趣,所以,祖父带他去见何承天。何承天的问话其实反映了祖冲之祖父、父亲的矛盾心理,然而,祖冲之的坚持打消了他们的顾虑。父母希望孩子长大后衣食无忧、前程似锦,这都是父母一片好心,但孩子作为一个人,他还需要一个精神的内核,他需要在兴趣中获得精神愉悦,所以,作为父母,不管孩子的兴趣能否给他带来功名利禄,都要给予孩子强有力的支持。

竺可桢

——培养孩子持之以恒的精神

竺可桢(1890～1974),中国近代地理学和气象学的奠基人,学识渊博,在气象学、地理学、自然科学史等方面都有卓越贡献。他是我国近代科学家、教育家的一面旗帜,气象学界、地理学界的一代宗师,献身共产主义事业的一名忠诚战士。他一生热爱祖国,热爱科学和教育事业,为人们留下了许多宝贵的精神财富。

1890年3月7日,一个小男孩降生在浙江绍兴东门外东关镇竺嘉祥的家中。竺嘉祥十分高兴,为孩子取名为兆熊,小名阿熊。但转念一想,孩子应该有个学名才好。于是,他找到镇上的私塾先生,两人商议了好久,才决定用"可桢"作为阿熊的学名。"可桢"的寓意就是希望这孩子将来可以成为国家栋梁。

从小,竺可桢就非常爱学习,还爱动脑思考问题。他的家乡雨水特别多,下雨的时候,雨水从他家的屋檐上落下来,滴落在房前的石板上,发出"滴滴答答"的响声,十分悦耳动听。

有一次下雨,竺可桢站在房门口,数那滴答作响的水滴:一滴,两滴,三滴……忽然,他像发现了什么奇迹,目不转睛地盯着一块石板,"咦,这块石板上怎么有一个一个的小水坑呢?而且水滴正好滴在这些小水坑里。"他又仔细观察了一下其他的石板,发现上面也有许多小水坑。这小水坑到底是怎么形成的呢?他想了半天,也弄不明白是怎么回事,便跑去向父亲请教。

竺嘉祥听了儿子的问话,感到由衷的高兴,他耐心地向儿子解释说:"小熊啊,这就叫做'水滴石穿',那些小坑是被雨水滴成的。别看一滴一滴的小雨滴没什么厉害的,但是,天长日久,就会把石板滴出小坑了。"父亲的话锋一转,"孩子,你要记住,读书、做事,也是这个道理,只有持之以恒,坚持下去,才会有所成就。"

这件事给竺可桢留下了深刻的印象。从此,"水滴石穿"的教诲成了竺可桢一生的座右铭。从小学到中学,直到大学,他一直用"水滴石穿"来激励自己,学习成绩一直很优秀。后来,这句格言又伴随着他从绍兴家乡的小镇走向了全国,走向了世界。1910 年,20 岁的竺可桢到美国留学,8 年后,获得哈佛大学博士学位回国,然后一直从事祖国的气象事业,取得了辉煌的成就。

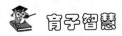 育子智慧

请真诚地回答以下问题:

1. 你自己做事容易半途而废吗?

2. 你的孩子做事是不是总是三分钟热度?

3. 孩子持之以恒的精神是可以培养的,你是否做出过努力?

很多家长都有这样的体会,孩子总是三分钟热度,做什么事情开始的时候热血沸腾,做着做着就想放弃了。如果家长不重视,让孩子一而再再而三地这样做,那么到了一定程度,孩子就会形成一个习惯,他做什么事情,都不会坚持到底。那么,家长应该如何培养孩子持之以恒的精神呢?

第一,善于培养、保护和利用孩子的兴趣。兴趣,能激发孩子参加活动的积极情绪,促使孩子在活动中表现出更大的意志力。所以,在家庭活动中增添活动和学习内容的趣味性、生动性,让方式灵活多变,如多采用游戏、比赛、表演、抢答、故事等形式,使活动过程本身就能吸引住孩子,这对孩子善始善终地做某件事能起促进作用。

第二,帮助孩子制定具体、可行的学习计划和目标。目标是某一行动要达到的某种意想结果的标准、规格或状态,它制约着行为的方向。一个人只有主动、自觉地去实现既定的目标,为实现目标而不懈努力,才能体现出他的恒心。对孩子们而言,只有具体的、可行的目标,才有可能促使他去实现这一目标。

所谓具体的目标是指该做什么、怎样去做,要达到怎样的要求,必须一清二楚;所谓可行的目标是指必须与孩子的年龄、经验、能力水平相适应,是孩子在经过自身的努力后能够实现的。目标既不能定得太低,也不能定得太高——太低,孩子学不到新东西,没有学的兴趣;太高,孩子难以实现,即使有一定毅力的孩子也会放弃。只有在短期内经过孩子的努力可以实现的目标,才能激励孩子去进取。当孩子完成一个目标后,成功的喜悦会强化孩子的进取精神,激起他确定下一个目标的热忱,从而养成不断进取的习惯。

第三,让孩子学会自我监督。对某件活动要持之以恒,须靠自己的自觉行为,因此,让孩子学会检查、监督自己是否朝既定的目标努力是非常必要的。

培养孩子学会自我检查和自我监督,可以从父母的检查和鼓励开始。例如,与孩子共同确定某个目标后,每天检查孩子完成的情况,并让孩子自我评价做得怎样;对孩子的良好表现给予鼓励,对做得不够好的要引导、激励孩子改正。

　　当孩子大一点后,可以为孩子制作一张"自我鉴定表",让孩子对完成学习计划、良好行为习惯,或者某种活动目标等情况进行自我评分,并定期把"自我鉴定表"送交给学校老师,让老师了解、表扬孩子的自觉行为,对孩子的自我监督进行强化。在不断自我评价、自我监督中,孩子们才能养成督促自己持之以恒地从事某种活动的习惯。

钱学森

——帮助孩子确立奋斗目标

钱学森(1911～2009),浙江省杭州市人,享誉海内外的杰出科学家和我国航天事业的奠基人。钱学森生于上海,3岁时随父来到北京,1934年毕业于上海交通大学机械工程系,1935年赴美国研究航空工程和空气动力学,1938年获加利福尼亚理工学院博士学位。后留在美国任讲师、副教授、教授以及超音速实验室主任和古根罕喷气推进研究中心主任。1950年开始争取回归祖国,受到美国政府迫害,失去自由,历经5年于1955年才回到祖国,1958年起长期担任火箭导弹和航天器研制的技术领导职务。

1911年12月11日夜晚,教育家钱均夫的独生子钱学森呱呱坠地。当钱均夫抱起自己的宝贝儿子时,妻子章兰娟小声告诉他,儿子是"踏莲而降"的,也就是双脚先落地。人们通常认为"踏莲而降"者将来必能成大器。

幼时的钱学森的确天资聪颖,悟性极高,记忆力特强,3岁时已能背诵百首唐诗、宋词,以及早期一些启蒙读物如《增广贤文》与《幼学琼林》,同时还能心算加、减、乘、除,周围邻里一传十、十传百,都说钱家出了个"神童"。

钱均夫是个爱国学者和教育家,他忧国忧民,"兴教救国"的抱负迟迟没有换来国富民强,他认识到科学技术对于国家的重大意义。钱学森经常在父亲的书房里流连忘返,看儿子对书籍那么感兴趣,钱均夫抱起儿子亲切地说:"长大了要好好读书,不光读这些我们先人留下的书,还要读外国的书,不光学习国学,还要学习先进的科学技术,才能把中国建设得富强起来。"

有一天,钱学森问父亲:"《水浒》里的108个英雄,原来是天上的108颗星下凡到人间的。人间的大人物,做大事情的,是不是都是天上的星星呀?"

父亲笑着对儿子说:"其实,所有的大人物都不是天上的星星,他们原本都是普通的人。只是他们从小都爱学习,都有远大的志向,而且又有决心和毅力,不惧怕困难,所以就做出了惊天动地的大事情。"

钱学森听了以后更高兴了："英雄如果不是天上的星星变的,那我也可以做英雄了。"

父亲鼓励他："你也可以做英雄。但是,必须好好读书,努力学习知识,贡献社会。"

以后父亲又在多个场合给儿子讲"学习知识,贡献社会"的道理,这八个字成了家训,成了钱学森奋斗的目标,它深深印刻在钱学森的心灵里。

 育子智慧

请真诚地回答以下问题:

1. 你有奋斗目标吗? 考虑过帮孩子树立奋斗目标这件事吗?

2. 每天早上,当孩子背起书包准备上学时,他知道自己为什么要去学习、为谁而学习吗?

3. 当孩子对学习有所厌倦时,他能继续坚持学习吗? 如果能,他坚持下去的动力是什么?

小孩子最崇拜英雄,每一个成为英雄的人在成长过程中必然会有一个奋斗目标。周恩来 12 岁说要"为中华之崛起而读书";钱学森在小的时候也决定要"学习知识,贡献社会";1998 年在抗洪抢险中牺牲的李向群也从小认定"报效祖国是每个公民的责任"……

"奋斗目标"对一个成长中的孩子是非常重要的! 孩子如果有了人生的奋斗目标,就犹如在心中播种了一个太阳,一个给人以希望、给人以力量的太阳。孩子如果有了人生的奋斗目标,他就不会虚度时光,就不会整日被烦恼缠身,这也就意味着他迈出了成功的第一步。孩子如果有了人生的奋斗目标,就如同他紧握指南针在大海上航行,知道了奋斗的方向,就会有未来尽在掌握之中的感觉。

孩子因为年龄的关系,不能给自己树立一个奋斗目标,作为孩子的父母,就有责任有义务来帮助孩子。

帮助孩子树立奋斗目标,有两个原则,父母一定要遵循:

第一,要尊重孩子自己的兴趣爱好。有些父母曾经有过美好的愿望和理想,但因为种种原因没有实现,有了孩子之后,就希望孩子能替代自己去实现。如果孩子正好对此有兴趣,那这个奋斗目标就可以由此树立。但往往孩子会有自己的兴趣爱好,如果此时父母逼迫孩子去实现父母的愿望、理想,那这个孩子可能不仅没有奋斗动力,连奋斗的乐趣也没有。

第二,实事求是地帮孩子树立一个切实可行的目标。钱学森的父亲告诉他要"学习知识,贡献社会",这个目标无论从眼前还是从未来看,它都是切实可行的,具有引导价值的。而有些父母为孩子树立的奋斗目标如同永远无法摘到的果实,这不仅使孩子因看不到前途而无望,内心变得脆弱;父母也会因看不到孩子的成绩而陷入失望之中。所以,树立奋斗目标一定要实事求是。

要帮助孩子树立奋斗目标并使之最后得到实现,父母可以从以下两方面入手。

第一,激发孩子产生自己的兴趣。让孩子多看报纸、杂志和书籍,多接触新的思想和新的信息,激发孩子产生自己的兴趣,父母则要适时发现并引导孩子的这种兴趣,从而帮孩子树立奋斗目标。

第二,帮助孩子将奋斗目标细化。孩子的专注力、意志力都有限,如果奋斗目标过于远大,对孩子当下的学习就不能起到长久的推动作用,所以,父母一定要帮助孩子把奋斗目标细化。

父母可以帮助孩子将奋斗目标分为三种:短期目标、中期目标和长期目标。

短期目标,就是非常实际的且能在较短时间内达成的目标。这个"短",对孩子来说,可以是一个月、一个学期或一个学年。短期目标应该非常具体、非常实际。如在最近的某科考试中提高 5 分、10 分等;或在学年结束时评上"三好生"等。

中期目标,这是相对于短期目标而定的一段较长时间实现的目标。如果设定的短期目标需要一个月来实现,那么中期目标就可以是一个学期或一年,这要视具体情况而定。

长期目标,这就是孩子最终的奋斗目标了。它的实现是基于前面无数短期、中期目标的实现。一位古代哲学家说:"志不立,天下无可成之事。"立志,就是这里所说的确立人生的奋斗目标。有长期奋斗目标的人,往往能承受一些短期目标、甚至中期目标的失败而坚韧不拔地奋斗到底。有长期奋斗目标并勇于刻苦努力的人,才是真正懂得学习的人,他的未来也必定是辉煌的。

杨振宁

——不要让孩子过早偏科

　　杨振宁(1922～　　),安徽省合肥市人。著名美籍华裔科学家、物理学大师、诺贝尔物理学奖获得者。1957年由于与李政道提出的"弱相互作用中宇称不守恒"观念被实验证明而共同获得诺贝尔物理学奖。此外,曾在统计物理、凝聚态物理、量子场论、数学物理等领域作出多项卓越的重大贡献。

　　杨振宁出生不久,父亲杨武之去美国留学了,只读过几年私塾的母亲当起了他的启蒙老师,到他6岁时,竟然学会了3 000个汉字。

　　杨武之学成回国,被聘为厦门大学的数学系教授,开始着力培养儿子各方面的知识。他用大球和小球讲解太阳、地球和月亮的公转情形;教授英文字母A、B、C、D等,讲一些算术和动植物知识。广博的知识开阔了小振宁的视野,也大大增加了他的求知欲。因此,杨振宁一入学,就对数学、国文等都产生了很大兴趣,功课也学得不错。

　　9岁时,杨振宁就显露出数学方面的才能。到了11岁,这方面的天才更充分显现。作为数学教授的父亲自然意识到了这一点。有人开玩笑地对他说:"这下子你可以后继有人了。好好培养你的儿子吧。"但父亲摇摇头,付之一笑。他没有立即教儿子数学,他认为现在还不是让振宁偏科的时候,应培养他多方面的基础知识,特别是国文和历史基础知识。因此,在暑假来临时,父亲为他请了历史系的学生来教振宁学《孟子》。杨振宁学得很快,不久就可以背诵《孟子》的全文了。父亲也明白,如果教儿子学解析几何和微积分,他也会学得很快,但要紧的是先掌握传统文化知识。

　　杨武之的书架上,有许多用英文和德文写的数学书,杨振宁常常去翻阅。但是,他的外文基础还不够好,经常看不懂其中的细节。每次去请教父亲,父亲总是微笑着说:"不用急,慢慢来。"

　　父亲总是这样充满耐心,什么是该教给孩子的,什么是不急于教给孩子的,他都有一个计划。直到杨振宁16岁了，该考大学了，父亲这才不慌不忙地给儿子讲解近代数学的概念，让儿子渐渐明白纯数学太虚，不能够实用。当杨振宁明白这个道理后，他不再希望自己像父亲那样做个数学天才，而是把目标对准了化学。但是，当他准备入学考试时，他自修了高三物理，发现物理更适合自己的口味，认为自己具有物理的气质和风格，于是，他毫不犹豫地选择了物理专业。而扎实的数学成绩，则为他在物理上的成就铺平了道路。对于儿子的这个决定，父亲没有干涉，而是静观其变，他相信儿子已有了自己的头脑。

后来的事实证明，杨武之的决定是非常英明的。这一点，连杨振宁也深为折服。1990年，马来西亚一位华裔学者给杨振宁写信，说自己的儿子是一位少年天才，12岁就高中毕业，希望把他送到美国深造。杨振宁则在回信中写道："让你的孩子像正常孩子那样成长……不要过于急迫地给他施加压力学数学或其他科学。因为人生是多方面的，我认为最主要的是在这个年龄要让他在心理上、学习上平衡发展。"这个观点，可以说正是他的父亲当年培养他的观点。

 育子智慧

> **请真诚地回答以下问题：**
>
> 1. 你的孩子参加兴趣班了吗？
> 2. 你知道过早让孩子学习一技之长的弊端吗？
> 3. 你认为在孩子的早期教育中，全面发展与特长教育哪个更重要？

杨振宁的故事说明了一个道理：过早强求孩子的"专业"知识，不利于孩子成长。现在，很多家长过分注重孩子的特长教育，有的家长认为自己的孩子有某一方面的天赋，如绘画，就认准了绘画这条路，送孩子去学画；有些家长看到别的家长都让孩子去学这学那，担心自己的孩子输在起跑线上，但是又没有精力去让孩子上那么多兴趣班，于是就挑选其中的一样让孩子作为专长来学……

让孩子学习一技之长，在幼儿期培养孩子对某一领域的兴趣，让孩子学一些本领等为孩子未来打算的想法，出发点都是好的。只是，如果处理不当，就会给孩子的健康成长带来负作用。

首先，如果一个孩子擅长某一科，就以为他在这方面有潜力，就加以重点培养，这是不对的，因为，这刚好说明孩子偏科，偏科不利于孩子全面发展。其次，孩子将来从事何种专业，还不能从他小时候的喜爱上加以判断，因为随着年龄的增长、社

会阅历的丰富,他的爱好和志向可能会发生变化。所以,对于孩子来说,坚持全面发展的教育思想还是十分正确的。

　　幼儿期是儿童生理与心理发展的飞跃时期。幼儿特有的发展特征表明,他们在各个方面都处于启蒙阶段。2~6岁作为幼儿感官、语言、动作、社会规范等多个方面的发展敏感期,是促进幼儿各方面快速发展的关键时期,如果能在这时对孩子进行有的放矢地引导和帮助,对幼儿的成长和发展来说是事半功倍的。美国哈佛大学著名的教育学家加德纳认为,0~7岁是幼儿智能发育的关键时期,幼儿智能在这个阶段能否全面均衡的发展直接关系到幼儿的一生发展。因此,在孩子的早期教育阶段,家长应坚持全面发展的教育方针,不要盲目追求特长教育,过早让孩子偏科。

丁肇中

——分数不是孩子的命根

丁肇中(1936～　)，美籍华裔物理学家。祖籍中国山东省日照市，生于美国密歇根州，中学时代是在中国台湾度过的。1956年，丁肇中进入美国密歇根大学学习，1960年获硕士学位，1962年获博士学位。1963至1964年在欧洲核研究中心工作，1964至1967年在美国哥伦比亚大学工作。1967年起在美国麻省理工学院物理系任教，1977年当选为美国科学院院士。因发现了J粒子而荣获1976年诺贝尔物理学奖。在所有诺贝尔奖得主中，丁肇中是第一位在颁奖典礼上用中文发表演说的华裔科学家。

丁肇中童年时代正值烽火遍地的战乱时期，东躲西藏的动荡生活不可能给他安排一张安静的书桌，再加上他小时候体质不好，疾病缠身，因此正规教育无从谈起。无奈之下，父母决定自己教丁肇中。白天，父母在大学里教书，就让丁肇中在家复习功课、做作业；晚上回家后，父母检查与批改他的作业，然后教给他新的功课，如此反复。

父亲丁观海会根据孩子的实际情况，将科学知识以游乐和聊天的方式一点一滴地教给儿子。父亲经常与他讨论关于牛顿、克斯韦、冯·卡马及其他科学家的生平以及他们对于人类的伟大贡献，给儿子科学的启蒙教育。

丁肇中的母亲王隽英是儿童心理学的教授，她很善于把握丁肇中的心理，能将知识轻松地传递给丁肇中。与父亲的教育相比，丁肇中比较喜欢母亲的教育方法，可以说，丁肇中早期的知识多半都是由他母亲教授的。

10岁那年，在山东大学任教的父亲丁观海将丁肇中送到青岛一个德国修女办的天主教学校里读书。由于他小时候没受过什么正规教育，学习遇到了困难，跟不上学校的一些节拍。这时，丁观海夫妇不责怪儿子，他们不像其他许多父母那样强求孩子在学校中拿到好分数。他们认为100分对于一个孩子来说并没有什么意义。而培养学习的兴趣，培养他对未知世界的探索精神才是关键。母亲曾经告诉过丁肇中,只要按照自己的兴趣去发展,无论他取得什么样的分数都能得到她的支持和赞赏。这一点对丁肇中日后的学习和研究有着非常重要的作用。

 育子智慧

请真诚地回答以下问题:

1. 你看重孩子的考试分数吗?
2. 当孩子考得好时,你是怎么做的? 当孩子考得不理想时,你又是怎么做的?

孩子一天天长大了,有一天,他到了需要去学校的年龄,这是一件多么值得高兴的事情啊!孩子将会进入系统学习知识的天堂,孩子将会和很多同龄的伙伴一起嬉戏玩耍,孩子开始进入社会,有了社交生活……然而,这对有些孩子来说,却是噩梦的开始。因为学校会考试,考试就会公布成绩,而这个成绩就是大多数孩子的"命根",因为成绩的高低决定着父母、老师对待他们的态度。成绩好,则父母、老师都笑脸相迎,夸奖有加;成绩差,则父母、老师白眼相看,甚至棍棒相加。有些父母过于看重孩子的分数,虽然这源于望子成龙的好心,但过于看重分数的确会带来很多不良后果。

第一,过于看重分数,会使孩子对考试产生畏惧心理。有些父母会说:"我的孩子平时都学得挺好,但考试成绩总不理想。"其实这也是因为父母看重分数的心理在孩子身上的投射。父母看重分数,就会在考前给孩子施加压力,孩子在考试时就很紧张,越担心考不好,就越容易出错,也就越考不好。这种恶性循环会打击孩子的自信,从而影响孩子的健康成长。

第二,过于看重分数,会伤害孩子的自尊心。孩子天生都有积极向上的愿望。不论学习好的还是学习差的都希望考出好成绩,但是,成绩往往受多种因素影响,比如一段时间的学习情况、一段时间的家庭和谐程度、孩子成长过程中是否处于某种特殊阶段、孩子在考场上的情绪状态……如果父母看到分数不高,不问青红皂白,轻则辱骂一番,重则毒打一通,会使孩子感到委屈,自尊心受到伤害。长此以往,会使孩子自暴自弃,逐渐开始厌学。

第三,过于看重分数,很容易使孩子产生与家长的对立情绪。年龄小一些的孩子,他们还不理解父母注重分数是让他好好学习,出发点是好的,他只知道自己没有考高分,会被爸爸妈妈训骂;而得了高分的孩子,大多数都会受到父母的表扬和

奖励,因而会觉得父母不爱自己,只爱自己考的高分而已,这样,孩子就容易在情绪和行为上与父母对立。

以上分析,其目的不是要矫枉过正,让父母彻底不重视分数,毕竟分数在一定程度上反映了孩子对知识的掌握情况,关注孩子的成绩,也是父母关心孩子的一个具体表现,但如何看待分数,却是一个科学而又严肃的问题,它反映着家长对子女教育的态度、方法及其成败。所以,父母在对待孩子的成绩上要把握以下几个原则:

第一,重点看孩子的相对分数。试卷上的分数是绝对分数,相对分数就是对孩子做自身的纵向比对,与以往相比,孩子是进步还是退步了,进步就要给予孩子适度的表扬,退步了也要和颜悦色地跟孩子一起分析原因。其实,帮助孩子科学、准确地分析试卷,总结经验教训,这比孩子的分数更为重要,也更有价值。

第二,不要规定硬性的分数指标。硬性的分数指标,会降低孩子学习知识的乐趣,压抑其学习的积极性,使孩子产生畏惧心理和厌学情绪。甚至还可能使孩子为了分数指标而作弊、或涂改分数、撒谎等,这些不良品格对一个孩子的影响更大。在这方面,丁肇中的母亲就做得非常好。她不要求孩子必须考高分,她更注重一个孩子智能的发展,而不是死板知识的获取。

第三,对分数也要具体情况具体分析。刚开始上学的孩子,由于知识难度低,以及孩子本身对学习的新鲜感,取得高分比较容易;随着年级的升高,科目会增多,内容会加深,相对来说考高分就不那么容易了。还有很多其他情况都值得分析,这不是在为孩子考低分找借口,而是给孩子一个客观态度的表现。

第四,分数≠才能。现代心理学认为,人的能力,除智力之外,还包含语言能力、交际能力、动手操作能力和运动能力等。人的许多能力和综合素质水平都是不能量化的。循规蹈矩的人,在学习上往往容易获得好分数;而在求知上异想天开的人,却常常思维活跃,还可能有创新。论分数,后者不如前者,但论思维能力,后者可能更有潜在优势。社会发展表明,应试教育下的高分低能,早已不被人们认可。因此,父母不要仅凭借分数就看高或看低自己的孩子。每一个孩子都有发展潜力,千万不要因为分数而埋没一个人才。

总之,分数永远只是个形式和手段。它不能证明孩子真正学到了多少知识,也不能证明孩子的品格与才能如何。它不是衡量孩子聪明与否的唯一标准,也更不应该是衡量家长要不要爱孩子的标准。

最成功的育子故事

——文学家篇

维克多·雨果

——教会孩子永不放弃

　　维克多·雨果(1802～1885),是19世纪前期积极浪漫主义文学运动的领袖,法国文学史上卓越的资产阶级民主作家。贯穿他一生活动和创作的主导思想是人道主义、反对暴力、以爱制恶,他的创作期长达60年以上,作品包括26卷诗歌、20卷小说、12卷剧本、21卷哲理论著,合计79卷之多,给法国文学和人类文化宝库增添了一份十分辉煌的文化遗产。其代表作是《巴黎圣母院》、《悲惨世界》等长篇小说。

　　雨果的母亲认为,教会孩子永不放弃是非常重要的,这对于孩子一生的发展都有着推动的效用。

　　一年,著名的美文研究院组织征集诗作大赛。正当雨果全力为参赛创作新诗的时候,他的母亲突然病倒了,情况十分危急,母亲整日处于昏迷状态。雨果和哥哥日夜陪伴妈妈,根本无暇动笔写作。雨果只好把一首从前写的《凡尔登贞女》送去参赛。

　　母亲病势稍微好转,她睁开眼睛第一件事就是询问雨果参加比赛的诗寄出了没有。当她得知儿子因照顾自己没有写作的时候,十分伤心。母亲用无力的手拉住儿子的手,让儿子赶紧写作品去参赛。

　　雨果感到很难过,他低着头对母亲说:"母亲,恐怕来不及了,因为明天就截止了。"

　　母亲鼓励他说:"不,好孩子,来得及。不到最后关头,不要轻言放弃。今晚就写,明天一早就念给妈妈听,妈妈的病很快就会好起来。"母亲的眼睛里充满了信任。

　　母亲给了雨果信心,他不再犹豫,等到母亲睡着,便伏在床边握笔苦思。夜深了,可是雨果不觉得疲倦,他在橘色的灯光下,用他火一般的热情铸造诗篇。这一夜,他写出了120行诗——《亨利四世铜像修复颂》。第二天,当母亲从梦中醒来,发现儿子放在床头的诗稿,她欣慰地笑了。

　　半个月后,这首《亨利四世铜像修复颂》使维克多·雨果得到了"金百合花"特别奖。《凡尔登贞女》也同时被评为"金鸡冠花"奖。

 育子智慧

请真诚地回答以下问题：

1. 遇到困难和挫折时，孩子会有放弃的念头吗？

2. 在孩子即将放弃的时候，你是否总能及时鼓励他？

雨果因为母亲的鼓励，在最后关头没有放弃，才获得了成功。人生的路上，有太多的机遇，很多人会在某个关口放弃努力，也与成功擦肩而过。教会孩子永不放弃，等于是让孩子离成功更近一点！

第一，提醒孩子很多事情是可以改变的。很多孩子最后放弃，是因为觉得没有希望了，结局已经注定了，其实，很多事情没有到最后关头，还是可以改变的，但如何把这一信息传递给孩子是非常重要的。比如，孩子的英语成绩还算可以，学校正好组织一次英语口语比赛，当然，孩子夺冠的可能性比较小，但这仍然是一次很好的锻炼机会。如果孩子想放弃，家长可以这样对孩子说："为什么不去尝试一下呢？说不定你还能拿个名次呢！即使拿不到名次也没有关系，你能知道自己的差距有多少，还能有机会展示一下自己！"家长的鼓励会让孩子把握住机会，说不定会有一个惊喜，即使没有，也锻炼了孩子的能力。

第二，鼓励孩子多寻找解决问题的途径。当一个人束手无策、认为做什么都于事无补的时候，往往会想到放弃。家长要教会孩子多思考，告诉他"任何问题都有三种以上的解决方法"，让孩子在困难和挫折面前永不放弃。比如，一个孩子在竞选校园歌手时，按他的水平不可能成功，但是如果他能想些办法提高技艺，比如邀请某个朋友和他一起组成一个组合，再去报名竞选，也许就会有机会。家长要鼓励孩子多想办法，不要轻易放弃。

第三，选择适当的时候介入。孩子毕竟是孩子，可能到了关键时刻意志不坚定，想到要放弃，这时候家长就要及时介入。比如雨果的母亲，在他快放弃的时候介入，鼓励他参赛，无疑给了雨果一剂强心剂。家长要做孩子最坚实的后盾。

第四，让孩子看到自己的长处。想着放弃的孩子，归根结底是对自己还没有足够的信心，家长要让孩子看到自己的长处，用积极的思考方式来生活，来学习。在平时的生活中，要让孩子多参加课外活动、体育运动以及学校的集体活动，这些活动都有助于孩子充分了解自己的优缺点，从而客观地认识自己。

居伊·德·莫泊桑

——为孩子选择更适合的环境和老师

居伊·德·莫泊桑(1850～1893),19世纪后半叶法国优秀的批判现实主义作家。一生创作了6部长篇小说和356篇中短篇小说,他的文学成就以短篇小说最为突出,被誉为"短篇小说之王",对后世影响极大。他的短篇小说布局结构的精巧、典型细节的选用、叙事抒情的手法以及行云流水般的自然文笔,成为后世作家的典范。

莫泊桑没有出生在一个和睦的家庭。他的父亲是一个商人,母亲是书香门第的大家闺秀。莫泊桑出生后不久,他的父母就因性格不合而长期分居了。莫泊桑跟着母亲生活在海边的一座别墅里。家庭的不幸给母亲带来了难以言说的痛苦,但她将所有忧愁深深地藏在心底,用全部的爱和热情来教育莫泊桑。在母亲的关爱下,莫泊桑的童年丝毫没有体会到家庭的不幸。他聪明而活泼,整日无忧无虑地生活着。

母亲看到年幼的莫泊桑聪明伶俐,而且具有诗人般的热情和丰富的想象力,她相信只要教育得法,儿子将来一定能在文学上做出一番成就。所以,在闲暇时间,母亲经常带着莫泊桑在晨雾迷蒙的田野上散步,或在野花烂漫的山冈上远眺,或在涛声盈耳的海湾里逗留……在旖旎风光的熏陶中,母亲精心地引导儿子仔细观察大自然优美风光中的每个细节,尝试用精练而准确的语言来描绘它,并试图从平淡无奇的现象中找到显示事物内涵的标记。

13岁那年,莫泊桑进了伊弗多的神学院读书。对于神学院严厉呆板、枯燥乏味的生活,他十分厌烦,相反对于那些有趣的诗歌却很感兴趣,不但读了大量的诗歌,还自己尝试去写诗歌。母亲知道了儿子的"越轨之举"后,非但没有批评他,反而给了他热情的鼓励和精心的指导。她仔细阅读了儿子写的几大本诗稿,并加以修改整理。后来,学校发现莫泊桑的一些诗歌中有对神学院生活的厌倦和孤独的情绪,便勒令他退学。对此,母亲一点也不后悔对儿子的支持。

母亲对莫泊桑抱有很高的期望,当莫泊桑进入省会卢昂中学后,她亲自教他读拉丁文,并鼓励他继续写诗。但她知道,仅仅靠自己的教育是远远不够的,要想儿子成才,必须给他找一位好老师。

为了给儿子寻找一位好老师,母亲开始四处打听。她特地找到在该市图书馆工作的一位巴那斯派著名诗人,请他辅导儿子作诗和写作各种文体的文章。不幸的是,这位诗人不久后就猝然离世了。后来,她又请来卢昂中学的教师布耶来做儿子的老师。布耶也是当时颇有名望的诗人。

莫泊桑的舅舅是一位诗人和小说家,与当时的大文豪福楼拜是好朋友。因为这层关系,莫泊桑的母亲和福楼拜也比较熟。有一天,她忽然想到,如果儿子能成为福楼拜的学生,那该多好啊!但是,这样一位鼎鼎大名的文豪,怎么会轻易做一个普通孩子的老师呢?母亲想了很久,决心尽最大的努力,争取让福楼拜来教导儿子。

为此,她开始加紧指导儿子的学习,不失时机地鼓励他多写文章。每当儿子写完一篇文章,她都会仔细地保存下来,哪怕只是一些散乱的片断。她希望有朝一日能够把这些文章拿给福楼拜看,并得到他的指点。见母亲如此认真地对待自己的"作品",莫泊桑不好意思敷衍了事地写一些诗歌或文章让母亲留着:要是让别人看到这样的文章就太丢人了!所以,他经常独自一人在房间里苦苦思索,或读一些大作家的作品来充实自己,或去海边散步以寻找灵感。就这样,他的进步越来越大。

母亲的一番苦心,被老师布耶看在眼里,非常感动。而布耶与福楼拜也是好朋友。有一天,他正好去拜访福楼拜,想到了莫泊桑母亲的苦心,便把莫泊桑也带上了。临行前,他还让莫泊桑的母亲挑出一些莫泊桑的作品,一并带上了。

到了福楼拜家之后,福楼拜认真地读了莫泊桑的诗作,和他们一起分析,还提出了自己的意见。最后,他非常爽快地答应收莫泊桑做自己的学生。

莫泊桑兴奋极了,立即飞跑回家,把这个好消息告诉了母亲。母亲的心愿终于实现了!她一边在胸前划着十字,一边忍不住流下了激动的泪水。

在福楼拜的严格要求和精心指点之下,莫泊桑最终走上了文学之路。

 育子智慧

请真诚地回答以下问题:

1. 孩子喜欢现在的学校吗?

2. 老师与孩子能否和谐相处?

3. 你经常和孩子的老师沟通吗?

好的学习环境和好老师对学习是有好处的,但家长在选择上还需要冷静理智的眼光,不能盲目跟风。结合孩子的特点和家庭的条件,来为孩子选择更合适的环境和老师,才是明智的。

第一,选择一位好的老师。优秀的老师在孩子的成长过程中发挥着极为重要的作用。素质不高的老师往往会对孩子采取一些错误的教育方式,影响孩子的一生。所以,如果家长可以选择的话,一定要挑选更适合孩子的老师,如果无法选择,就一定要和老师进行良好的沟通,这是非常必要的。如果沟通效果不好,可以考虑转班,甚至转校。

第二,选择合适的学校。家长不可怀有从众心理,盲目选择所谓名校,其实,选择一个适合孩子成长的学校就可以了,适合的才是最好的。

第三,加强与学校、老师的沟通。家长和老师能够进行良好的合作是非常重要的,阻碍合作成功的因素不仅在老师一方面,家长的态度也很关键。家长是不是会有一些不切实际的期望从而影响自己的态度呢?当孩子出现行为问题时,家长应该时常反省自己的情绪态度,以便更好地与老师、学校进行沟通。当家长发现有一位老师对你的孩子很敏锐、用心,请表达你的赞美和感激之情,尽你的能力协助他,并敞开心胸接受老师的意见,对学校表达感谢,这样做会增进你和老师的关系,会促进老师满足你孩子特别的意愿,会让老师有动力和信心来处理你孩子的问题。

约翰·沃尔夫冈·冯·歌德

——在玩乐中培养孩子

约翰·沃尔夫冈·冯·歌德(1749～1832),德国著名诗人。1773年创作戏剧《葛兹·封·伯里欣根》,蜚声德国文坛。1774年发表中篇小说《少年维特之烦恼》,立即风靡欧洲。1794年,他先后创作戏剧《哀格蒙特》、《托夸多·塔索》,并着手创作《浮士德》第一部。在此后的近30年中,他完成了小说《亲和力》,诗集《西东合集》、《意大利游记》以及《浮士德》第二部。歌德是德国民族文学的最杰出的代表,为欧洲文学的发展作出了巨大贡献。

歌德出生于德国法兰克福镇一个中产阶级家庭。他的父亲约翰·卡斯帕尔是个法学博士,很重视读书,喜欢文学艺术,热衷于收集美术作品和各种书籍。歌德成长在这样的家庭里,耳濡目染,从小就受到良好的文化艺术熏陶。

在歌德还很小的时候,父亲就喜欢带着歌德出去散步、逛公园,有时还会到郊外去游玩,有意识地让他多接触自然,希望他能在游玩中学到来自大自然的知识。

歌德的父亲很懂得培养孩子。郊游的路上,他总是耐心地给小歌德讲解遇到的各种事物,培养孩子的认知能力和观察能力。歌德也在父亲的指导下认识了奇妙有趣的大自然,小小年纪就对许多花、草、虫、鸟产生了极大的兴趣,掌握了许多动植物的名称和生长特点。

父子俩走累了,坐在草地上休息的时候,父亲就教歌德歌谣,让他一句一句地背诵。这些歌谣念起来琅琅上口,既有趣,又能提高孩子的口语能力。每出去一次,歌德都能背熟一两首歌谣。随着外出次数的增多,歌德的口语能力也不断提高,这也是歌德最早受到的文学教育。这种早期教育使歌德从小就接近民间文学,后来发展到喜欢收集民歌,特别是从民间的老婆婆口中搜集各种民歌。这些丰富多彩的民歌,对歌德后来的诗歌创作起了很大的作用。

等歌德再长大点,父亲便带着他去各地游玩,参观城市建筑物。在参观建筑、欣赏建筑的美的同时,父亲给歌德讲述城市的历史、风土人情,让他了解世界历史、地理方面的知识。如果旧地重游的话,父亲还要求歌德将所知内容复述一遍,以加深记忆。到处游玩使歌德开阔了视野,增长了知识。

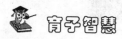 育子智慧

请真诚地回答以下问题:

1. 你多久带孩子出门玩一次?

2. 家里的玩具是你遵循了孩子的特点为他购买的吗?

说到"玩",大多数家长们总容易以为是次要的或毫不重要的活动。其实,对于人来说,玩是非常重要的,特别是孩子,玩本身就是学习,它能促使孩子大脑的各个部分发达起来,由此学到各种事物,掌握各种能力。歌德的父亲就深谙这一点,总是带着孩子一起"玩",他们一起走进大自然,一起旅游,一起唱歌谣……在玩乐中,歌德为将来的成功打下了很好的基础。

那么,在日常生活中,家长怎样陪孩子一起"玩"呢?

第一,尊重孩子玩的权利。孩子是在游戏、玩耍中实现自己的理想和追求,并在幻想中实现自己的人生价值,获得身心两方面的满足的。所以,家长要尊重孩子玩的权利,陪孩子玩是一种义务。

第二,遵循孩子的特点选购玩具。为孩子选购玩具,一要根据孩子的兴趣、愿望购买玩具,并注重一物多玩,以培养孩子的发散思维和提高玩具的利用率;二要在孩子兴趣取向的范围内选择能促进其能力发展的玩具,如积木、插塑类玩具能训练孩子小肌肉动作的灵活性和空间造型能力等。无论何种玩具,只要它能吸引孩子兴致勃勃地玩,并想出不同的方法来摆弄、研究它,这种玩具的价值就得到了充分的发挥。

第三,带孩子多出门。家里毕竟是局限的世界,外面才是更广阔的天地。家长要尽量抽时间带孩子一起走进大自然,走进人文世界,为孩子打开另一扇知识的大门。

第四,注意玩乐安全。孩子毕竟还小,缺乏自我保护能力,无论是玩游戏还是出门玩,家长要对孩子进行必要的安全教育,并在玩乐的过程中小心谨慎看护好孩子,不要让孩子出任何意外。

汉斯·克里斯蒂安·安徒生

——帮助孩子建立自信

汉斯·克里斯蒂安·安徒生(1805～1875)，丹麦著名童话作家，世界童话文学的创始人。早年在慈善学校读过书，当过学徒工。为追求艺术，他14岁时只身来到首都哥本哈根。由于个人才华突出，被皇家艺术剧院送进斯拉格尔塞文法学校和赫尔辛欧学校免费就读。1828年，升入哥尔哈根大学。1833年出版长篇小说《即兴诗人》，赢得国际声誉。后来，他决定给孩子写童话，出版了《讲给孩子们听的故事》。此后数年，每年圣诞节出版一本童话集，直到1872年因患癌症才逐渐搁笔。在近40年的时间里，共计创作童话168篇。

1805年4月2日，在丹麦欧登赛一间矮小破旧的平房里，一个小小的婴儿呱呱落地了。谁也不曾想到，就是这个比一般孩子显得还要弱小的婴儿，日后会成为丹麦的象征，他就是后来享誉全球的童话作家安徒生。

安徒生出生的时候，他家非常贫穷。他的父亲是一个还不到22岁的年轻鞋匠，他的母亲也只是一名普通的洗衣女工。这对年轻而清贫的父母在孩子出生后，很难为他提供优越的物质生活，因此安徒生经常觉得自己不如同龄的小伙伴，总是不够自信。

不自信的安徒生在学校里显得格外内向，甚至有些孤僻，几乎没有什么朋友，极少与人交流，看起来和同龄人有些格格不入。一次，有一位女同学试图和他做朋友，那个小女孩的梦想是成为大庄园牛奶厂的女工。安徒生欣然接受了这个朋友，并且和她愉快地描述着自己想象的世界。

有一天，安徒生很诚恳地对那个女孩说："当我成为一个贵族时，你一定要到我的城堡来！"

没想到那个女孩说："哼！算了吧！你不过是一个穷小子！"

安徒生很失望，便不再做声了，重新回到了自己那个自卑的内心世界。

妈妈知道这件事情以后，她觉得孩子不可以这么缺乏自信，他只是比同龄的有的小孩穷一些,但这并不是错啊!于是妈妈告诉他:"你就是被我们当做贵族养大的!爸爸和我都非常爱你,把家里最好的东西给你,我们条件没有其他家庭好,但这不要紧,你没必要觉得自卑!"

母亲的话顿时消融了安徒生的心结,虽然没有小朋友和安徒生玩,但他仍然很快乐,因为他找到了自信。

 育子智慧

请真诚地回答以下问题:

1. 你的孩子自信吗?

2. 你经常对孩子说"你真棒"吗?

3. 当孩子遭遇失败后,你是怎样评价他的?

现在不少父母存在一个共同的苦恼,就是孩子缺乏自信心。自信心是孩子成才与成功的前提条件,很难想象一个缺乏自信的人能够真正做成什么事情。一个缺乏自信的孩子,即使脑子很聪明,反应灵敏,但在学习中稍遇困难和挫折就会发生问题。

培养孩子的自信心,家长可以从以下几个方面入手:

第一,赏识孩子的点滴进步,多说"你真棒"。成人的评价对孩子产生自信心理至关重要。安徒生的妈妈就很好地利用了这一点,告诉他,尽管他不是贵族,但是被"当做贵族养大的",安徒生的心理立刻发生了变化。成人对孩子信任、尊重、承认,经常对他说"你真棒",孩子就会看到自己的长处,肯定自己的进步,认为自己真的很棒,从而树立起自信心。

第二,创造机会,在实践中培养孩子自信心。自信心要从一点一滴做起,不是抽象的。因此家长应该创造机会,让孩子在实践中树立起自信心。家长可以给孩子一些他一定能完成的任务,比如摆碗、盛饭、给爷爷拿眼镜、到信箱拿报纸等,他做到了就表扬。有时也帮他做一些比较困难的事,如洗手绢、擦皮鞋、整理玩具上架等,会做了更要及时表扬,树立他的自信心。

第三,用鼓励的方法培养孩子的自信心。当本来就不够自信的孩子试着做一件事而没有成功时,家长应避免用语言、用行动向他证明他的失败。应该把事和人分开来评价,做一件事失败了并不意味孩子无能,只不过是他还没有掌握技巧而已。家长应该鼓励孩子,告诉他,一旦技巧掌握,他就能把事情做好。

列夫·尼古拉耶维奇·托尔斯泰

——培养孩子良好的阅读习惯

列夫·尼古拉耶维奇·托尔斯泰(1828～1910),19世纪俄国最伟大的作家。自传体小说《童年》、《少年》是他的成名作。1863～1869年,他创作了长篇历史小说《战争与和平》,这是其创作历程中的第一个里程碑。1873～1877年,完成长篇小说《安娜·卡列尼娜》,是其第二部里程碑式巨著,其小说艺术已达炉火纯青。长篇小说《复活》是其长期思想、艺术探索的总结,也是对俄国社会批判最全面、最深刻、最有力的一部著作,成为世界文学不朽名著之一。

1828年9月9日,列夫·尼古拉耶维奇·托尔斯泰出生在俄国一个名门贵族家庭中,父亲是尼古拉·伊里奇伯爵。母亲玛丽亚·尼古拉耶夫娜是尼古拉·谢·沃尔康斯基公爵的女儿。令人遗憾的是,托尔斯泰的母亲过早地离开了人世,于是教养孩子的责任便全落到了父亲一个人的肩上。

托尔斯泰的父亲为人和蔼,善于交际。他不像其他贵族一样生活奢侈,而是过着勤俭的生活,喜欢经常穿一些剪裁合身而又舒适的便服,这让托尔斯泰觉得父亲很容易亲近。

尼古拉是个喜爱读书的人,虽然忙着管理广大的私有土地,但仍然会抽时间读书。家中的书房里摆满了俄国文学、法国古典文学、历史以及科技等方面的书籍。他不像某些有钱人家一样,买书只是为了炫耀自己的教养,把书摆在书橱内作为装饰品。他坚持教导托尔斯泰,未读完上次所买的书以前,绝不再买新书。

托尔斯泰遵循父亲的教导,读了许多书,这些书籍对他的成长起到了积极的作用。

在教育孩子时,尼古拉总是努力做到有耐性、有教养,对孩子很温和。他最喜欢传记和诗,便常朗诵普希金的诗给孩子们听,然后还让他们跟着朗读。

父亲去世后,托尔斯泰依然保持阅读的习惯,他总是对自己说"不,父亲没有死,他还活着",以此来鞭策自己。

请真诚地回答以下问题：

　　1. 你是否抱怨过孩子太贪玩,对书本不感兴趣?

　　2. 你每天为孩子朗读书中的内容吗?

　　3. 你知道怎样和孩子一起"玩"阅读吗?

　　培养孩子良好的阅读习惯的重要性,已经成为许多家长的共识。让孩子阅读,并不是要培养孩子成为早慧的天才,也不是要用读书识字充塞孩子童年的快乐时光,目的在于充分开发孩子的潜能,让阅读成为孩子认知和交流的重要途径,成为童年快乐生活的一部分。

　　成功培养孩子良好的阅读习惯,与家长的教育方式和教育观念有很大关系,下面介绍几种方法:

　　第一,及早帮助孩子认识图书。孩子认识图书,首先是把它当做物品来看待,对于图书有什么作用,则要等到长大以后才会知晓。在美国,许多家庭在孩子一出世,父母们便在孩子的摇篮里摆上各种色彩鲜艳的图画书。起初,孩子们用嘴咬、用手撕,口水弄湿了书页,只把图书当成了一般的玩具。随着孩子年龄的增长和自我意识的提高,父母们可有意识地多带孩子去逛书店、图书馆,使孩子的物欲趋向于图书的方向;同时在节日和孩子的生日买一些好书送给他们,尤其对已有阅读能力的孩子,更要如此。

　　第二,为孩子朗读书中的内容。0~3岁是形成孩子阅读兴趣、阅读习惯的关键阶段。父母应在孩子很小的时候就养成每天为孩子朗读的习惯。每天20分钟,持之以恒,孩子对阅读的兴趣便在父母抑扬顿挫的朗读中渐渐地产生了。孩子坚持听读可以使他们的注意力更集中,有利于扩大孩子的词汇量,并能激发想象,拓宽视野,丰富孩子的情感。在每天的听读中孩子会渐渐领悟语句结构和词意神韵,产生想读书的愿望,并能初步具备广泛阅读的基础。

　　第三,和孩子一起边读边玩。天下或许有不爱读书的孩子,却没有不爱玩的孩子。在观念上,不少大人把阅读或其他学习活动看作是相当严肃的事情,但在早期教育中,孩子所学到的一切几乎都是从玩中获得的。儿童的阅读可以有许多种玩法。比如,有的书本身也是玩具,可以当做汽车在地上滚,可以当做积木搭房子,可以当做拼图变图案;有的书有其他特定的用途,可以在洗澡时放在浴盆里,可以铺在地上当做游戏用的地板;有的书里就有游戏,孩子可以一边看一边参与。

第四,从孩子的认知特点出发帮助孩子选择图书。教育心理学家认为,不同年龄的孩子阅读能力有差异。3 岁以前的孩子大多爱看色彩艳丽、形象逼真的动物或物品的图画书;3～6 岁的儿童爱看童话、幻想故事以及有关动物、日常生活行为的图画书;7～10 岁的孩子爱看有一定情节的神话、童话及令人惊奇、富于冒险性的儿童图书;10～13 岁的孩子爱看富于幻想、探险、神秘色彩的图书。父母在为孩子选择材料时,应该注意循序渐进,并对具体的图书种类加以鉴别和选择。

厄纳斯特·海明威

——让孩子拥有正确的性别意识

  厄纳斯特·海明威(1899～1961),美国小说家,1954 年度诺贝尔文学奖获得者。他生性勇敢坚毅,作品行文简洁凝练,真正做到了"文如其人",而他这种明快有力的写作手法后来亦被称为"海明威风格",在美国文坛曾引起过一场"文学革命",许多欧美作家都明显受到了他的影响。代表作有《永别了,武器》、《丧钟为谁而鸣》、《老人与海》等。

  海明威 1899 年出生在伊利诺斯州芝加哥郊外一个中产阶级住宅区"橡树园"镇。他的父亲拉伦斯·艾德家兹·海明威是一位颇有名气的外科医生。母亲格雷丝·霍尔·海明威是个虔诚的教徒,很有艺术修养。

  海明威出生后不久,母亲就开始将他和一岁半的姐姐马塞利娜打扮成性别相同的双胞胎,还想把他培养成为循规蹈矩的上流社会人物。将儿子男扮女装,这让父亲感到莫大的耻辱。然而由于拗不过妻子,老海明威只能不断地寻找机会强化儿子的男性意识。

  夏天,海明威一家人居住在密执安北部近彼托斯基湖畔的房子里。于是,父亲经常带着小海明威外出穿林涉水,走村串户,让他接受锻炼,增长见识。闲暇时,父亲还带儿子去打猎、钓鱼。他教小海明威在野外生火煮东西,使用斧子砍伐树枝,在林中空地搭起棚子,还教儿子剥鱼、杀鸡、杀鸭下锅煎煮等。这一系列的户外活动锻炼并培养了小海明威作为男性所应该有的胆略和勇气。

  父亲并不满足于此,他认为一个"男子汉"还要学习更多的东西,要勇于独立面对生活。于是,在小海明威 4 岁的那一年,父亲就郑重其事地对他说:"孩子,别老跟着我,自己活动去!"父亲将一根渔竿甩给了儿子,并鼓励他说:"孩子,自己去干吧,你肯定行! 你会比爸爸强!"

  小海明威在父亲的鼓励下,开始一个人在山林和水边玩耍。后来,等他又长大一些的时候,父亲又给了他一杆猎枪。就这样在父亲的不断指引和鼓励下,小海明威很快迷上了钓鱼、打猎和探险。

请真诚地回答以下问题：

1. 你给儿子穿过花裙子,给女儿穿过西装、打过领带吗?

2. 孩子与同性父母的亲密如何?

3. 孩子经常与异性朋友玩耍吗?

海明威的父亲很有先见之明,让孩子拥有正确的性别认识是非常重要的。孩子本来是个男孩(女孩),但却由于种种原因,没有按着男孩(女孩)的角色规定来发展人格特征,而是走向女孩(男孩)那一面,那么,他(她)的人格发展就是异常的。凡是人格发展不符合约定俗成的性格特征的,都算作是病态人格。如果不能及时给予治疗,任其发展下去,将严重影响孩子身心健康。

对于希望自己孩子拥有正常性角色的父母来说,孩子出现这种情况是一件十分让人焦虑的事,但心理学家认为,只要家长引导得法,环境条件得以改善,孩子在4~12岁期间经过努力,是完全可以拥有正确的性别认识,远离病态人格的。

第一,家长对待不同性别的态度要一致。童年时期,有的家长和海明威的母亲一样,特别喜欢女孩儿或特别喜欢男孩儿,没有按照孩子的天生性别来塑造孩子,那么,孩子就很容易在心理上形成性别错误。要纠正这种性别身份自我识别障碍,就必须在孩子后来的成长过程中改变态度,不再按自己的愿望塑造孩子。

第二,强化孩子的性别角色意识。家长应培养孩子从小对自己的性别进行正确认识。男孩应着男装,玩男孩玩的玩具,从小多与男孩子一起玩。女孩反之亦然。父母应按孩子的解剖性别来教育和培养孩子。对于男孩,父母要明确告诉他将来要成为男子汉;对于女孩,告诉她举止行为要有女孩样儿。

第三,培养孩子与同性父母的亲密关系。父亲应常常陪儿子玩,母亲也要多一些和女儿单独相处的时间。如果家里缺乏同性父母的榜样引导作用,可请亲戚、朋友或家庭教师来施加影响,多和同性成人在一起游戏或做有兴趣的活动,会使孩子受到感染并出现模仿的行为。此外,让男孩看一些男英雄的书,给女孩讲一些仙女的故事,都对他们的性别角色矫治有所助益。

第四,父母应及时鼓励孩子适当的性别角色行为。比如,对娇弱的男孩应表扬他爬山、踢球这类体力活动和勇敢行为,经常称赞他是个"好小伙子",希望他成为一个"小男子汉"。尤其当他表现得像个男孩子时,这些鼓励可以是口头的,也可以是物质上的,家长可以奖给儿子一把冲锋枪,奖给女儿一个布娃娃。鼓励男性化的女孩子多参加唱歌、跳舞等活动,在这些活动中追求女性的秀美、端庄、乖巧、细致。如果父母能与孩子共同参加这些活动,会获得更好的效果。

第五,鼓励孩子与同性进行交往。由于从小就被打扮成异性模样,在孩子的心里,异性的言行就是他们的标准言行。家长应该为孩子多创造与同性接触的机会,并告诉孩子他们是与他(她)一样的,这将使孩子学习到同性的言行、习惯,最终逐渐转化过来。

第六,偶尔可以模仿孩子的行为。模仿孩子行为可以让他们自己看看那样的一举一动是否合适。我们常说,人只能看到别人脸上的污点,却看不到自己的污点,家长的模仿或许会使孩子感到很可笑,在笑声中孩子会认识到自己的言行是不妥当的。

左 思

——找到孩子的"潜力点"

左思(约250～305),字太冲,齐国临淄(今山东淄博)人,西晋著名文学家。他的诗风格高亢雄迈,语言精切,形象鲜明,有《左太冲集》。曾写《三都赋》,使"豪贵之家,竞相传写,洛阳为之纸贵"。

左思出身于西晋时期的一个贫寒之家,他的父亲是一名低级的官吏。左家虽不是高门大户,但左思的父亲左熹却很重视对儿子的教育。

还在左思很小的时候,左熹就在家中对他进行启蒙教育,等到左思渐渐长大后,左熹决定让左思专攻一项。那时,上流社会流行学习书法和研究书法的风尚。中国的书法艺术产生较早,到汉时渐渐取得长足进步。到了西晋,书法已经基本成熟,不仅各种书体并行,而且书法人才也是代有新人。尤其是高门贵族,更是以学习书法、谈论书法而彰显风雅。在这种社会环境下,左熹决定送儿子去学习书法。

左思进入学堂后,跟着教书先生学习曹魏书法家钟繇的楷书和东汉人的行书。虽然当时社会流行书法艺术,并且学者甚多,但左思对书法却丝毫提不起兴致。就这样,学习了一段时间,左思的书法却没有什么进步,最后,左思不得不离开学堂。

左熹看到左思在书法上一无所成后并没有责怪他,而是积极为儿子寻找教授其他技艺的老师,一番研究后,他决定让儿子学习弹琴。毕竟,要想成为文人雅士,能够弹琴也是必不可少的技能。在父亲的期待与安排下,左思又开始了琴艺的学习。和学习书法一样,左思对学琴也没有多大兴趣。没有兴趣自然也就没有热情的投入,所以,左思在学习了一段时间弹琴后,不仅没有获得弹琴的精湛技艺,就连一段像样的曲子都弹不下来。

看到儿子学习书法、学习弹琴都不成后,左熹既失望又着急,他叹息着对朋友说:"左思这孩子的天赋不够,看来没有多少指望了!"话虽这样说了,但左熹不想就此放弃对儿子的培养。于是,左熹一连几天冥思苦想,想找出一条适合左思的学习之路。左思右想之后,他决定培养儿子吟诗作赋。而此时的左思看到父亲为自己愁眉紧锁,也决定好好学习一门技艺,以安慰父亲对自己的期望。

左思听从父亲的安排开始学习诗赋。一开始,左思就对诗赋表现出了极大的兴趣。于是,他开始熟读古人的诗文,进而一篇篇地背诵,安静的性格、强烈的兴趣都使得左思在由文字勾勒而出的世界里如鱼得水、悠游自在。看到左思沉醉其中、自得其乐的情形,左思的父亲知道,自己终于为儿子找到了一条最适合的发展之路。

左思果然没有辜负父亲的期望,后来,他在诗赋上终于有所成就。在他的《咏史诗》里,他这样写道:"自非攀龙客,何为欻来游?"以此来表达自己傲视权贵、俯笑王侯的倨傲与洒脱。也因此,后人评其诗文为"左思风力"。后来,左思又写出了著名的《三都赋》,此赋一出,洛阳的达官贵人争相传抄,以至于一时间使得"洛阳为之纸贵"。

在文学史上,有"三张、二陆、两潘、一左"之说,而这一"左",指的就是左思。左思能取得如此成就,正是由于父亲左熹发现了他的潜力点,并用心培养。

 育子智慧

请真诚地回答以下问题:

1. 你了解不同潜能的表现特点吗?

2. 做一件事时,你会不会嫌孩子动作慢,而帮孩子完成?

3. 你能用三个词语来鲜明地概括孩子的性格特征吗?

潜能是指人所有的但又没有表现出来的能力。每个孩子都具有一定的潜能,儿童的潜在智能包括语言、音乐、逻辑数学、空间想象、身体动觉和人际等智能。那么,如何发现孩子的潜能呢?

第一,了解不同潜能的特点。有语言天赋的孩子一般说话很早,而且喜欢说个不停;对听到有趣的事或故事能很快记住并能说出来;在背诵诗歌和有韵律的词句时很出色;能纠正家长常用词语中的偶然错误。

有音乐天资的孩子对各种音响情有独钟,稍大一些就能辨别熟悉的乐曲和乐器;在唱歌时音阶很准,音色甜美无假声。

有逻辑数学智能的孩子喜欢并善于划分人、事、物的种类;对抽象的东西别有兴趣,爱问一些玄妙的问题;对有关数字的问题常能举一反三、触类旁通。

有空间智能的孩子,想象力十分丰富。例如,这样的孩子只要有足够的材料和工具,就能专心致志、乐此不疲,做出的东西往往有模有样、超凡脱俗。

身体动觉智能包括动作协调能力和熟练使用器械的能力。有这种智能的孩子玩体操轻车熟路,学自行车无师自通,使用各种工具得心应手。

人际智能一般分为两个内容:一是自我认识的能力。如有自知之明、独立性强,知道如何最大限度地发挥自己的能力,对自己做的事能做出准确评判。二是了解认识他人的能力,如善于了解别人,模仿能力强。这样的孩子还能注意家长的情绪变化,或对此表示支持或表示劝慰;喜欢模仿生活或影视中的人物言行,能很快分辨出其中的好坏人。

第二,耐心等待孩子发挥潜力。既然想挖掘孩子的潜力,就要耐心等待孩子的发挥。有些家长叫不动孩子做事,干脆自己做;嫌孩子不会买东西,索性自己出门;认定孩子念不好书,帮他一题一题复习。孩子乐得坐享其成,使自己的"天资"与"勤奋"束之高阁,睡大觉。所以,当父母埋怨孩子懒惰时,不妨扪心自问:"你是否沉不住气,把孩子的表现机会'洗劫'一空?"

第三,在生活中仔细观察孩子,给孩子创造发挥潜能的机会。在日常生活中,家长务必注意孩子的行为举止、喜悦、憎恶,观察他做一件事或与别人交往中的特征:虽没有耐性却有创意,虽不善言辞却很热心……把这些细心表现记录下来,就能归纳出孩子的性格特征、擅长,从而诱导启发他。

了解孩子的性格特征和擅长后,别忘了给他机会多加练习。例如家人生日时,每个人演一个节目;节假日亲朋好友团聚时,每人说一句自己最想说的话;每周一个晚上轮流朗读一篇短文并发表心得;每月轮流设计并组织一次双休日活动……越多的表现机会,孩子的潜能就体现得越全面。

欧阳修

——在孩子面前"装装穷"

欧阳修(1007～1072),字永叔,自号醉翁,晚年号"六一居士",谥号文忠,世称欧阳文忠公。汉族,吉安永丰(今属江西)人,自称庐陵人(例:《醉翁亭记》最后一句)。北宋时期政治家、文学家、史学家和诗人。与韩愈、柳宗元、王安石、苏洵、苏轼、苏辙、曾巩合称"唐宋八大家"。有《欧阳文忠公集》遗世。

欧阳修诞生在一个封建仕宦家庭,他的父亲欧阳观是一个小吏。欧阳修4岁那年,父亲离开了人世,生活的重担全部落在了欧阳修的母亲郑氏身上。郑氏出身于贫苦家庭,只读过几天书,却是一位肯吃苦、有毅力又有见识的妇女。丈夫去世后,她坚强地挑起了持家和教养子女的重担。

郑氏很重视孩子的教育,想方设法教欧阳修读书认字,先是教他读唐代诗人周朴、郑谷的诗及当时的九僧诗。欧阳修因年纪小,对这些诗只是一知半解,但这却使他对读书产生了兴趣。

郑氏一心想让儿子学写字,但家里一贫如洗,根本买不起纸笔。有一次,她看到屋前的池塘边长的芦荻,便突发奇想:用荻秆在地上写字不是也很好吗?于是她用荻秆当笔,铺沙当纸,开始教欧阳修写字。在母亲的教导下,欧阳修在地上一笔一画地练习写字。他反反复复地练,一丝不苟,直到写对写工整为止。这就是被后人传为佳话的"画荻教子"。

在母亲的教育下,幼小的欧阳修渐渐爱上了诗书。他每天坚持读书写字,知识越来越丰富,很小的时候就已经能过目成诵。

那时候,社会上的文风多华丽浮躁、内容空洞。欧阳修偶然看到韩愈的文章后,觉得清新自然,文风别致而不同于众。他高兴地说:"世上竟然有这么好的文章。"

尽管当时欧阳修年纪还小,对韩愈的文学思想未必能领悟多少,但他却被韩愈不平凡的文风所打动,为他日后革除华而不实的文风打下了基础。

请真诚地回答以下问题：

1. 你是否经常因为自己贫穷而牢骚满腹？

2. 你是否能够看到贫穷在教育孩子方面起到的积极作用？

3. 你是不是认为不管经济实力够不够，孩子的要求都应该尽可能满足？

再穷不能穷教育，但再富不能富孩子。欧阳修家境贫寒，可是在母亲的教育下，他养成了在困境中努力奋进的好品质，并没有因为条件所困而放弃学习、放弃努力，甚至比一些富裕家庭的孩子更成功！对今天的独生子女而言，"贫穷"这一课是有着特别的意义的。太容易得到的东西，孩子往往不懂珍惜。让孩子做精神上的富翁，避免孩子形成物质上互相"攀比"的坏习惯是家长的责任，所以，即便是富爸富妈，也得学着在孩子面前装装穷。

第一，在孩子身上花钱要有准则。想"装穷"，先要明确在孩子身上花钱的两条准则：不该买的坚决不买，孩子的物质要求，凡是过分的一概不满足，就算要求合理，只要不是急需，也别立即满足；必须"跟孩子过不去"，一定要在满足他们各种愿望的过程中设置"障碍"，让孩子明白要想得到，必须先有所付出。

第二，不要让贫穷成为孩子的借口。现实生活中，不少孩子会把贫穷当成失败的借口。比如，他的学习成绩不如人，他可以理直气壮地说，那是因为别人买了许多辅助习题和各种辅助记忆的工具；当他跑步比赛输了的时候，他埋怨说，是因为贫穷而导致的营养不充分，体力不支……总之，他把自己人生的不如意全总归结到"贫穷"的头上。家长要提防孩子把贫穷作为失败的借口，多给孩子讲讲诸如"欧阳修"等从贫穷生活中努力学习、努力奋斗而最终获得成功的故事。

第三，注意尺度，小心过犹不及。虽然父母要"装穷"，但是也要注意分寸，不要因为"装穷"，让孩子的穿戴、孩子的玩具等等都比同龄人差很多，孩子的自尊心也是要有所顾忌的，所谓过犹不及，最好的尺度在于："我们家不富裕，但也不是最贫穷的"。这样既可以让孩子在"贫困的家境"中塑造良好的品质，又不会让孩子的自尊心受到打击。

苏 轼

——利用"小事"循循善诱

苏轼(1037～1101),字子瞻,又字和仲,号"东坡居士",世人称其为"苏东坡"。眉州(今四川眉山,北宋时为眉山城)人。北宋著名文学家、书画家、词人、诗人、美食家、豪放派词人代表。他擅长行书,与黄庭坚、米芾、蔡襄并称"宋四家"。他的父亲苏洵是唐宋时期著名的文学家,弟弟苏辙也是文采出众,苏洵、苏轼、苏辙被世人合称为"三苏",均进入"唐宋八大家"之列。

小时候,苏轼时常和兄妹们在菜园里玩耍。一天,他们在菜园里挖土玩。挖着挖着,苏轼的小铲子突然铲不下去了。

"快来看呀,我这里有宝贝!"苏轼把大家都喊了过来。大家一起挖开周围的土,挖出了一块青色的石板。他们把石板上的泥土擦干净后,发现这块石板晶莹光亮,上面还有美丽的绿色条纹,用手轻轻敲击石板,石板还会发出清脆悦耳的响声。孩子们当真以为自己发现了什么宝贝,全都欢呼起来,然后好像献宝似的捧起石板去见苏洵。苏洵看着石板,用手在上面抚摸着,微笑着说:"你们确实发现了宝贝。"

过后,苏轼差不多把这件事忘了。有一天,苏洵把他喊到了书房,拿出一方砚台,递给苏轼,说:"这送给你。"

苏轼赞叹道:"好漂亮啊!这是用我在菜园里挖出来的那块石头做的吗?"

苏洵说:"是呀。这可是上天赐给你的,是'天砚'啊!那天,你把它交给我后,我立刻请工匠把它磨成了这方砚台。这砚台的颜色像鱼皮一样温莹浅碧,暗纹道道,还点缀着一些细小的银星;砚台的表面光滑细润,敲击时铿锵有声,用起来效果奇佳,能吸收湿气,保留湿气,即使是端溪砚也不能跟它相比啊!你可要好好用它,并像传家宝一样珍惜它。"

苏轼爱不释手地抚摸着砚台,欣喜地说:"我知道了。"

"不过,"苏洵话锋一转,"有了好砚台,可并不等于能写出好文章和好字。要想写出好文章,还得靠勤学苦练。唐代的大书法家怀素的狂草自成一家,他之所以能成为世人的楷模,是因为他练字非常勤奋用心,写秃的笔堆积如山,埋在一起被后人称为'笔冢'。你要写出好文章也要像怀素练习书法那样勤奋用功。写文章与练书法一样,都需要勤学苦练。孩子,希望你能效法古人,可不要辜负了这天砚啊!"

听了父亲的话,苏轼郑重地点点头。之后,他常常用小手摸着这方砚台,想用它写出一篇文章给父亲看。10岁那年,苏轼果然写了一篇奇思异想的《黠鼠赋》。

一方小小的砚台,加上父亲的循循善诱,便为苏轼打开了通往文学创作的大门。或许在那时,苏轼的脑海里就已经有了成为文坛名家的梦想了。

 育子智慧

请真诚地回答以下问题:

1. 你给孩子送过礼物吗?

2. 你的每份礼物是不是都有寓意?还是随性而为,想到什么送什么?

3. 你知道如何从生活的小事中循循善诱自己的孩子吗?

教育孩子时,喋喋不休地讲一些大道理,往往起不到好的效果,反而会引起孩子的反感。但是,如果家长肯花些心思在一些"小事"上,比如送给孩子一些有意义的礼物,和孩子在一起读书,给孩子讲讲故事,用循循善诱的方法来教育孩子,说不定会收到意想不到的效果。苏轼的父亲苏洵就很好地做到了这一点。苏洵的礼物激发了苏轼上进的热情,使苏轼产生了强烈的学习愿望。因此,我国历史上才有了一位才识卓异、震古烁今的大文豪。

利用小事循循善诱,是家长教育孩子的重要手段,如何做好这一点呢?

第一,肯定孩子的长处。古人云:"数子十过,不如奖子一长。"跟孩子讲道理,应该充分肯定孩子的长处,对孩子的进步给予及时的表扬和鼓励,在此基础上对孩子的过错给予纠正,这样孩子就较容易接受大人的意见。如果一味地数落孩子,责怪孩子这也不是,那也不对,只会使孩子产生自闭、自卑心理和逆反心理。

第二,所说的道理要"合理"。跟孩子讲的道理应合情合理,不能信口胡说,也不能苛求孩子,因为大人信口胡说,孩子是不会服气的。比如,家长喜欢边看电视边吃零食,却大讲吃零食的坏处,如此,孩子是半点都不会听从的。

第三,给孩子申辩的机会。和孩子说理的时候,孩子会对自己的言行进行辩解,而且随着年龄的增长,表现得会愈来愈明显,家长应该给孩子充分的时间进行申辩。应该清楚,申辩并非强词夺理,而是让孩子把事情讲清楚讲明白。让孩子申辩,能培养孩子思辨能力、判断能力、表述能力。给孩子申辩机会,家长才能更加清晰地看到孩子存在的不足,使家长对孩子的讲理更具针对性、有效性。

第四,了解孩子的情绪状况。孩子和大人一样,在情绪好时比较容易接受不同的意见,而不高兴时,明知忠言却十分排斥。因而,和孩子说理,要充分了解孩子的情绪状况,或者要事先营造一个兴奋场,让孩子情绪处在一种轻松愉悦的状态中,对其进行教育,孩子会很理智、很自然地接受。这种状态中的教育是非常奏效的。

陆　游

——适时对孩子进行爱国主义教育

陆游(1125～1210),字务观,号放翁,汉族,越州山阴(今浙江绍兴)人。南宋爱国诗人,著有《剑南诗稿》《渭南文集》等数十个文集存世,自言"六十年间万首诗",今尚存九千三百余首,是我国现有存诗最多的诗人。其中许多诗篇抒写了抗金杀敌的豪情和对敌人、卖国贼的仇恨,在思想上、艺术上取得了卓越成就,生前即有"小李白"之称,不仅成为南宋一代诗坛领袖,而且在中国文学史上享有崇高地位。

陆游的童年,正是兵荒马乱的亡国之年。1126 年,北宋被金国灭亡,南宋开国皇帝宋高宗南逃。陆游的父亲陆宰原是北宋官员,他见朝廷腐败无能,面对敌人的入侵不但不抵抗、收复失地,反而重用奸臣秦桧杀了抗金名将岳飞,准备割地求和,心中十分痛恨,一气之下辞了职,举家南迁。

陆宰很有民族气节,虽然辞了官,但他仍然把国家危难记在心间。一天,几个朋友来访,一进门,他们就大声对陆宰说:"陆兄,你听说了吗? 朝廷要向金兵求和了,准备割让土地,称臣纳贡。"

陆宰听了,难过得连连摇头,过了很久,才开口说:"照此下去,国家危在旦夕啊。"说着,便流下了眼泪。家里的气氛顿时变得悲怆起来,虽然早已到了吃饭的时间,桌子上已经摆了饭菜,但大家都愤愤不平,心情沉重,不肯吃东西。幼年陆游把这一切看在眼里,也在心底里埋下了忧国忧民的种子。

平时,陆宰很重视对儿子进行爱国主义教育。从陆游小时候起就给陆游讲南朝著名爱国将领祖逖"闻鸡起舞"的故事;还经常当小陆游的面,和朋友们商讨收复失地的大计。慢慢地,在陆游心中,自己已经和国家的命运息息相通了。当陆游渐渐长大后,也开始和大人一起,共同参与讨论国家大事。

在父亲的教育和影响下,陆游从小就树立了为国雪耻、收复失地、重扬国威的决心。每天早上,他像祖逖那样"闻鸡起舞",操练武功,强健身体;到了晚上,他又埋头苦读,增长知识,直至深夜。他相信,总有一天,他会驰骋沙场,与侵略者一决雄雄,为国家作出贡献。可惜,由于一直遭受当权者的阻抑和谗毁,他的政治抱负迟迟难以实现。这时,他又把满腔的爱国激情、理想、不能实现的忧愤情绪,通通化作豪迈奔放的诗篇。

他一生以诗文为武器,反复呼吁国家统一、整顿朝纲、减轻赋税、发愤图强。甚至在临终前还口授绝笔诗:"死去原知万事空,但悲不见九州同。王师北定中原日,家祭毋忘告乃翁。"激励后人继续为完成统一国家的大业而奋斗。

 育子智慧

陆游既是一个杰出的诗人,也是一个杰出的爱国者。在那个腐败无能的朝代里,他的一腔报国之志难以施展,只有化作豪迈奔放的诗篇。一个人,几十年如一日地心怀国忧,志在一统国土,至死仍感念系之,着实让人心生敬意。而这种强烈的家国情怀,绝不是凭空产生的,其中也离不开父亲的教育和影响。历史上,许多仁人志士的爱国理念都源于父母,如"岳母刺字"。所以说,教育孩子从小树立爱国思想,是每一个父母的责任。

那么,家长该怎么做呢?

第一,充分利用各种大众传媒对孩子进行爱国主义教育。中央和各地的电视台、广播电台都有爱国主义教育的专题节目,家长和孩子一起收看、收听,互相讲座会有好的教育效果。近些年出了许多进行爱国主义教育的书籍,报刊上也有许多爱国主义教育文章,家长应尽可能地利用起来,既增长了孩子知识,又提高了孩子的思想境界,不但能促进孩子的品德发展,也能促进孩子的智力发展。

第二,带孩子参观爱国主义教育基地,游览祖国大好河山。现在,各地都建立了一批爱国主义教育基地,有国家级的,也有省市级、地区级的。学校组织集体参观,家长要大力支持。

第三,跟孩子一起参与爱国主义的实践活动。抗灾救灾,扶危济困,希望工程,植树造林,保护环境,祖国统一各种充满爱主义精神的实践活动应积极参加。家长要站得高些,看得远些,不要狭隘、"近视",精力、经济的付出,会获得心灵的收获。

袁 枚

——鼓励孩子说出自己的见解

    袁枚(1716～1797),清代诗人、散文家。字子才,号简斋,晚年自号仓山居士,随园主人,随园老人。汉族,浙江钱塘(今浙江杭州)人。袁枚少有才名,擅长诗文,24岁中进士。袁枚是乾隆、嘉庆时期代表诗人之一,与赵翼、蒋士铨合称为"乾隆三大家"。倡导"性灵说",主张写诗要写出自己的个性,直抒胸臆;主张骈文和散文并重,认为骈文与散文正如自然界的偶与奇一样不可偏废。袁枚的文学思想有发展的观点,对封建正统文学观点及形式主义思潮有冲击作用,他强调骈文作为美文学的存在价值,有一定的积极意义。著作有《小仓山房文集》、《随园诗话》16卷等。

    袁枚出生于仕宦之家、书香门第,他的父亲袁滨专长刑名之学,他的母亲章氏也出生于名士之家。书香传家的袁家很重视子弟的教育,袁枚7岁入学开始读《论语》《大学》等书,后又开始诵读《离骚》《古诗十九首》等诗文,并因此而爱上诗文。

    对于袁枚的诗文影响至深的有两位女性,一位是他的母亲,一位是他的姑母。袁枚的母亲出生于名士之家,在深受"三从四德"的训育、恪守为人妻为人母的职责的同时,并没有像当时广大妇女那样吃斋念佛,而是在空闲之余吟咏诗文。袁枚在《先姚章太儒人行状》一文里曾这样说她:"不信阴阳祈祷之事……手唐书一卷,吟咏自娱。"而母亲的闲来吟咏无疑也激发了袁枚对诗文的热爱。

    曾影响袁枚诗文创作的另一女性是他的姑母。他的姑母曾寡居在家,她通晓文史知识,于是繁忙之余她勤于督导袁枚的功课。更难得的是她敢于对封建传统伦理道德提异议。例如曾列入"二十四孝"之一的郭巨埋儿事件在封建社会一直受到褒奖,而袁枚的姑母却对此事作诗给予否定:"孝子虚传郭巨名,承欢不辨重和轻。无端枉杀娇儿命,有食徒伤老母情。"

    袁枚母亲和姑母的这种有悖时人的言行无形中推动着袁枚反对泥古不化,倡导"人情"、"性灵"的思想。受其姑母影响,14岁的袁枚写出了《郭巨埋儿论》一文。袁枚在文中所表现出的不同传统的思想受到博学的杨绳武的赏识,他曾在文中加评语说:"文如项羽用兵,所过无不惨灭。汝未弱冠,英勇乃尔。"后来,袁枚受业于杨绳武,学业也日有长进,终成为清代的诗文大家。

 育子智慧

请真诚地回答以下问题:

1. 你喜欢"听话"的孩子吗?

2. 当孩子提出反对意见的时候,你是怎么做的?

3. 你曾与孩子平等地讨论过有争议的话题吗?

家长们都喜欢孩子听话,这样可以少给自己找麻烦,殊不知,过多地要求孩子听话,孩子会变得在家唯命是从、在外不标新立异,当孩子与他人的意见不合时,不敢说出自己的不同意见,因为他们会担心"这样会受大家的讨厌"。这实际上就是强迫孩子顺从大家的意见,不利于孩子的自我发展。家长千万别因为自己的错误,而扼杀了第二个"袁枚"。

那么,在生活中,家长具体应该怎么做呢?

第一,允许孩子说出不同意见。我国是一个具有几千年封建历史的古国,封建意识残留在家长的头脑中还很多。其中之一就是喜欢儿女听话,百依百顺,容不得儿女的反对意见,更容不得儿女的反驳。现在时代已经变了,再要求儿女们百依百顺是很难做到的,而且也不一定就正确。儿女们有时的反对或者有不同的意见并不一定就是什么大不了的错误,更不是对大人的不尊重和不敬。我们日常生活中的许多事情本来就可以是这样做,也可以是那样做。在孩子说出与父母不同的见解时,家长不要轻易责备孩子,如果孩子的意见是错误的,也应该耐心地跟他说明、解释。这样才能把孩子培养成为有主见、有创造性的人。

第二,与孩子相互讨论辩论。当孩子提出不同见解的时候,家长不妨"借题发挥",和孩子讨论一番。这不仅仅能让孩子心服口服,更重要的是还能锻炼孩子的口才和思维以及他们的处事能力。

第三,及时给予孩子中肯的赞美。当孩子提出自己的不同见解后,不论是对还是错,家长都要在最后给予孩子中肯的赞美,至少孩子去思考了,去分析了,去表达了,这是很重要的一种精神。

胡 适

——自我反省是孩子成长的秘诀

胡适(1891～1962),原名胡洪,字适之,安徽绩溪人,著名学者。1910年留学美国,1917年获哲学博士学位,同年回国,任北京大学教授,参加编辑《新青年》。1919年发表《多研究些问题,少谈些主义》,主张改良主义,成为新文化运动中颇具影响的人物。1938年任国民政府驻美国大使。1946年任北京大学校长。1958年任台湾"中央研究院院长"。他一生的学术活动主要在史学、文学和哲学几个方面,主要著作有《中国哲学史大纲》、《尝试集》、《白话文学史》和《胡适文存》等。晚年潜心于《水经注》的考证。

在胡适4岁那年,父亲不幸病逝了,从此,母亲就担当起教育子女的重任。

胡适的父亲生前经常教妻子冯顺弟读儒家的书,冯顺弟受丈夫的影响很深,她将丈夫的教诲牢牢记在了心中。通过学习,她深谙反省对于一个人的重要性,所以在教子的时候,特别注意培养胡适自我反省的能力。

她记得丈夫教过她曾子的名句"吾日三省吾身,为人谋而不忠乎,与朋友交而不信乎,传不习乎"。她对这句话印象非常深刻,就拿来勉励、鞭策儿子胡适。

每天临睡之前,胡母便坐在床沿上,叫儿子站在床前搁脚板上,让儿子学着古人的做法来"三省吾身"——今日做错了什么事,说错了什么话,该完成的学习任务是否完成,等等。

胡母在督促儿子"三省"之后,又对儿子细细讲述他父亲生前的种种好处,说:"你总要跟得上你父亲的脚步,他是一个完全的好人。你要学他,不要给他丢脸。"一次说着说着,母亲动了感情,想起养育儿子的艰难,还有丈夫生前的好处,不觉眼圈都红了起来,几乎掉下泪来。

小胡适看见母亲这样伤心,拉着母亲的手,不知道该说什么来安慰她。

这一刻,他深深地体会到母亲的辛苦,在心里暗暗下定决心,要好好听母亲的话,求知上进,给父亲也给母亲争口气。

请真诚地回答以下问题：

1. 面对犯错的孩子,你是不是立刻横加指责?

2. 孩子犯错之后,是你善后还是孩子自己承担?

3. 你的孩子容易接受批评吗?

有一个对自己严格要求的母亲,是胡适的福气。一个人之所以能够不断地进步,在于他能够不断地自我反省,找到自己的缺点或者做得不好的地方,然后不断改正,以追求完美的态度去做事,从而取得一个又一个的成功。

对于孩子来说,懂得自我反省是成长的一个秘诀。一个不会自我反省的孩子永远也长不大。

培养孩子的自我反省能力,家长不妨参考以下几点:

第一,不直接对孩子的错误横加指责。当孩子做错事时,家长不要一味给予斥责,这样易引起孩子的反感,对家长产生抵触情绪,使孩子内在智力的发展受到限制。这时,家长可采用冷静的态度,从侧面引导孩子进行自我反省,明辨自己的过失。

第二,让孩子自己承担犯错的后果。孩子做错了事,许多家长常常替孩子去承担犯错的后果,使孩子觉得做错了也没关系,丧失责任心,不利于培养其自我反省的能力,使他以后容易再犯类似的错误。

所以,家长应该让孩子自己去承担犯错的后果,让孩子明白,一旦犯错,将会造成不良甚至严重的后果。

第三,重视负面道德情感的良好效应。给孩子灌输正直、善良、勇敢等正面道德情感,可塑造其美好的心灵,而让孩子体验羞愧、内疚等负面道德情感也会使其受益匪浅,而且羞愧、内疚等负面道德情感与正面情感相比,更能在孩子的心中留下深刻的记忆,促使他不断自我反省,区分好坏、是非、对错和美丑,改正错误。

第四,让孩子学会接受批评。每一个人包括每一个孩子都喜欢受到表扬,而不喜欢受到批评。但是,一个人却应该只有接受批评之后,才会开始反省。因此,父母应该让孩子在幼儿时期就学会接受批评,这不仅能够塑造孩子完整的人格,而且可以帮助孩子在其他方面取得成功。

第五,让孩子学会总结经验教训。总结经验教训可以帮助孩子进行自我反省,例如,一个孩子用打架来解决与同学之间的矛盾,如果他在打架上吃了亏,他会想:

"上次我感到生气的时候是用打架来表达我的愤怒的,结果我被别人打了,那么下次发生这样的情况时,我该怎么办呢? 我不用打架可以吗? 是不是有更好的解决方法呢?"如果孩子经常会总结经验和教训,那么他就很容易明白自我反省的意义,掌握自我反省的技巧,这对他的人生会有很大的帮助。

茅 盾

——多花些时间在孩子身上

       茅盾(1896～1981)，原名沈德鸿，字雁冰，浙江桐乡人。早年受俄国十月革命的影响：“五四”运动后投身文学事业，曾与郑振铎、叶圣陶等人一起组织“文学研究会”，提倡现实主义文学。他以自己的笔反击国民党当局的文化围剿，推动抗战文艺的发展，有力地支持了人民解放战争。建国后历任中央文化部部长、全国政协副主席，并长期担任中国文联副主席、中国作家协会主席。作品有《林家铺子》、《子夜》、《腐蚀》等。

    茅盾的父亲沈永锡，为人正直，思想进步，在当时属于“维新派”。母亲陈爱珠，是清代名医陈我如的女儿，受过良好的家庭教育，通晓文史，性情温良而刚强，思想开明而有远见。她有每天读书看报的习惯，容易接受新事物。

    茅盾5岁那年，父母商量着让儿子读书。当时，茅盾家里设有家塾，塾师是茅盾的祖父。但祖父教书并不认真，有时学生来了，他自己却去会友打牌。茅盾父母怕茅盾进入家塾，得不到严格训练，养成不良习惯，便决定亲自教儿子。

    父亲平时工作很忙，没有时间，所以教育茅盾的任务就自然落到了母亲身上。母亲几乎把所有的时间和精力都花在了如何教育茅盾上。母亲为茅盾挑选了上海澄衷学堂的《字课图识》、《天文歌略》和《地理歌略》为教材，并根据《史鉴节要》用文言编成一节一节的歌诀作为历史读本。茅盾很喜欢这样的上课方式，每当母亲讲述历史故事或中国古典小说时，总是听得津津有味。

    茅盾7岁那年，当地创办了一所采取新式教学的“立志小学”。母亲把茅盾送进了这所学校。那时，因父亲病卧在床，茅盾经常请假照顾父亲。母亲怕茅盾落下功课，便挤出时间，自己拿课本来教他。因此，茅盾的功课不但没落下，反而每周一篇的史论文章经常获奖，每月的考试都名列前茅。

    茅盾10岁那年，弟弟沈泽民才6岁，父亲不幸病逝了，临终前留下遗嘱，要求茅盾将来学习理工科专业，以适应将来科学兴国、实业兴国的需要。母亲毅然挑起了养家教子的重担，立志将两个儿子抚养成才。

在母亲的精心栽培下，茅盾的成绩一直非常好，中学毕业后，考入了北京大学的预科，母亲感到非常自豪与安慰。

 育子智慧

请真诚地回答以下问题：

1. 你每天下班后，会专门找段时间陪一会儿孩子吗？

2. 孩子有多久没在你的膝头撒娇了？

3. 面对与自己日益疏远的孩子，你有所愧疚吗？

母庸置疑，每个家长都深爱着自己的孩子，但是每个家长都应该问问自己，到底花在孩子身上的精力有多少呢？茅盾的母亲花费了自己几乎全部的精力来教育孩子，为茅盾选教材，给茅盾编歌诀……所以茅盾出类拔萃，终成大家。当然，这里不是要求每个家长都像茅盾的母亲一样辅导孩子的学习，这也是不现实的，因为孩子现在在学校所学的内容系统且十分讲究教学方法，一般家长确实有心无力。但是，除了学习以外，孩子还需要家长在生活习惯、为人处世、人格发展等各方面的教育，而这些教育都是需要家长挤出时间来的！

一位父亲下班回到家已经很晚了，他的工作压力很大，心里也有点儿烦，他想休息一下，而这时，他发现自己 5 岁的儿子靠在门旁等他。

"爸爸，我可以问你一个问题吗？"

"什么问题？"

"爸爸，您一小时可以赚多少钱？"

"为什么问这个问题？"父亲问道。

"我只是想知道，请告诉我，您一小时能赚多少钱？"小孩哀求。

"我一小时赚 20 美金，这有什么问题吗？"父亲没好气地说。

"哦，"小孩低下头，接着又说，"爸，可以借我 10 美金吗？"父亲有些生气了："别想拿钱去买那些毫无意义的玩具，给我回到你的房间并上床。你为什么这么自私呢？我每天都在辛苦地工作，这你根本无法体会，我没有时间和你玩小孩子的游戏。"孩子安静地回到自己的房间并关上门，父亲生气地坐在客厅里。过了一会儿，他心里平静了下来，觉得刚才对孩子太凶了——或许孩子真的很想买什么东西，再说他平时很少要过钱。

父亲走进孩子的房间，发现孩子正躺在床上，他悄悄地问道："你睡了吗，孩

子?"

"爸爸,还没,我还醒着。"孩子回答。

"对不起,我刚才对你太凶了,"父亲边说边将钱递给孩子,"这是你要的10美金。"

"爸爸,谢谢你!"小孩欢叫着从枕头下面拿出一些被弄皱的钞票,慢慢地数着。

"你已经有钱了,为什么还要?"父亲又有些生气,他不知道这个孩子今天是怎么了。

"因为在这之前不够,但我现在够了。"小孩回答,"爸爸,我现在有20美金了,我可以向您买一个小时的时间吗?明天请早一点儿回家——我想和您一起吃晚餐。这是我期盼已久的事情,可以吗?"

家长看了这个小故事,可能会有些辛酸,也许很多人会自然地联想到了自己的孩子。其实,孩子的要求真的不多,在日常生活中,只要家长懂得珍惜,少一点懒惰,少一点借口,少一点应酬,少一点忙碌,就会有时间陪伴孩子成长。父母是孩子最重要的伙伴和朋友,在日常生活中,父母应该经常陪伴孩子,与孩子一起游戏,与孩子一起聊天,与孩子一起"疯狂",在此过程中教会孩子生活,教会孩子做人。所有家长都应该明白,一个健康、成功的孩子,会比工作上的成就更令家长感到快乐!

老 舍

——培养孩子勤劳的好习惯

老舍(1899～1966),现代著名作家,杰出的语言大师,原名舒庆春,字舍予,另有笔名絮青、鸿来、非我等,满族,北京人。1918年北京师范学校毕业后任小学校长和中学教员,1924年赴英国任伦敦大学东方学院汉语讲师,1926年加入文学研究会,1930任齐鲁大学、山东大学教授。1938年中华全国文艺界抗敌协会成立,老舍被选为理事兼总务部主任,主持文协日常工作。在创作上,以抗战救国为主题,写了多种形式的文艺作品,先后创作了著名长篇小说《骆驼祥子》、《四世同堂》等。新中国成立后,曾任中国文联副主席、中国作家协会副主席、中国民间文艺研究会副主席等职,写了《龙须沟》、《茶馆》等三十多个剧本,被誉为作家劳动模范,北京市人民政府曾授予老舍"人民艺术家"的光荣称号。

1899年2月,老舍出生在北京西城护国寺附近的一个贫民家里。对于悲惨的童年生活,老舍在他《昔年》的诗中写道:"我昔生忧患,愁长记忆新;童年习冻饿,壮岁饱酸辛。"正是他童年生活的真实写照。

老舍的父亲舒永寿是个穷苦的旗兵,在八旗中属于正红旗,在皇城充当一名护兵,每月领三两银子。老舍出生的第二天就是农历"立春",父亲给他取名为"舒庆春",就是盼望这孩子像春天一样欣欣向荣,能给家里带来幸福。

但是,春天没有盼来,灾难和困苦却接踵而至。1900年8月,老舍一岁半的时候,八国联军攻打北京。老舍的父亲在正阳门与伙伴们一起,挎着生锈的腰刀同实力雄厚的八国联军展开巷战,最后,被敌人的燃烧弹活活烧死了。

八国联军进城后,大肆烧杀抢掠,老舍失去了父亲,连自己也险些丧命。从老舍懂事时起,常听母亲讲这段往事。侵略者凶狠残暴的罪行,在他幼小的心灵里留下了不可磨灭的印象。他年轻时就收集了八国联军的侵华史料和义和团起义史料,新中国成立后创作了反映义和团的话剧《神拳》。

老舍的母亲姓马,是正黄旗的满族人,幼年在农村劳动,养成勤劳的习惯,身体也相当结实。她在丧夫之后，竭力撑起了整个家。丈夫死了，鬼子来了，满城是血光火焰。老舍的母亲在刺刀下、饥荒中保护着儿女。

老舍在 20 世纪 30 年代写过一篇名叫《月牙儿》的短篇小说，其中有几段描写，可以说是他勤劳母亲的写照：

妈妈整天给人家洗衣裳。有时月牙儿已经上来，她还在哼哧哼哧地洗。那些臭袜子，硬牛皮似的，都是做买卖的伙计们送来的，妈妈洗完这些牛皮就吃不下饭去。

妈妈的手起了层鳞，叫她给搓搓背顶解痒痒了。可是我不敢常劳动她，她的手是洗粗了的。她瘦，被臭袜子熏得常不吃饭。

老舍发现，因为母亲整天给人家洗衣服，她的手终年是鲜红和微肿的。白天，她要洗满满两大绿瓦盆的衣裳；晚上，她和三姐在一盏小油灯下，缝缝补补，每天操劳到半夜，而且终年不得休息。

老舍的母亲是一位勤劳的妇女，她爱干净，桌面上从不留有灰尘，柜门总是擦得清洁明亮。老舍的父亲生前喜欢养花，父亲去世后，母亲就精心浇灌留下的几盆石榴和夹竹桃。她每天都把屋内外收拾得干干净净，桌面不留灰尘，连破柜门上的铜环儿也擦得闪光，仿佛在说：别看咱们穷，可是活得硬朗。

母亲常常叫年幼的老舍一起干一些力所能及的活：母亲要浇花了，他就去取水；母亲扫完地了，他就去撮土。小时候，当母亲和三姐做活的时候，老舍帮着打下手：递烙铁，看火，送热水和凉水。他为能减轻母亲的一分劳累而高兴。

慢慢地，老舍就养成了勤劳的好习惯。成名以后的老舍仍然保持着自己收拾屋子的习惯，像母亲那样把茶壶、茶碗收拾得干干净净，他还经常自己取水浇花。老舍的勤劳都是受着母亲的影响。

老舍一生也在辛勤为人民写作，建国后 17 年间，他发表、出版的戏剧、曲艺、论文等作品，总数约 300 万字，每年为人民贡献近 20 万字的精神食粮，而且他的每篇作品也从不潦草敷衍，总是书写整齐，规规矩矩、一丝不苟。

 育子智慧

请真诚地回答以下问题：

1. 你是否认为培养孩子的勤劳品格并不是十分重要？

2. 你是一个勤劳的人吗？

3. 你的孩子经常参加家务劳动吗？

家长们不要小看"勤劳"二字,勤劳是人们在体格、智慧和道德上寻求完善的源泉。老舍的母亲从小就让老舍耳濡目染,养成了勤劳的品格,所以后来老舍在创作中也辛勤耕耘,从不马虎了事。让孩子从小就勤劳起来,不要让过于优越的生活条件助长孩子的惰性,因为,勤劳的孩子更有前途。

那么,如何培养孩子勤劳的好习惯呢?家长可以利用日常生活中的家务劳动来锻炼孩子!

第一,组织安排家务。如今,绝大多数家庭的家务没有科学安排,基本上是由父母包办代替。因此,父母应善于组织安排家务,办法如每周召开一次家庭会议,如果孩子在会上对家务提出某些建议或解决方法,说明孩子愿意合作共同搞好家务事,否则就应采取适当方式进行教育。不过,父母要首先做出表率,同时要根据孩子的合理化建议,针对家庭每个成员的爱好和能力,分配给每人一份工作,也可以每周或每月分别轮流做各项家务。这样,孩子就容易养成劳动习惯和计划家务、做好家务劳动了。

第二,考虑孩子的能力。父母必须考虑到孩子的实际承受能力,并进行具体而耐心的指导或示范,教孩子怎样一步一步地完成其所承担的任务。比如,让孩子收拾卫生间时,要叫他先清除垃圾,再刷洗浴缸,最后擦拭地板,等等。让年幼的孩子做的家务活,必须是具体而又简单的事情,这样孩子才有信心去完成。

第三,赞扬孩子的成绩。孩子参加家务劳动,既是学习过程,又是锻炼过程,自然在这个过程中会有成功和失败。这就要求父母应当教育孩子战胜困难、不怕失败,树立信心和决心,学会做自己力所能及的事情。因此,父母要经常、恰当地发现与赞扬孩子的优点,肯定成绩,并和蔼可亲地指出其不足之处。

第四,提高孩子的责任感。如果孩子没有完成分配给他的家务活,比如吃饭前的准备工作,你不妨对他说:"要是你收拾好了桌子,我们就可以马上开饭了。"……总之,随着时间的推移,就能使孩子意识到其行为所产生的好坏不同效果。这样,他们就会慢慢地懂得自己在家庭中所起的作用和责任的分量了。

第五,讲究奖励方式。许多专家劝告人们:不要用金钱作为对孩子从事家务劳动或其他成绩的奖励。因为干家务是每个家庭成员应尽的义务,而学习等则是他们应当努力完成的本分;况且用金钱刺激,极容易产生为"奖金"而做、而学的负效应。实践证明对孩子进行非金钱的适当物质奖励比奖励钱好,尤其是以精神奖励为好,最好是给些荣誉奖。

冰 心

——营造温馨和睦的家庭氛围

冰心(1900~1999)原名谢婉莹,笔名冰心,福建福州人。当代著名女作家,儿童文学家。1923年毕业于燕京大学,后留学美国,回国后任燕京大学、北平女子文理学院、清华大学讲师,从事文学创作和翻译,并任国民参政会参政员。1946年赴日本,任东京大学讲师,1951年回国。后任全国文联主席、中国作协理事等职。著有诗集《繁星》、小说集《超人》、散文集《寄小读者》等。

1900年10月5日,冰心出生在福建省福州市的一所大房子里,这里生活着她祖父谢子修操持的一个大家庭。

冰心的母亲名叫杨福慈,出身于福建一家世代为学官的书香门第。父亲谢葆璋是一名北洋水师的军官。夫妻俩感情极好,所以他们的家庭总是充满温暖、和谐的气氛。冰心是他们的长女,也是家中唯一的女儿,自然成了父母的掌上明珠。

谢葆璋和杨福慈婚后不久,就出海远征了。杨福慈一方面忍受着别离的痛苦,一方面挑起了家务重担。但不管怎样忙乱,她的嘴角上总是带着微笑,对待子女也总是温柔和善。杨福慈的女红堪称一流,儿女的衣服,都是她缝制的。冰心称她的母亲是"世界上最好母亲中最好的一个。"

有一次,冰心曾问母亲:"妈妈,你为什么这样爱我?"母亲笑着说:"不为什么,只因为你是我的女儿。"

正是这种只讲付出、不求回报的崇高母爱,为冰心姐弟撑起了一片明亮的天空。冰心最怕母亲凝神不动,每当看到母亲稍稍发呆或遥望窗外的时候,就会跑过去,摇着母亲的身体,喊着:"妈妈,你的眼睛怎么不动了!"有时母亲想让女儿来抱她,就会故意凝神不动。

冰心经常与母亲紧紧依偎在一起,有时说些甜蜜而知心的悄悄话,有时母亲教她读书认字,有时是母亲给她讲那些悲欢离合的故事……最使冰心难忘的还是母女共读一本书的情景,她们为故事情节中的欢喜场面开怀大笑,又为那些动人的故事而流泪。这份海洋般深沉的母爱,不仅滋润了冰心童年时代的心田,也影响了她一生的情感。在冰心的作品中,人们不难发现,展现最多的就是那温馨的母爱之光。

冰心的父亲谢葆璋,虽说是一位行伍出身的海军军官,却也是舐犊情深,对自己这唯一的女儿充满了柔情,舍不得让女儿吃一点苦。当谢家的伯母、叔伯母们催促着要给冰心扎耳朵眼时,谢葆璋怕女儿疼,便借口说:"你们看,她左耳垂后面,有一颗聪明痣,要是把这颗痣扎穿了,孩子就变笨了。"

谢葆璋还不让给孩子穿紧鞋。小冰心深知父亲对她的疼爱,所以,刚一感到鞋子有点紧,便故意在父亲面前一瘸一瘸地走。父亲一看,就会马上埋怨妻子:"你又给她小鞋穿了!"母亲生气了,把剪刀和纸裁的鞋样都推到他面前:"你会做,就给她做,将来就是长出一对金刚脚,我也不管!"不料谢葆璋真的拿起了剪刀,去剪鞋样,逗得冰心和母亲都笑起来。

父母之爱,一直是冰心创作的动力源泉之一。直至晚年,冰心还一直深深地怀念着父亲与母亲。

 育子智慧

> **请真诚地回答以下问题:**
>
> 1. 你在孩子面前和家人吵过架吗?
> 2. 一些重要的决定,是否由全家人一起协商后做出?
> 3. 家里的氛围是以轻松为主,还是经常显得有些沉闷与压抑?

冰心是幸福的,家庭和睦幸福,父母都非常疼爱她,时常陪伴在她的身边,对她情感的养成及以后的创作都起了重要的作用。父母是与孩子血缘关系最近的人,是与孩子关系最亲密的人,家庭气氛对孩子的成长将起到重要的、潜移默化的作用,一定要注意营造一个良好的家庭气氛。

第一,家庭成员之间应相互关心,相互尊重。老人要体谅小辈;小辈要孝敬老人;婆媳不和是常见的家庭矛盾,需要双方多多努力,相互谅解;夫妻俩更要相亲相爱,同心同德。

第二,父母之间不要在孩子面前发生冲突。父母之间要尽量避免在孩子面前发生冲突,吵吵闹闹,甚至打架。这样会让孩子受到惊吓,手足无措,不知道怎么办才好。

第三,民主是良好的家庭气氛中不可缺少的要素。重要的决定,应该由全体家庭成员,包括孩子,一起协商后作出,尤其是父母与子女之间,若建立了一种民主平等的关系,将有助于形成良好的家庭气氛。

第四,要力求使家庭的气氛保持一种轻松的状态。若家庭气氛太沉闷、太压抑,对孩子的心理发展是不利的。如父母在外面有什么不顺心、不愉快,不应该将它带回家里来,更不应该将它朝孩子发泄。父母对孩子学习方面的压力也不要太大。孩子放学回来,做父母的也要和孩子一起聊聊天,活动活动,看看电视,这样看起来好像耽误了时间,实际上调剂了生活,活跃了气氛,终究是得大于失的。

最后,父母们应注意加强自身修养,注意提高文化修养和素质。一个人文化修养好,有较丰富的内涵,才会有文明的举止,高雅的爱好等。在这样的环境中长大的孩子,容易成为一个有修养、讲文明的人。

丁 玲

——和孩子一起进步

丁玲(1904～1986),原名蒋伟,字冰之,又名蒋炜、蒋玮、丁冰之。笔名彬芷、从喧等。湖南临澧人,现代女作家。1927年开始发表揭露旧中国黑暗现实的小说作品。处女作《梦珂》于同年年底发表于《小说月报》,不久又完成代表作《莎菲女士的日记》,引起文坛的热烈反响。1928年10月,出版第一本小说集《在黑暗中》。1930年加入中国左翼作家联盟,代表作有长篇小说《太阳照在桑干河上》等。

丁玲4岁时,父亲病逝,由母亲一手将其拉扯大。母亲是一个受过良好家庭教育的新女性,她能读会画,多才多艺,喜爱文学,因受进步思想的影响,她的思想也非常开放。

母亲常告诉丁玲,女人也要读书识字,也要工作,也要参加革命。当时还很小的丁玲并不知道母亲给她讲的这些话是什么意思。

丁玲的启蒙教育是由母亲进行的。在家里,无论干什么,母亲都会带上丁玲,教她唱歌,教她背诵诗句,还不时地以故事的形式向她讲解诗句的意思,每每这时候丁玲都会听得特别入神。5岁的时候,她已经能背诵好几十首唐诗了。

因为母亲,丁玲阅读过很多的书籍,尤其是一些文学类的。有时,母亲也会拿起书本,将书中的内容读给丁玲听。虽然有时小小的丁玲还听不太懂,但从小就耳濡目染,奠定了她以后在文学方面取得非凡成就的基础。

从小听了母亲讲的许许多多的故事和知识,培育了丁玲的想象力,在她稍大一些的时候,她就能编出许多动人的故事来了,这时候,母亲便成了她最忠实的听众。

随着丁玲的日益成长,母亲觉得自己所学的知识已经不够应付聪明的女儿了。为了女儿将来的发展,她决定送女儿去城里的一所学校读书。不仅女儿要读书,她自己也要读书,因为她也需要进步。

母亲的行为引起了当时广泛的议论,当然非议是多数的。一些封建的遗老遗少们常在她们母女俩背后指责:"一个寡妇还进学堂,招摇过市的,成何体统!简直有失身份!"

母亲顶着压力,照样跟女儿一起上学放学,回到家里两人还一起讨论当天所学的知识。小丁玲非常敬佩母亲的勇敢,所以她对学习也不敢懈怠,她可不想输给母亲。

1919年,五四运动爆发,母亲毅然地参加到了游行队伍中。看到母亲的爱国热忱和革命精神,丁玲受到鼓舞,回家后立刻将长长的头发剪掉,也投身于反帝反封建革命的大潮中。

母亲看到丁玲的装扮,稍微怔了一下,丁玲马上向母亲解释说:"我也要像你一样,冲破封建的束缚,投入到革命的战斗中。"母亲看到女儿英姿勃发的样子,非常欣慰,拉起女儿的手说:"好吧,让我们成为革命的战友吧。"

母亲和丁玲一起进步,她们俩真的就是学习上的朋友,革命中的战友。

在母亲的教育与培养下,丁玲不仅在文学方面取得了很大的进步,经过五四运动的洗礼,她的思想也有了显著的改变。后来她出任了左联机关刊物《北斗》主编及左联党团书记。这一时期她创作的《水》、《母亲》等作品,显示了左翼革命文学的实绩。后来,她还在陕北历任西北战地服务团团长、《解放日报》文艺副刊主编等职,并先后创作了《一颗未出膛的枪弹》、《夜》、《我在霞村的时候》、《在医院里》等解放区优秀文学作品,为中国解放区文学的蓬勃发展作出了伟大的贡献。

 育子智慧

请真诚地回答以下问题:

1. 你认为自己的自身素质如何?

2. 从孕育孩子的那一刻起,你是否开始好好学习教育孩子的知识?

3. 你花在孩子身上的心思是否比花在工作上的心思多?

达·芬奇曾说过这样一句话:"教育孩子,首先从改造孩子的母亲开始。"也就是说,父母的教育观将直接影响孩子的身心发展。父母是孩子的第一任老师,家庭是孩子成长的第一环境,也是亲子关系建立的基础。个体在孕育的那一刻起,就在母体中接受着影响和教育,当孩子出生后,家庭对孩子的影响将伴随他的成长,而此时家长自身素质的高低就显得尤为重要了。

为了孩子更好地成长,家长要和孩子一起进步,努力提高自身素质。

第一,努力提高思想道德水平。孩子从小到大,家长的一举一动都对其性格、

品德发展起着潜移默化的作用。家长首先要求自己有高尚的品德、有理想、有积极的人生观;对国家、对人民、对事业有高度的责任感;在社会上奉公守法,遵守社会公德,讲究文明礼貌,作风正派,为人正直,是非分明,等等。

第二,不断学习新的科技文化知识。当今时代文化科技日益发达,知识不断更新。即使高学历的人,如不继续学习,也会跟不上时代的要求,知识也存在老化的问题。孩子的求知欲相当强,经常提出一些稀奇古怪的问题,所以家长要善于学习,使自己成为孩子求知的良师,不仅为孩子做出了榜样,也保护了孩子学习的积极性,同时也提高了自己。

第三,积极学习家庭教育知识。家长要主动购买家庭教育方面的书、报、刊,参加家庭教育讲习班,了解家庭教育的内容、方法、原则,并用科学的家教理论指导自己的家教实践。勤于思考家教中的为什么,不断总结家教中的经验教训,注意同他人交流教育子女的心得体会,而不是盲目地教育子女。

第四,加强良好的心理素质。家长的心理素质会通过各种渠道对孩子有意无意的产生影响。为了做好家庭教育,家长尤其应在以下几方面提高自己的心理素质:信心和勇气;爱心和热情;理智和宽容;恒心和耐心;等等。家长作为孩子的第一任老师,应具备良好的心理素质。

最成功的育子故事

——艺术家篇

约翰·塞巴斯蒂安·巴赫

——毅力是孩子成才的必要条件

约翰·塞巴斯蒂安·巴赫(1685～1750),德国著名的作曲家、管风琴家,是将西欧不同民族的音乐风格浑然融为一体的开山大师。他萃集意大利、法国和德国传统音乐中的精华,曲尽其妙,珠联璧合,天衣无缝,对后来将近三百年整个德国音乐文化乃至世界音乐文化产生了深远的影响。巴赫是一位多产的作曲家,他的作品包括有将近300首的大合唱曲;至少还有140首其他前奏曲;100多首其他大键琴乐曲;23首小协奏曲;4首序曲;33首奏鸣曲;5首弥撒曲;3首圣乐曲及许多其他乐曲。总计起来,巴赫谱写出800多首严肃乐曲。

巴赫是18世纪初德国伟大的演奏家和作曲家,出生在德国中部图林根地区风景优美的爱森纳赫的一座红顶楼房内。他的许多名曲,至今仍在世界各地流传。

巴赫的成功,是和父亲的教育分不开的。

巴赫的父亲约翰·阿姆布罗修斯是一位小提琴手,很早就成为宫廷乐师和乐队指挥。当巴赫三四岁时,他就有意把儿子培养成为自己的接班人。通过几天观察,他感到巴赫不仅对音乐有很强的兴趣,也确实有几分音乐天赋,是个学音乐的材料。同时,他清醒地知道,要成为一个音乐人才,非一日一年之功,在漫长的学习过程中,除了专心,还要有毅力。于是,他对小巴赫说:"爸爸看到你的条件不错,很有可能成为一个比爸爸还强的音乐家。不过,要取得成功,就要坚持不断地练习,这就要有毅力,要耐得住寂寞,耐得住困难,耐得住失败。孩子,你有这个信心吗?"

小巴赫认真地说:"爸爸,我知道了。"

父亲这才放心地点了点头。

接着,父亲把小巴赫带到房间,教儿子知道什么是弦乐器。他拨了一下小提琴上的弦,告诉儿子:"通过弦鸣响的乐器或用弦的乐器,像维奥尔呀、小提琴、竖琴、琉特、吉他等都是弦乐器。"

小巴赫也学着父亲的样子拨了一下小提琴,听到嘭嘭的声音,他问:"爸爸,小提琴真好听。它好学吗?"

"好学是好学,但要学成功,就必须坚持不懈地练习,当然还要抓住要领,掌握正确的方法。这些,爸爸都可以教你,关键就要看你是不是有毅力了。"

在父亲的诱导下,小巴赫学得很认真,也很吃苦。首先,他练习手法,握弓、顶弦、平行推拉、悬肘、运力,等等,天天练个不停。时间久了,肩酸了、背痛了、肘也抬不起来,甚至手不断地抖,使不上劲儿。这时,他就停下来,擦一把手上的汗,捏一捏指头。看着手指肚上被弦勒出的一道深沟,他流下了眼泪。但是,一想到爸爸的话,他又接着练习。

开始,他拉出的声音很单调,"吱吱——""嘎嘎——"地响,令人昏昏入睡。他知道,这是基本功,是绕不过去的。声音不好听,正说明自己的工夫不到。每当他拉得又累又苦时,他都会想起父亲的话:"要坚持,有毅力。"正是父亲的话不断地在激励他。

经过一段时间的练习,他渐渐地悟出了门道:拉琴时不能用力过大,得学会控制手中的弦,控制好了,声音才会变得柔和起来,轻重也可以随心所欲。这个从实践中得到的体会,使他有了努力的方向。

由于小巴赫的聪明和用功,他很快学会了父亲教的最基本的技巧,能独立照谱演奏了。他的小提琴拉得不错,但他更喜欢中提琴,后来在音乐会的弦乐重奏中,他总是拉中提琴,想必就是这时打下的基础。小巴赫的刻苦劲儿,使父亲深受感动,也很欣慰,他认为:照此下去,儿子准行。

弦乐器的基础打好之后,小巴赫又开始从堂叔那里学管风琴。从此,他的音乐才华一步一步得到了培育和发挥,终于成为享誉欧洲的大音乐家。

 育子智慧

> **请真诚地回答以下问题:**
>
> 1. 孩子能够一心一意坚持把一件事情做完吗?
>
> 2. 你会时不时让孩子"吃点苦"吗?
>
> 3. 当孩子遭遇困难和挫折时,你是鼓励他坚持,还是默许他放弃?

毅力是孩子成才必须具备的重要素质之一,有毅力的人才能表现得坚强,才能更大限度地发挥自己的潜能,实现人生理想,成为一个有所作为的人。爱因斯坦曾说:"优秀的性格和钢铁般的意志比智慧和博学更为重要。"孩子如果做事缺乏毅力,那么什么事情都很难坚持到底,像温室里的花朵经不住风霜一样,经不起挫折和打击,很难有什么成就的。因此重视孩子毅力的培养是家庭教育的一个十分重要的环节。

怎样培养孩子的毅力呢?

第一,从小让孩子养成好习惯。在孩子小的时候,无论是玩耍、看"小人书",还是学习、做事,都要有始有终,养成好习惯。如孩子学洗自己衣服,绝对不准借口累或手疼半途而废……长此下去,就会习惯成自然。"坚持"也不再是难以克服的困难了。

第二,让孩子吃点苦。在物质条件过分优裕环境中长大的孩子大多缺乏毅力,因此,父母应有意让孩子吃点苦。日本的家长很注意对他们的孩子进行"吃苦教育",再富也要苦苦孩子。日本的小学生在无老师带领的情况下,面对着既无水源又无食物的可怕自然界,安营扎寨,寻觅野果,捡拾柴草,寻找水源,自己营救自己。越是物质生活十分富裕的国家,越是重视对孩子的"吃苦"锻炼,以培养他们的毅力。

第三,让孩子一心一意做事。孩子的兴趣容易转移,如今天喜学跳舞、绘画,明天又爱学钢琴、学电脑,到头来什么都没有学好。心理学家指出,"三天打鱼、两天晒网"式的学习对培养孩子的毅力往往起负面作用。因此,父母要注意培养和鼓励孩子一心一意做好某件事。

第四,加强体育锻炼。多让孩子积极参加适宜他们的体育锻炼,不仅可以增强体质,而且还可以增加孩子的心理承受能力,这也有利于培养孩子的毅力。

第五,当孩子遇到困难时要多鼓励。孩子在接受意志力考验的过程中,难免会遇到困难或挫折,出现意志消沉的情况。这时,父母要给予孩子帮助、鼓励,让孩子鼓起勇气过难关,使孩子得到很好的意志力的锤炼,从而增强毅力。

路德维希·凡·贝多芬

——打，绝对不是教育孩子的好方法

  路德维希·凡·贝多芬(1770～1827)，伟大的德国作曲家、维也纳古典乐派代表人物之一，对世界音乐的发展(从古典主义时期到浪漫主义时期)有着举足轻重的作用，被世人尊称为"乐圣"。贝多芬的创作集中体现了他那巨人般的性格，反映了那个时代的进步思想，它的革命英雄主义形象可以用"通过苦难——走向欢乐；通过斗争——获得胜利"加以概括。他的作品既壮丽宏伟又极朴实鲜明，它的音乐内容丰富，同时又易于为听众所理解和接受。贝多芬的音乐集中体现了他那个时代人民的痛苦和欢乐、斗争和胜利，因此它过去总是那样激励着人们，鼓舞着人们的斗志，即使在现在也使人们感到亲切和鼓舞。贝多芬的作品《第九合唱交响曲》、《第五命运交响曲》、《第六田园交响曲》、《月光曲》、《命运》，等等，这些都是摆脱古典主义、展现自由、热情奔放的美丽乐章。

  贝多芬的父亲是个男高音歌手，母亲是宫廷御厨的女儿。父亲因为怀才不遇，性情暴躁，喜怒无常，还沾有酗酒的恶习。与父亲形成极大反差的是，贝多芬的母亲非常慈祥可亲，善解人意。

  贝多芬的音乐天赋在很小的时候就已显露出来，连郁郁不得志的父亲也觉得骄傲。为了弥补自己事业上的失败，一洗沉沦的耻辱，从而光宗耀祖，父亲在贝多芬4岁时就开始强制性的教育，他要求小贝多芬每天练习钢琴和小提琴8个小时。即使在寒冬，小贝多芬手指都冻僵了，父亲还是要他练琴。他的父亲每天总是拿着棍子守在钢琴边，只要贝多芬弹错一个音符，粗大的棍棒就无情地落在贝多芬的手指上。

  贝多芬的母亲心地善良，她虽然希望小贝多芬能够成为像莫扎特那样的音乐家，但她深知，打骂训斥是教育不好孩子的，于是，为了抚慰贝多芬在父亲的管教下不断受伤的心，母亲经常带他到郊外去散步。那茂密的森林、翻滚的大河，让贝多芬深深地陶醉其中，并极大地影响了他后来的创作。

一次,他们来到郊外,这时的太阳快要落山了,夕阳的余晖洒下来,托出树木长长的影子。满头卷发的贝多芬坐在一块大石头上,静静地望着远处。一条宽阔的大河,欢腾地从他身边流过。河面上,许多小燕子欢叫着上下翻飞,几乎贴着贝多芬的头顶飞过……这些美妙的图景让贝多芬深深地陶醉起来,使他对大自然产生了极大的专注力。

这时,远处传来隐隐的雷声。母亲从身后走过来,说道:"要下雨了,快别在这里发呆了。难道你发现了什么吗?"

贝多芬回过头来说:"小声点,妈妈。我正在听风吹过树叶的声音,和这水流的声音,它们就像一首雄浑的交响乐。"

母亲对儿子的发现感到很高兴,她微笑着坐在他旁边说:"那么,你听到交响乐了吗?"

贝多芬说:"妈妈,这是多么美妙的声音啊!还有鸟儿在唱歌呢!这是什么鸟?我从来没有听到过它的声音。它是从别的地方飞来的吗?你知道它长什么样子吗?"

贝多芬回过头来望着树林深处,似乎在构思着什么。也许,一曲大自然的交响乐正在他的脑海中形成。母亲不失时机地说:"好吧,回去后,把这些声音用你的钢琴表达出来吧。"

如果说,父亲的打骂训斥让幼小的贝多芬受到了伤害,那么母亲的爱和启发不但很好地弥补了他的伤害,而且还让他的天赋得以充分发展。

 育子智慧

请真诚地回答以下问题:

1. 你认为"棍棒底下出孝子"这句古语正确吗?

2. 你知道打骂孩子的危害吗?

3. 孩子犯了错,让你起了打他的念头时,你通常是怎么做的?

"棍棒底下出孝子",这是流传中国的古老名言,实际上,这句名言是不对的,打骂孩子的实质是按父母的意志来改变孩子,它容易伤害孩子的感情,对孩子百害而无一利。

第一,会造成严重的亲子隔阂。孩子遭到打骂的时候,心里必然是十分不舒坦的,皮肉之苦容易使孩子产生怨恨、逆反、畏惧等心理。打的结果是孩子与父母之间的亲情日益淡漠,隔阂越来越深,个别孩子甚至会产生报复心理。

第二,会造成孩子失去自信,悲观厌世。每个孩子都有自尊,希望得到别人包括父母的尊重,而别人的尊重、信任,会使孩子产生自信,这是他们前进的重要动力。经常挨打的孩子,自尊心受到损害,产生自卑,极容易走上自暴自弃、破罐破摔之路。父母本是孩子最亲近的人,经常遭父母的打骂,孩子会感到人世间没有温暖,活着没有意思,于是悲观厌世。现实中,由于遭受父母打骂,出走者有之,自杀者有之,造成的家庭痛苦是难以言状的。

第三,容易导致孩子说谎。有的父母一旦发现孩子做错事就打,为了逃避挨打,往往迫使孩子违心地说谎,瞒得过就瞒,骗得过就骗,因为骗过一次,就可减少一次皮肉之苦。但是孩子说的谎,往往站不住脚,易被父母发现。为了惩罚孩子说谎,父母态度更加强硬。为了避免再被父母暴打,孩子下一次做错事更要说谎,这样就构成了恶性循环。

第四,促使孩子陷入孤独的深渊。经常挨打的孩子,会感到孤独无援。尤其是父母当众打孩子,会使孩子的自尊心受到伤害,往往会怀疑自己的能力,会自感"低人一等",显得比较压抑、沉默,认为老师和同学都看不起自己而抬不起头来。于是这种孩子往往不愿意与父母和老师交流,不愿意和小朋友一起玩,性格上显得孤僻。

第五,使孩子学习错误的解决问题的方式。父母打孩子绝对不是什么好的教育方法,只会是对孩子的一种个性压抑,尤其是给孩子造成一种错觉:弱者要服从于强者,暴力可以解决问题。而且,由于孩子模仿性很强,往往从父母那里学会了"以暴制暴",学会了"打人经验",染上了暴力行为。在家里父母打他,到外面他就打别的孩子,尤其是比他小的孩子。父母打孩子,实际上成了教自己的孩子去打别的孩子的坏榜样。这样孩子长大后,他很可能会以武力解决人际冲突,结果是破坏了良好的人际关系。

恳切希望天下的为人父母者,不要再打自己的孩子了,不妨试试以下这些方法来取代打骂的教育方式。

第一,从多方面了解孩子。多一分了解,就少一分误解。父母一定要抽时间常与孩子、孩子的老师多多沟通,尽量对孩子在家庭和学校中的表现有一个全面的把握。这样一旦孩子真有不当行为的时候,父母心里也能明白应该如何去管教孩子。

第二,冷静,冷静,再冷静。在面对不听管教的孩子时,如果是脾气暴躁的父母,通常最直接的反应就是打骂。其实,此时父母应该先让自己冷静下来,尝试着走入孩子的内心,耐心地询问孩子如此行为的真正原因。当父母把心思放在了解孩子的想法,并想办法帮孩子解决问题上时,也许就会发现孩子的行为其实是情有可原的,同时也会释放掉自身的很多负面的情绪,因而也会避免打骂孩子了。

第三,调整对孩子的期望。父母的望子成龙、望女成凤之心可以理解,但是,有些父母常常拿自己都达不到的标准来要求孩子。所以当孩子由于种种因素,某些方面不能达到父母的期望时,许多亲子之间的矛盾和冲突就不可避免地发生了,打骂仅是一种感情发泄,对改变孩子的现状无济于事。与其如此徒劳无效,不如降低对孩子的期望,让孩子在没有压力的状态下选择前进的道路。如果父母真的要对孩子有所要求,也一定要考虑孩子的成长状况,不要总是拿"放大镜"去看待孩子的表现。

第四,放下父母的架子,尊重孩子。有些父母总喜欢在孩子面前保持威严,习惯用以上对下的态度来对待孩子。对此教育专家建议,父母对孩子要真正地放下父母的架子,从内心里尊重孩子,将孩子当做成人一样给予尊重。

第五,盛怒时不管教孩子。在极度愤怒的情况下,父母肯定无法以理性的方式来管教孩子。所以,当父母无法平静下来的时候,要暂时离开孩子所处的环境现场,或是转移自己的注意力去做别的事,等自己平静下来以后,再来管教孩子。

天下没有哪一个父母不盼望自己的孩子成功的,但无数事例证明,没有一个孩子是在父母的打骂中成才的。棍棒威吓可能会起作用,但只是暂时的,不会持久的。而且,打骂孩子是对孩子正当权利的侵犯。其实,不打骂孩子一样可以教出优秀的孩子,每个父母都应该牢记这个教育理念,把孩子当朋友,这是家庭教育中的重要原则。

列奥纳多·达·芬奇

——不要让孩子的天赋被埋没

　　列奥纳多·达·芬奇(1452~1519),文艺复兴时期意大利的科学家、发明家、解剖学家、画家、雕刻家。14岁时跟随委罗基奥学画画。20岁时因为杰出的绘画才能被佛罗伦萨的画家行会吸收为会员。1495年开始创作《最后的晚餐》,1498年完成。1503年开始创作《蒙娜丽莎》,1507年完成。1516年,法国国王邀请他去法国,此后一直待在法国,直到1519年去世。他遗留下约5000页未出版的手稿,也留下了许多绘画巨作,除《最后的晚餐》、《蒙娜丽莎》外,还有《安吉里亚之战》、《岩间圣母》、《施洗老圣约翰》、《圣母和圣安娜》、《自画像》等。

　　1452年4月15日,达·芬奇出生在意大利佛罗伦萨附近的芬奇镇安齐亚罗村。父亲是一名公证人,名叫比埃罗。母亲卡特里娜出身贫苦家庭,在镇上一个小酒馆做侍女。达·芬奇出生时,他的父母并没有结婚,因而他是一个私生子。私生子在当时为社会所不容,这对达·芬奇的心理造成了很坏的影响。因为是私生子,所以他没有姓,他的名字全称是"列奥纳多·第·瑟尔·比埃罗·达·芬奇",在意大利语里意思是"芬奇镇的比埃罗的儿子列奥纳多",而"达·芬奇"的意思是"芬奇镇的"。

　　尽管没有正式合法的姓,父亲还是把达·芬奇带回家来抚养。从5岁开始,达·芬奇便和祖父母、叔叔们住在一起。他的父亲后来娶了一个妻子,她很爱达·芬奇,但是没有多久就去世了,因此,达·芬奇童年时并没有享受到多少母爱。

　　达·芬奇没有好的出身,实际上成长于一个单亲家庭。而更糟糕的是,他的父亲没有意识到这些,似乎不怎么关心达·芬奇的心理问题,这对孩子未来的成长造成了恶劣影响。达·芬奇一生都笼罩在私生子的阴影之下,长大后变得性格孤僻,不喜欢与人交往。

　　比埃罗希望达·芬奇继承自己的事业,也做一个公证人。有一天,他问达·芬奇:"你喜不喜欢爸爸的工作?"达·芬奇正在逗弄手里的一只小青蛙,随口答道:

"不喜欢。"达·芬奇心不在焉的样子惹火了比埃罗。他生气地一把抓过青蛙,扔在地上。达·芬奇愣了一下,但他马上反应过来,敏捷地弯下腰,把青蛙捡了起来。比埃罗生气地看着儿子,却拿他没办法。

比埃罗不知道,自己的儿子更喜欢大自然的景色。小达·芬奇经常独自一人坐在草丛中,用心地观看五彩缤纷的花草树木。他还喜欢钻山洞,每次站在洞口,小达·芬奇的心里就会激烈斗争。强烈的好奇心驱使他进去看看里面有什么东西,但是内心的恐惧又让他退却。他觉得那黑漆漆的洞里一定会有个妖怪。最后,还是好奇心战胜了恐惧,他一次又一次地钻进洞里,获得了数不清的乐趣。他每次探险回来,身上总是弄得脏乎乎的,还总要捉几只小动物带回家里,仔细地观看,并且按照小动物的样子进行描绘。刚开始画得不伦不类,但是画得多了熟练后,他居然能把那些动物和花草画得惟妙惟肖。他的名气也随之在镇上越来越大,人们都称他为小画家,唯独他的父亲不知道。

有一天,一位女邻居拿了一块圆形木板来到达·芬奇家,对比埃罗说:"请你家的天才小画家在上面画些东西。"比埃罗很吃惊,不明白自己家里怎么会有一个"天才小画家",不过邻居要帮忙,当然不好拒绝了,于是就答应了,却忘了问要在上面画什么。

晚上,贪玩的达·芬奇又是一身泥土从外面回来,父亲对他说:"白天来了一位姐姐,请你在这块木板上画一幅画。"说着递给他一块圆形的木板。达·芬奇接过木板,琢磨着在上面画个什么好。他想起前两天在山上捉到一条蛇,于是在木板上画了一条吐着火焰的蛇,看起来非常可怕。

木板画好了,达·芬奇心里又起了鬼点子,想用这幅画来吓吓父亲。于是,他精心设计了一个场景。在自己的小房间里,把窗帘全都拉上,里面漆黑一片,只有一束光照在那块木板上。然后他去告诉父亲,说画画好了,让父亲来看。比埃罗走进儿子的房间,里面黑黑的,什么也看不清。他正在纳闷时,忽然看见一束光,顺着光看过去,只见一条吐着火焰的蛇正朝他爬过来。比埃罗吓得大叫一声,想转身跑出去,却听见有人哈哈大笑。达·芬奇大笑着从窗子边走来。比埃罗气坏了,追着要打儿子,达·芬奇早就跑出去了。这时,比埃罗才意识到,原来儿子真的是个"天才小画家"。

比埃罗把这块木板卖给了佛罗伦萨的一个画商,另外买了一块画着心形图案的木板送给那位邻居。这件事使比埃罗决定放弃让达·芬奇当公证人的想法,决定给儿子找个好老师,教他画画。既然孩子有这么好的绘画天分,不能再用自己的狭隘思维去禁锢孩子的潜力。

请真诚地回答以下问题：

1. 除了衣食住行，你观察过孩子喜欢做什么，喜欢玩什么吗？
2. 与同龄孩子对比一下，你的孩子在音乐、绘画、跳舞等方面，有没有优势？

孩子的天赋就像天上的彩虹：没有人知道从哪里开始，到哪里终止。它无时无刻不在等待着人们去发现，也无时无刻不在放出它的光彩。

一个偶然的机会，让达·芬奇的绘画天分崭露头角。作为父亲，比埃罗起初并没有真正关心儿子的一举一动，否则就不会因为别人的"举荐"才发现孩子的绘画天分。父母不能只关心孩子的衣食住行等事情，还要注意观察孩子，看看孩子平常都关心什么，喜欢做什么，喜欢玩什么，有没有显露出某些方面的天分来。一旦发现了，就应当大力支持和培养，使孩子的天赋不至于埋没。

其实，孩子的天赋是以各种形式出现的，每个孩子都有不同的个性、情绪、才能、想法和创造力，以下这些信息有助于你鉴别孩子的个人天赋。

第一，音乐天赋。具有音乐天赋的孩子会对各种物体的发音如钟摆声、洗衣机声、摇铃声等很感兴趣，听到音乐会马上进入安静状态。发音比同龄孩子较早，手指较长，特别是食指和无名指。

百日之内基本上能发出简单的 a、i、e、u、o 5 个元音字母；周岁左右能全神贯注地聆听乐曲，并能对欢乐、悲哀等曲调做出反应；3 岁以内基本上能辨别高音、中音、低音音域并能唱歌和自行弹奏乐曲，具有非常强的音乐模仿能力、说唱能力和辨音能力。

第二，跳舞或体育天赋。父母要观察孩子是否表现出活泼、好动、反应敏捷等特征，有舞蹈天赋的孩子在力量表现、技巧性、柔韧性、灵活性方面比同龄孩子强，并具有很强的模仿性和掌握舞蹈技艺的能力，对音乐乐感和节奏感的掌握较快。具有舞蹈天赋的孩子对电视、电影当中舞蹈节目具有浓郁的兴趣，很容易受到感染，闻曲起舞，能够即兴表演，舞蹈语汇丰富。

第三，美术天赋。细心的父母要观察孩子是否能长时间凝神注视和观察不同色彩的物体(玩具)，有美术天赋的孩子不仅能分辨出三原色红、黄、蓝，复色(紫、绿等)，而且具有很强的观察能力和模仿力，有的孩子还能创作出形象逼真、耐人寻味、妙趣横生的绘画作品来。

个体能力的表现特征几乎无法穷尽，家长不能把这些特征生硬地套到孩子的身上。每个孩子都可能具有多种天赋，有些在这方面被发现，而有些则在另一方面被发现。这些特征可以任意组合。因此，家长要根据孩子的具体情况，细心观察孩子与众不同的地方。

弗朗兹·李斯特

——健康的身体是孩子成功的载体

弗朗兹·李斯特(1811~1886),19世纪匈牙利著名的作曲家、钢琴家、指挥家和音乐活动家,浪漫主义音乐的主要代表人物之一。他从小就具有音乐天赋,演奏遍及欧洲各国,精湛的演奏技巧让他成为"钢琴之王"。李斯特的作品充分挖掘了钢琴的音响功能,对键盘音乐的发展作出了重大的贡献,在他的后期作品中最早使用了20世纪才普遍采用的和声语言。他的主要作品有《浮士德交响曲》、《但丁交响曲》、十三首交响诗和两首钢琴协奏曲等。

李斯特的童年是在艰难困苦中度过的。他的父亲最初干的是最低下、最粗笨的体力活,后来又当了某公爵家中管理羊圈的人。

靠父亲的微薄收入,全家过着仅能果腹的生活。他们家只有一间不大的、低矮的住房、一个厨房和过道,就连这所房子也不属于他家,而是那位公爵的财产。屋里只有一张普通的床,一个小桌子放在屋里唯一狭小的木格窗前,一条粗笨的长凳,几把椅子和一些生活用品;后来家里又添了一台斯频耐琴(一种长方形的羽管键琴),是一位富商的赠品,小李斯特曾弹了它两年。这些就是他们全部的家当。

也许是贫穷的家境使然,童年的李斯特长得瘦弱多病,先天营养不足。父母没有足够的能力为他补养身体。他们所能够做到的,就是经常带着孩子走出家门,去乡间呼吸新鲜空气,用运动锻炼他的体魄,用大自然的风光启迪他的智慧和心灵。

李斯特坚持不懈地锻炼,体质逐年增强。谁也想象不到,后来的李斯特直到晚年都格外健康,甚至可以说他有铁一般的体格——他几乎不患病,极少感到身体不适,饮食起居不受任何约束。对于他后来的成功,健康的身体绝对是不可忽视的"功臣"。

请真诚地回答以下问题：

1. 孩子热爱运动吗？

2. 对于孩子选择的运动项目，你是否给予支持？

3. 你在平时生活中经常运动吗？

身体是一切的本钱，帮助孩子塑造健康的体魄，让孩子养成锻炼身体的好习惯，是家长的重要任务。

第一，明白孩子为什么不喜欢运动。如果孩子对运动没有兴趣，家长应当找出问题的根源，而不是强迫孩子加入到一个运动中去。孩子不喜欢运动，可能是以下几个原因：认为自己体能不佳或觉得自己与同伴不同。有这种心理的孩子，可能不喜欢参加运动，无论这些差别是真的存在或仅仅是孩子的想象，对孩子的自尊心和身体状况都可能带来影响。害怕失败。有的孩子害怕失败，担心自己失败之后让父母丢脸，这也是一些孩子不愿意参加运动的原因；另一些孩子可能缺乏（或自认为缺乏）在某项运动中取胜的能力，他们也害怕受伤或天生就小心谨慎。这些都是造成孩子不喜欢运动的原因。

第二，为孩子进行体格检查。在开始任何运动或健身计划前，家长应当让孩子接受医生的体格检查。视力或听力有问题或有其他疾病的孩子，进行某些项目的运动是有困难的。如果孩子对某项活动似乎毫无理由地抵制，或者突然对先前喜爱的运动失去兴趣，那么有必要请医生进行检查，看看孩子是否存在健康问题，妨碍了他的兴趣和表现。

第三，持开放心态为孩子选择运动项目。父母应该对孩子所选择的体育项目持开放的心态，要让孩子知道，无论他们选择什么样的活动，总会得到家长的支持。如果他选择起来有困难或固执己见，家长对孩子也应该很耐心，也许要经过好几次尝试，孩子才知道什么样的运动适合自己。

第四，清楚哪些活动能让孩子保持健康。以下活动对孩子来说都是有益的：骑自行车、游泳、跳舞、滑冰、跑步、滑板以及武术等。这些活动有助于树立孩子的自信心，增强力量，保持协调和身体健康。

第五，做孩子的好榜样。自己不爱运动的父母很难激发孩子进行锻炼。尽量使运动成为自己生活的一部分，寻找一些适合全家一起进行的活动，比如游泳、骑自行车、网球甚至散步等，做孩子的好榜样。

彼得·伊里奇·柴可夫斯基

——启蒙教育对孩子很重要

 彼得·伊里奇·柴可夫斯基（1840～1893），伟大的俄罗斯浪漫乐派作曲家，也是俄罗斯民族乐派的代表人物。他几乎是全世界最受欢迎的"古典"作曲家，他在作品中流淌出的情感时而热情奔放，时而细腻婉转。他的音乐具有强烈的感染力，充满激情，乐章抒情又华丽，并带有强烈的管弦乐风格，直接和间接地影响了很多后来者。他的作品繁多，体裁广泛，被称为"俄罗斯之魂"。其代表作包括歌剧《黑桃皇后》、舞剧《天鹅湖》、《睡美人》、《胡桃夹子》等。

 1840年，柴可夫斯基出生在俄国沃金斯克，那是一个金属工业城。他的父亲在矿区任工程师，母亲则是一个普通的家庭主妇，家里没有一个人拥有艺术的才能。但是，他的父母都很喜欢音乐。

 每天，父亲去上班以后，母亲就在家照看摇篮里的柴可夫斯基。母亲是一个温和、体贴、美丽又有教养的女人。当儿子大声哭闹时，母亲就一面哼着乡土味十足的俄罗斯民歌，一面轻轻地拍打着他的小屁股。很多时候，还是婴儿的柴可夫斯基就在母亲哼着的这些有着和谐节奏的"乐曲"中安然入睡，进入甜美的梦乡。

 傍晚，小柴可夫斯基从梦中醒过来后，在摇篮里一边玩着小玩具，一边听着外面"的笃、的笃"的马蹄声由远而近，那是他的父亲下班回家了。久而久之，每当他听到"的笃、的笃"的马蹄声时，他就会随着那马蹄声挥动着胖嘟嘟的小手臂，仿佛是在欢迎父亲回家。

 他的父亲一回到家中，第一件事情就是把摇篮里的儿子抱起来，放在双腿上，一面嘴里发出模拟马蹄的声音，一面轮流交换起左、右腿，抱着儿子东摇西晃，上下颤动，对小小的婴儿来说，这真是一种美妙的节奏。这些小小的音乐游戏与母亲的催眠歌一起，使柴可夫斯基从小与音乐结下了不解之缘。

 柴可夫斯基5岁生日时，父亲送给他一件礼物——八音盒。这是一个方盒子，父亲将盒子上满发条，立时响起了一阵悦耳的音乐声。柴可夫斯基高兴得跟着音乐跳起来。一个曲子完了，又接着响起了悠扬动听的琴声。优美的曲子迷住了小柴可夫斯基，他聚精会神地听着。最后，他问父亲："爸爸，这是小仙人唱的吗？真好听啊。"

父亲说："这是莫扎特叔叔写的曲子，你长大了就会知道的。"

从此，八音盒成了他的好朋友，他反复地听莫扎特的曲子，以至于一生都崇敬莫扎特，热爱莫扎特的音乐。

柴可夫斯基从小在父母那里受到的音乐熏陶，使得他有了一双音乐的耳朵。他少年时期，常到父亲工作的矿山附近的一所东正教堂玩耍，最爱听节奏分明的赞美诗歌曲，从中吸取了不少音乐养分。有一次，他的父母发现他能够把家乡圣彼得堡音乐会上听来的旋律用钢琴弹出来，感到非常惊讶，于是他们决定送柴可夫斯基去上正式音乐课程。由于他有过人的听力，自然使他在音乐造诣上有所成就。1863 年，柴可夫斯基放弃了主修的法律，全力攻读音乐，在音乐世界中寻找乐趣与满足。

 育子智慧

> **请真诚地回答以下问题：**
> 1. 你是否明白启蒙教育对孩子的重要性？
> 2. 你知道启蒙教育要完成哪些"任务"吗？
> 3. 你认为启蒙教育的原则有哪些？

柴可夫斯基的父母并非有意培养孩子成为音乐家，但他们在唱催眠曲和逗孩子乐的过程里，无意之中培养了孩子敏锐的节奏感，形成了柴可夫斯基最初的音乐记忆。从他后来取得的成就来看，这种"无意"恰恰对孩子进行了可贵的启蒙教育。

柴可夫斯基的那双音乐耳朵是父母送的——是母亲的催眠曲送的，是父亲的"八音盆"送的，是"的笃"、"的笃"的马蹄声送的。那么，作家的笔是谁送的呢？科学家的智慧是谁送的呢？歌唱家的嗓子又是谁送的呢？如果没有父母对孩子的早期智力开发和知识熏陶，孩子的大脑永远是一张白纸。对孩子进行启蒙教育正是父母的责任之所在！

第一，启蒙教育要完成的任务。让孩子养成良好的学习习惯、生活自理能力、具备坚韧的品质和良好的心理承受力，是启蒙教育要完成的任务。而学习有限的几个字、几道题、几个单词，不但不能让孩子学到更多的知识，还很可能影响孩子的学习兴趣,这是得不偿失的。孩子不是不需要学习,但要讲究科学的方法。只注重知识积累,而不注意兴趣开发和能力培养,只注重技能技巧的训练而忽视幼儿的全面发展,只重视短期成效而忽视幼儿的终身发展,都是好的启蒙教育应该避免的。

第二,抓住敏感期进行启蒙教育。0~6岁是儿童发育最快的时间段,是接受知识的敏感期,对孩子的一生发展至关重要。健全的人格、扎实的身体基础、良好的性格行为习惯主要是在这个时期形成。因此,家长要抓住这个敏感期,尽早对孩子进行启蒙教育。

第三,启蒙教育的四项原则。好的启蒙教育需遵循以下原则:一,遵循大脑发育规律;二,循序渐进;三,因材施教;四,避免过度教育。只有遵循了这几项原则,才是真正成功、科学的启蒙教育。

第四,不要忽视游戏、故事对儿童成长的重要性。做游戏和讲故事是最生动有效的启蒙教育形式,有利于孩子智力的发展。因为游戏的活动性、创造性、知识性和角色性,可以促进孩子动作技能、语言的发展,可以发挥孩子的创造力,促进思维能力及想象力的发展,在讲故事、听故事的过程中,孩子的表达力、注意力、思维力及想象力无形中就得到了提高。所以在对孩子的启蒙教育过程中,不要忽视讲故事、做游戏这两种很好的方式。

伊莎多拉·邓肯

——事事听话的孩子不会有大发展

伊莎多拉·邓肯(1877～1927),现代舞创始人,美国著名舞蹈家,她是把解释性的舞蹈提高到创造性艺术地位的先驱者之一。邓肯凭其对舞蹈的意念,对原创性与自由的追求,结合后来女性主义者强调的"个人情感表达",创造了无与伦比的优雅舞蹈,并找到了人体与音乐的最佳结合形式,成为了"现代舞之母"。

当邓肯还在襁褓之中时,她的父母就离了婚,由当音乐家的母亲抚养着。母亲带着四个孩子独自闯荡,家里很穷,雇不起佣人,也不能给孩子请家庭教师,因此,邓肯从小就过着无拘无束的生活,养成了她"事事不听话"的性格。

邓肯5岁时,母亲为她虚报了年龄,让她进了公立学校。她的这种不听话的性格在小时候就显露出来。有一次,在学校的圣诞节联欢会上,老师向孩子们分发糖果和蛋糕,说:"孩子们,你们瞧,圣诞老人给你们带来了什么啊?"

邓肯立即站了起来,一本正经地说:"您说的话我不相信,根本就没有什么圣诞老人。"

老师十分生气,说:"糖果只发给相信有圣诞老人的孩子。"

小邓肯毫不示弱地说:"那我不要您的糖果。"

老师听了大发脾气,罚她去站墙角。小邓肯仍然回过头大声嚷嚷:"就是没有圣诞老人!"最后,老师只好打发她回家了。

邓肯回到家后将在学校的情况一五一十地告诉了母亲,而这位母亲却微笑着回答说:"没有圣诞老人,也没有上帝,只有你自己的灵魂和精神才能帮助你。"这件事在邓肯幼小的心灵上留下了深刻的印象,母亲的开明让她"不听话"的劲儿有增无减。

邓肯小时候就喜欢舞蹈,大约6岁时,有一天母亲回家发现她召集了六七个孩子,他们坐在地板上,邓肯正在教他们挥动手臂,母亲问她在干什么,小邓肯说这是她办的舞蹈学校。母亲觉得很有趣,就坐在钢琴前面为她弹奏乐曲。这个"学校"

继续办了下去，而且大受欢迎，邻近的孩子们都来了。他们的父母给一点钱，让邓肯教他们。

到了邓肯10岁的时候，来学跳舞的小朋友越来越多了，她对母亲说，"我已经会挣钱了，这比上学重要得多，上学只会浪费时间！"

面对邓肯这样离经叛道的举动，母亲却没有反对，因为她知道，孩子喜欢的是舞蹈，不是学校，依邓肯的性格，如果有一天她发现自己需要补充知识，自然会愿意再去校园的。所以，她没有苦口婆心地劝阻邓肯听自己的话去上学，而是笑着赞成邓肯开办自己的"舞蹈学校"。

这时旧金山许多有钱人家都请邓肯去教舞蹈了，邓肯作为舞蹈教师的名声传开了，她称自己的舞蹈为新的舞蹈体系——其实并不存在什么体系，只是随着幻想即兴表演，脑子里想出什么好点子就教什么。

每天晚上，母亲就为他们弹琴，邓肯就即兴表演舞蹈。这期间，有一位可爱的老太太是邓肯母亲的朋友，她对邓肯说："你使我想起了芒妮·艾斯勒，你一定能成为芒尼·艾斯勒第二。"

芒妮·艾斯勒是意大利著名芭蕾舞演员，曾在欧洲各大城市演出，颇受欢迎。这些话激发了邓肯的雄心壮志。这位老太太让邓肯的母亲将女儿送到旧金山一个著名的芭蕾舞教师那里去。但是，邓肯却不喜欢这位教师的课，当芭蕾舞教师让邓肯用脚尖站立起来的时候，她问老师："这是为什么？"

老师回答："因为这样美。"

邓肯却认为很丑，而且违反自然。因此，上完三堂课以后，邓肯就再也不去了，她认为自己追求的是一种与此不同的舞蹈。

头也不回地离开了芭蕾舞教师的邓肯成为了其他学员家长的"反面教材"，他们对自己的孩子说："千万别学邓肯，她不会有什么大出息的，你要乖乖听话，好好学！"

但是，后来的事实告诉人们，不听话的孩子也能有大发展！当邓肯成名以后，她回忆到这段情况时说："我相信，不论孩子将来要干什么事业，应当从小做起，大多数父母给予孩子的那些所谓的'听话教育'，只是迫使子女陷于平庸，剥夺他们创造美好事物的机会。"因此，邓肯对母亲非常尊敬和崇拜，为有一位这样的母亲而骄傲。

请真诚地回答以下问题：

1. 你有没有对孩子说过："你要乖乖听话，去……"？

2. 孩子不听话的时候，你有没有微笑着和他沟通？

3. 你是否觉得孩子很幼稚，没有能力判断自己的喜好？

我国伟大的文学家、思想家鲁迅先生，于70多年前在《南腔北调集·上海儿童》一文中对家庭教育问题作了如下精彩的描述和剖析：

"中国中流的家庭，教孩子大抵只有两种方法。其一是任其跋扈，一点儿也不管，骂人固可，打人亦无不可，在门内或门前是暴主，是霸王，但到外面，便如失了网的蜘蛛一般，立刻毫无能力；其二是终日给以教训，使其仿佛一个奴才，一个傀儡，然而父母却美其名曰'听话'，自以为是教育的成功，待到放他到外面来，则如暂出牢笼的小禽，他决不会飞鸣，也不会跳跃。"

从鲁迅先生犀利的笔锋中，我们可以看到，在传统的"中式教育"里成长起来的"事事听话"的孩子，有大发展的可能性较小。这样的孩子不仅容易变得唯唯诺诺，没有独立意识和主见，有的还会引发自闭症。所以，从现代教育的眼光看，应当重新审视这种使用频率最高的家庭语言。

这时再回过头来看邓肯的母亲，她无疑是伟大的，因为她能"纵容"孩子的不听话，接受自己的孩子有着那些被人们视为不正常的言谈举止和思想，鼓励孩子去追求自己的梦想，在孩子遇到问题时微笑着与他沟通，从不恶言相向，逼迫孩子朝自己认为正确的方向走。事实上，天才的将来也许就孕育在被人视为"离经叛道"的不听话中。对比一下邓肯的母亲，认真想想开头提出的三个问题吧，你是不是发现了自己的不足？现在开始改变还来得及！

巴勃罗·鲁伊斯·毕加索

——支持孩子做他喜欢的事情

巴勃罗·鲁伊斯·毕加索(1881～1973),西班牙著名画家,现代派绘画的主要代表人物。他自幼受父亲熏陶喜爱绘画,从8岁起就开始作画,此后从未停止过对艺术的追求,并不断改变画风,留下众多作品。他一生创作油画1800多幅,素描7万多件,还有众多版画、雕塑和陶瓷制品等,其中《亚威农少女》、《格尔尼卡》、《和平鸽》等作品已成为传世之作。他的作品对现代西方艺术有着极大的影响,享有很高的声誉,被誉为"人类艺术史上罕见的天才"。

1881年10月25日,一个男婴在西班牙南部港口城市马拉加的一个画家家中呱呱落地,他就是毕加索。

一岁以前,这棵稚嫩的幼苗就显露出少有的绘画天赋。他牙牙学语的第一个字就是"北"(音近,意为"铅笔"),他喊着"北,北",父亲堂·何塞便对他的母亲玛丽亚说:"给他笔和纸,看他做什么。"

手里握着笔,小毕加索就开始专心地画呀画呀。父母见状,露出了开心的笑容。堂·何塞决心培养儿子学习绘画。

堂·何塞本人是一所学校的美术教师,兼任市立博物馆的馆长。上课之余,他还要到博物馆去工作,于是经常把小毕加索也带到博物馆,让他感受那里的艺术气息。

堂·何塞在博物馆里有个画室,小毕加索在那儿常常一待就是大半天。他时常站在父亲身旁高高的椅子上,用那双闪亮的眼睛惊奇地看着父亲作画,这一切让他着迷,给他留下了深深的印象。

结合自身的天赋和父亲的刻意培养,小毕加索迷上了绘画,并渐渐能够以自己的理解把周围的事物表现出来。7岁时,他就在寓所的墙壁上创作了一幅水彩画:一只傲立庭院的公鸡。在大家眼里,小毕加索俨然是一位小画家。

然而,谁也没想到,这样一位天才小画家上学之后,却遭遇了前所未有的不顺利。上课对于毕加索来讲;简直就是折磨。他无法集中精力听讲,也回答不出老师的提问,经常受到同学的嘲笑。老师也认为这孩子智力低下,根本没法教。

尽管如此,父亲的信念并没有动摇,只有他真正理解和赏识自己的孩子,他坚信儿子在绘画上是极有天赋的。堂·何塞想:既然儿子不喜欢文法、数学等课程,那就让他去干自己喜欢的事吧。

不久之后,他把毕加索送到当地最有名的美术学校学习,他还在课余时间亲自担任儿子的教师。这样,毕加索在学校和家里同时受到严格的绘画训练。

堂·何塞发现,儿子在绘画方面具有惊人的悟性和耐力,他可以一连几个小时不放下炭笔。12岁时,毕加索的作品在一家周刊上发表,从此一鸣惊人。

崭露头角的毕加索渴望到更广阔的天地里去学习、创作。在父亲的支持下,他第一次离家远行,前往全国最有名的美术学府——马德里圣斐尔南多美术学院深造。随后,他又来到西欧的艺术中心——巴黎,在那儿开始了艺术创作之路,并最终成为一位现代绘画大师。

 育子智慧

请真诚地回答以下问题:

1. 你的孩子对什么最着迷?

2. 你能够支持孩子做他喜欢的事情吗?

3. 你是不是孩子想干什么就让他干什么?

在教育孩子的过程中,很多家长会发现孩子经常执著地去做他们感兴趣的事情,那么,在这种情况下,你是支持还是反对?大教育家苏霍姆林斯基说过,作为一个成年人,也会被某种有趣的东西所迷住,也很难摆脱那件使人着迷的和得到满足的事。所以,当孩子对某样事物非常着迷的时候,支持孩子做他喜欢的事,是父母对孩子的一种责任,也是一种尊重,是非常重要的一种教育方法。

第一,尽可能支持孩子做他感兴趣的事情。在孩子成长的每一步路上,他们面前随时都可能展现出来某种新奇的、未知的东西,这东西使他着迷,占据了他的全部身心,他不仅顾不得想别的事,就连时间的流逝也感觉不到了。当孩子在做他感兴趣的事情时,他觉得是那么美妙,那么快乐。家长要做的,就是不要违背孩子的天性,多给孩子自由支配的时间,尽可能支持孩子做他喜欢的事情。

第二,支持孩子的兴趣,并不是指孩子想干什么就干什么。在不影响孩子正常学习的前提下,家长可以尽可能让孩子做一些让自己有趣的、感到神奇的事情。也就是说,要在老师和家长的正确引导下,让孩子做一些与学习、技能、健康有益的,同时是他们感兴趣的事情,并不是孩子想干什么就干什么。

第三,帮助孩子寻找自己想做的事情。支持孩子做自己最喜欢的事,前提是要让孩子有好的爱好,最好的爱好来自内心的喜欢。无论哪一种爱好,如果它没有触动孩子的心灵,都不会带来益处。作为家长要做最伟大的工作就是让自己的孩子有一个好的爱好。如何帮助孩子寻找自己想做的事情呢?家长要多带领孩子去接近生活,感受生活,在某一个学科知识的汲取中,在某一项技能的熟练中,让孩子体验神奇、感受快乐。

王献之

——赶走孩子心中的骄傲情绪

王献之（344～386），字子敬，祖籍山东临沂，生于会稽（今浙江绍兴）。东晋著名书法家、诗人，王羲之第七子，与其父并称为"二王"。官至中书令，为与后世书法家王珉区分，人称王大令。王献之自小跟随父亲练习书法，胸有大志，后期别为一体。他以行书和草书闻名，但是楷书和隶书亦有深厚功底。由于唐太宗并不十分欣赏其作品，使得他的作品未像其父作品那样有大量留存，传世名作有《洛神赋十三行》，又称"玉版十三行"。

王献之是王羲之的第七个儿子，自幼聪明好学，从七八岁起就开始跟随父亲学习书法。

为了锻炼儿子的臂力和腕力，王羲之经常让儿子爬山，舞剑，然后再练习书法。一天，王献之正在写字，王羲之偷偷走到他的身后，猛然去夺他手中的毛笔。结果，王献之手中的笔竟然纹丝未动。王羲之高兴地称赞道："此儿后当复有大名。"

王献之的书法日益长进，渐渐有些名气了，赞叹声不绝于耳，他开始产生了骄傲情绪。

一天，献之问母亲："我的字只要再练一年就行了吧？"

母亲摇摇头。

"三年总行了吧？"

母亲又摇摇头。

"那您说到底要多长时间？"献之有点急了。

"你还是先把院里这18缸水写完了吧。这样你的字才会筋骨具备，血肉丰满，才能站得直立得稳。"献之一回头，原来是父亲站在他的背后。

王献之有点不服气，便又刻苦练了5年。他把一大堆写好的字给父亲看，满以为会得到赞扬。谁知王羲之一边翻看，一边摇头，直到翻到一个"大"字，脸上才露出了满意的表情，并随手在这个"大"字下面填了一点，然后把字稿全部还给了儿子。

王献之心中很不服气，便把全部字稿又拿给母亲看，说道："我完全按照父亲的字样又练了5年。您仔细看看，我的字和父亲的还有什么不同？"母亲一张张认真地查看着，最后指着一个"太"字下面的点儿，说："吾儿磨尽三缸水，惟有一点似羲之。"而那一点儿正好是王羲之加在那个"大"字上的。

这下子，王献之彻底服气了。他泄气地说："那我到底什么时候才能赶得上父亲呢？"

母亲看他的骄傲之气已经被消磨掉了，便鼓励他说："孩子，只要工夫深，在这世上就没有过不去的河、翻不过的山。你只要像这几年一样坚持不懈地练下去，就一定会赶上你父亲的！"

经过这次的事，王献之不再骄傲自满，并找到了与父亲的差距，练字更加刻苦了。功夫不负有心人，多年之后，王献之的书法突飞猛进，终成一位大书法家。

 育子智慧

> **请真诚地回答以下问题：**
>
> 1. 你平时在生活中是不是一个容易骄傲的人？
>
> 2. 孩子在取得某些成绩的时候，你是不是一味地夸奖？
>
> 3. 如果发现孩子有些骄傲，你思考过该怎么办吗？

在现代家庭中，由于受到特殊的家庭环境的影响，独生子女非常容易产生骄傲自大的情绪，这对一个孩子来讲是十分不利的。这些骄傲的孩子自然有着他们所骄傲之优点，然而正是骄傲，使得他们把自己独锁在"骄傲王国"，变得狭隘、自私，他们自己却全然不知。

那么，当孩子出现骄傲情绪时，家长应该怎么办呢？

第一，耐心教导，让孩子正确评价自己。孩子出现自负情绪往往是过高地估计了自己，认为自己比谁都强，只看到自己的长处，看不到自己的短处，拿自己的长处比他人的短处。因此，他们往往狂妄自大，大都以"自我为中心"，想干什么就干什么，不会设身处地地替别人着想。家长应耐心地教导孩子，让孩子学会正确地评价自己，既认识到自己的优点，又看到自己的不足。

第二，表扬时感情流露要"浓淡"适度。有些家长望子成龙心切，孩子稍微有点进步就欣喜若狂，赞不绝口，久而久之，必然助长孩子的骄傲情绪。正确的做法是：在表扬孩子时，高度重视感情的作用，尽量做到"浓淡"适度。有时对孩子轻轻的一个微笑,也会起到许多赞美之词难以起到的作用。并且,家长应尽量少在外人面前夸奖孩子,因为小孩子的自我评价能力还很差,看到那么多人肯定自己,会产生错误的认识,认为自己真的多么优秀,从而产生骄傲情绪。

第三,奖励孩子时以精神鼓励为主,物质奖励为辅。其实,一般情况下,孩子只要能得到口头表扬,心理上就会得到满足。过多的物质奖励,有时会强化孩子产生沾沾自喜、高傲自大、忘乎所以甚至不思进取的心态,要防止他们被夸奖声和赞许的目光所包围,或获得过多的物质奖励而产生畸形的满足感,懒于进取和努力。家长要注意不能给孩子过多的物质奖励,让他们明白好条件是爸爸妈妈创造的,他其实和其他同学一样,没有什么特别的地方。

第四,以身作则,为孩子树立榜样。榜样的力量是无穷的,家长是孩子的第一任教师,是孩子效仿的最直接的榜样,爸爸妈妈对孩子的示范作用是巨大的。爸爸妈妈应该成为孩子高尚人格的榜样,要谦虚友善,不要在孩子面前表现出骄傲情绪,以免孩子受到不良影响。

齐白石

——培养有尊严、有骨气的孩子

齐白石(1864~1957),湖南省湘潭人,我国20世纪著名画家和书法篆刻家。曾任北京国立艺专教授、中央美术学院名誉教授、北京画院名誉院长、中国美术家协会主席等职。曾被授予"中国人民艺术家"的称号,荣获世界和平理事会1955年度国际和平金奖,1963年被世界和平理事会推举为世界文化名人。有《白石诗草》、《白石印草》、《齐白石作品选集》、《齐白石作品集》等作品传世,是近代中国艺坛的奇葩,尤其是他的花鸟草虫画,以及虾蟹画,不仅独步当代,亦可谓前无古人,是唯齐白石始有的绝妙艺术。

一个孩子是不是有尊严,并不取决于家里物质条件的好坏,而在于他生长和教育的环境。

齐白石的父亲齐以德老实寡言,而母亲则刚强豪爽,好为左邻右舍的穷人打抱不平。小时候,齐白石亲眼看到,母亲敢于和地保讲理。每当父亲受到人家无端欺侮的时候,出主意反击的一定是母亲。

齐白石6岁那年,有一天,他们邻村黄茅堆子有位巡检要来。巡检只是芝麻绿豆大的小官,但是,却弄得排场很大。那人坐在轿里,有专人拖着竹板吆喝着开道,在很少见到新鲜事物的乡下,大伙儿都赶着去看热闹。

隔壁的三大娘,来叫齐白石一块走。母亲问他:"你去不去?"

齐白石说:"不去!"

母亲对三大娘说:"你瞧,这孩子挺别扭,不肯去,你就自己走吧!"

齐白石听见母亲说自己别扭,以为一定是自己的话惹她不高兴了。谁知,隔壁三大娘走后,母亲笑着对他说:"好孩子,有骨气! 黄茅堆子哪曾来过好样的官,去看他作甚! 我们凭着一双手吃饭,官不官有什么了不起!"

母亲的这番话给了齐白石很深的影响,齐白石从小就养成了有骨气、有尊严的倔强性格。

抗日战争时期,北平伪警司令、大特务头子宣铁吾过生日,硬要邀请齐白石赴宴作画。齐白石来到宴会上,他环顾了一下满堂宾客,略为思索,铺纸挥洒。转眼之间,一只水墨螃蟹跃然纸上。众人赞不绝口,宣铁吾喜形于色。不料,齐白石笔锋轻轻一挥,在画上题了一行字,"横行到几时",后书"铁吾将军",然后仰头拂袖而去。

一个汉奸求画,齐白石画了一个涂着白鼻子、头戴乌纱帽的不倒翁,还题了一首诗:"乌纱白扇俨然官,不倒原来泥半团,将汝忽然来打破,浑身何处有心肝?"

1937 年,日本侵略军占领了北平。齐白石为了不受敌人利用,坚持闭门不出,并在门口贴出告示,上书:"中外官长要买白石之画者,用代表人可矣,不必亲驾到门,从来官不入民家,官入民家,主人不利,谨此告知,恕不接见。"

齐白石在书画上的成就令人赞叹,他有骨气、有自尊的人格更是后世学习的榜样。

 育子智慧

请真诚地回答以下问题:
1. 你像尊重领导、同事、朋友一样尊重你的孩子吗?
2. 你是否确信孩子是个有自尊心、有责任心的人?
3. 你平时会注意保全孩子的"面子"吗?

有位教育家曾经说过,一个人心灵的世界是靠尊严支撑的,不怕没有钱,就怕没有尊严。父母培养孩子从小要有骨气、有尊严。

第一,尊重孩子。尊重孩子是为人父母的一个基本准则。每位家长都必须明白,在人格上,孩子是和自己平等的主体,他理应受到平等的对待。要想培养起孩子的自尊心,家长首先要做的就是尊重孩子。像尊重领导、同事、朋友一样尊重你的孩子。

第二,信任孩子。要培养孩子的自尊心,家长就必须要信任孩子。当一个人被信任的时候,他道德败坏的可能性就几乎不存在。家长要信任孩子的人格,信任孩子是有自尊心的人、有责任心的人、能够自立的人。假如家长能把自己的那种信任不断地传送给孩子,孩子想要做出与家长希望相反的行为就太难了。

第三,保全孩子的"面子"。培养孩子的自尊心,就要时刻注意保全孩子的"面子"。如果生命初期就没有"面子",孩子的自尊心根本无从树立。"面子"是一个人自尊心外化的表现，要"面子"的深层原因有三层，最外层是虚荣，深一层是自卑，最深层是自尊。孩子在生命早期还没有能力区分清楚这三层意思的区别，他所表现出来的是爱面子，希望在别人面前干干净净。我们许多家长认为孩子小，什么也不懂，没有面子，实际上在孩子还不会说话的时候就已经有"面子"了。所以家长不要在不自觉的情况下伤了孩子的"面子"，伤了孩子的自尊心。

第四，教育孩子尊重他人。尊重他人，是人的基本教养。当一个人不尊重别人时，他自己也无自尊可言。卢梭说："我们对待别人的态度，最初是由别人对我们的态度所决定的。"在这个问题上，家长必须以身作则，以亲身示范的方式教育孩子尊重他人。首先，在家庭中，要建立起家庭成员之间彼此亲和、相互尊重的氛围。其次，教育孩子尊重老师、尊重同学。再次，教育孩子尊重所遇到的每个人。当一个孩子逐渐学会了尊重别人时，他自己也就建立起自尊。

徐悲鸿

——大自然是孩子最好的老师

徐悲鸿(1895～1953)，中国现代美术事业的奠基者，杰出的画家和美术教育家，江苏宜兴人。曾留学法国，建国后曾担任中央美术学院院长，中华全国美术工作者协会主席等。擅长油画、中国画，尤精素描，画法融合中西，自成一派。其所创作的奔马，驰誉世界，几乎成了现代中国画的象征和标志。代表作品有油画《田横五百士》，中国画《愚公移山》等。

徐悲鸿的父亲徐达章是当地一位小有名气的画家，对于自己的儿子，徐达章永远是一位严格的老师。无论盛夏，还是严冬，他每天都严格地监督着徐悲鸿读书、写字、作画，即使在农忙季节，也从不松懈。

父亲开始教徐悲鸿画画时，除了教给他一些绘画的技巧，还每天让他临摹一些名家的画作。但父亲更重视让儿子写生，他一再告诫儿子：画是生活的浓缩与再现。要想画好画，必须要以生活为蓝本，多把眼光投向社会与人生。

有一天，父亲回家，看到徐悲鸿正在认真地画画。他先画了花草树木，随后开始画房子。一会儿，房子画好了。他又在上面画了些炊烟，以及一些家畜和家禽。他画完后，看了看，请父亲指导。父亲说："这花草树木画得都很好，这牛羊鸡鸭画得也不错，可是这房子怎么画歪了呢？现实生活中哪有这样的房子，这么危险的房子肯定没人住。"于是他反复教孩子如何画好房子，直到徐悲鸿掌握为止。

为了让徐悲鸿能更广泛、更深入到生活中，获得生活经验，父亲便让他画父母兄弟，邻人乞丐。他经常在茶余饭后带着徐悲鸿沿着家乡的河岸步行，有时候带着他去游览附近的山川河流，让他能够欣赏大自然的壮美，获得灵感。

绚丽多彩的晚霞，形态各异的奇石，疏疏朗朗的青竹都成了徐悲鸿的临摹对象。在一次次的观察和欣赏大自然的过程中，徐悲鸿热烈地爱上了大自然，爱上了自己的故乡，他渴望用自己的画笔把自然之美都画出来。

在父亲的教育下，徐悲鸿终于成为一代大师。

请真诚地回答以下问题：

1. 下雨时，你会带着孩子一起去"嬉雨"吗？

2. 你家里有专门为孩子养的植物和小动物吗？

3. 尽管很累，你是否尽可能地在节假日陪孩子一起郊游呢？

徐达章在教儿子绘画时，特别重视与生活和自然联系起来，因为这样才能画出"活"的画，而不是"死"的画。其实，不仅仅是绘画，其他的艺术或知识，如表演、舞蹈、音乐，以及写作、物理、化学等，都是与生活密切联系的。

家长在教孩子学习时，也应该灌输一些生活的常识，带孩子多多观察、体验生活，到大自然中多走一走，启发孩子，开阔思路。

第一，户外游戏。孩子对大自然的兴趣最初是通过游戏方式来表示和发展的。家长不妨通过户外游戏引导孩子探索大自然的奥秘，体验其中的乐趣。诸如：嬉雨，事先穿好雨鞋，带上雨伞，领孩子去嬉雨，听雨打在伞面、树叶、屋顶上的声响，看雨点落至各处溅起的水花；玩雪，数雪花、滚雪球、堆雪人、打雪仗，还可领孩子滑雪；玩沙土，堆小山、筑城堡、植树……这些户外游戏能充分发挥孩子的想象力，让奇妙的大自然成为孩子天然的课堂。

第二，栽花种草。很多孩子都喜欢植物，喜欢植物的孩子大都具有同情心，个性温和善良。在当今城镇环境污染日益严重的情况下，家长和孩子一起因家制宜地在阳台上种一些花草，既可美化家庭环境，又能增长孩子的知识，起着陶情养性的作用。有条件的家庭还可开辟一块空地，种些向日葵、西红柿、丝瓜、黄瓜等植物。播种时，先让孩子观看种子的形态、颜色，待出芽、长叶之后，引导他们继续观察，给他们讲述植物生长的规律，使他们了解阳光、水、空气对植物生长的作用，逐步培养孩子热爱生存环境的自然观。

第三，饲养小动物。家长可以在家中养蝈蝈、金鱼、小猫、小狗等小动物，让孩子了解各种小动物的生活习性和饲养方法，有助于孩子形成热爱科学的情趣。孩子亲眼见到小动物在自己的照料下成长，他们在体会劳动的愉悦的同时，还能同小动物建立起良好亲善的情感，对小动物的爱恋、珍视之情会与日俱增，这种情感还会迁移到孩子生活的其他方面，促进他们成为情感丰富的人。

第四，郊游休闲。郊游是孩子亲近大自然的又一良方。利用节假日，家长应尽可能地领孩子去郊外踏青、远足、爬山、放风筝、游泳等；还可随时随地教他们认识田野中的五谷杂粮、蔬菜瓜果;教他们欣赏大自然中的秀美风景,进而不断增加他们的审美情趣和环保意识,培养他们热爱自然和热爱祖国的观念。

现代科技不断发展的今天,家长对孩子更应实行"开放"政策,让孩子接受大自然的"呼唤",在接触大自然的过程中不仅能激发孩子的求知欲,还能增强孩子的体魄,并养成热爱自然和保护自然的现代理念。

最成功的育子故事

——企业家篇

约翰·戴维森·洛克菲勒

——诚实是第一品质

约翰·戴维森·洛克菲勒(1839～1937),美国著名的实业家、慈善家。曾做过商行记账员,办过货物经营公司。24 岁时,与他人合资建立大型炼油厂。1870 年,创建俄亥俄美孚石油公司,陆续吞并该地区 20 多家炼油厂,炼油能力从占全美 4% 猛增到 95%,几乎控制了美国全部工业和几条大铁路干线。1882 年,美孚石油公司成为美国历史上第一个托拉斯,两年后成为全世界最大的石油集团企业,洛克菲勒从此成为蜚声海内外的"石油大王"。

1839 年 7 月 8 日,在纽约州哈得逊河畔的一个小镇,洛克菲勒家降生了一个男婴,他就是日后闻名世界的石油大王约翰·戴维森·洛克菲勒。

他的父亲叫威廉·艾立弗·洛克菲勒,人称"大个子比尔",是个游走江湖的卖货郎。他虽然长相憨厚,少言寡语,但却有着与外表不相符的精明。

威廉的妻子爱丽莎·戴维森,是位虔诚而忠实的基督教徒,她的一言一行都极其严格地遵守教规。在约翰·戴维森·洛克菲勒的成长过程中,母亲的影响格外重要。

父亲外出做生意常常一去就是几个月,母亲常年操持家务并教育六个孩子。约翰排行第二,又是长子,他常常跟在母亲身后,帮母亲干活。爱丽莎是个勤快、节俭、朴实的主妇,她对孩子们的家教非常严格。

有一天,爱丽莎发现家里积攒的鸡蛋少了一个,于是把每个孩子叫来分别审问。最后轮到刚从外面回来的约翰。他靠在墙根,眼睛眨巴眨巴,说话支支吾吾。爱丽莎立刻断定,这小家伙一定有问题。

果然,在母亲的逼问下,约翰小心翼翼地说:"我看您每天都把鸡蛋收起来,过些日子后一起卖钱。我也想有一只母鸡,等它长大以后,每天收鸡蛋,把它们攒起来卖钱。"

儿子这个想法让爱丽莎感到很意外,他才 7 岁,就能想到怎么赚钱,看来真是有其父必有其子！在欣赏儿子的商业头脑之余，爱丽莎又有些担心，不管孩子多么聪明、多么有天赋，诚实应该是做人的第一品质！于是她表情凝重地对儿子说："孩子，要赚钱这个想法本身没错，可是你得通过好的方法来实现。你要知道，自家的鸡蛋也不能偷着拿。你没有跟妈妈说就拿走鸡蛋，你知道，这是什么行为吗？"

约翰摇摇头。母亲一脸严肃地说："这跟小偷没什么两样！"

爱丽莎不希望自己的孩子沾染上任何坏习气，这天，约翰受到母亲的惩罚，他得诵读《圣经》两个小时，然后做一个小时的家务。

母亲的教育对约翰的一生影响深远，不但为他日后打下了正直、诚信的人格根基，而且在他日后成为父亲，对下一代的教育也有重要的作用。

 育子智慧

> **请真诚地回答以下问题：**
>
> 　1. 你是一个诚实的人吗？
>
> 　2. 发现孩子没有说实话之后，你是怎样应对的？
>
> 　3. 当孩子改正错误后，你是否及时地给予孩子鼓励？

孩子诚实的品质，父母要从小精心"呵护"，然而，一旦孩子做了不该做的事情，建议父母也要理智面对：

第一，父母要摆正姿态，以身作则。父母自己必须诚实，然后才能教育孩子诚实。在这一点上，身教远胜于言教。不要以为孩子会被某些关于诚实的大道理所蒙蔽，要知道，孩子是最重实际的，在说教与实际不相一致时，他们向来以实际为取舍。

人说孩子的眼睛最真实，如果父母言行不一，表现出种种不诚实，对孩子的诚实教育不仅会完全失效，还会使这种教育本身变得不诚实，最终导致孩子养成不诚实恶习。

第二，杜绝对孩子的严厉惩罚。许多父母认为严厉的惩罚可以制止孩子不诚实的行为，其实不是这样的。严厉的惩罚会让孩子产生强烈的恐惧感，不敢面对事实，不敢面对父母，这样孩子就会产生自我防卫心理，会将不诚实"进行到底"。

因此，父母在发现孩子犯了错误之后千万不可着急、气恼，更不可不问青红皂白就把孩子狠狠地揍一顿。明智的父母会施以恰当的惩罚，如洛克菲勒的母亲罚

洛克菲勒诵读《圣经》两个小时,然后做一个小时的家务,处罚不严厉,但却能够让洛克菲勒记住这个教训。

第三,给孩子改正的机会。只要是孩子就会犯错,家长要给孩子改正的机会,耐心地引导孩子承认错误。当孩子主动承认错误时,父母应该给予鼓励,肯定孩子说实话是好的表现,然后指出错误的危害性,让孩子在鼓励中知错改错。

亨利·福特

——培养孩子的学习兴趣

亨利·福特(1863～1947)，美国汽车工程师与企业家，于1903年创立福特汽车公司，是美国汽车制造工业的奠基人。1908年，福特汽车公司生产出第一辆属于普通百姓的汽车——T型车。1913年，福特汽车公司又开发了世界上第一条生产流水线。这种新的生产方式使汽车成为一种大众产品，它不但革命了工业生产方式，而且对现代社会和文化也产生了巨大的影响。福特将人类社会带入了汽车时代，因此被誉为"为世界装上轮子"的人。

亨利·福特1863年诞生在美国底特律南郊迪尔本镇的一个农民家庭。他的父亲威廉·福特是爱尔兰人，性格刚毅，教子严厉。母亲玛丽·利托戈特·福特是荷兰人，非常勤奋，性格坚强。亨利是他们的第一个孩子。

亨利从小就表现出极其旺盛的精力，而且记忆力很好，但他缺少耐性，又很好动。玛丽很早就对他进行启蒙教育，她希望孩子将来能有出息，所以教育得十分投入。但小亨利生性好动，事情进行得并不那么顺利。

一天，玛丽在教小亨利学写字。她问："前几天教你写自己的名字，你学会了没有？"

"当然学会了。"小亨利心不在焉地说，眼睛却望着桌子上走动的钟表。

"那你写给妈妈看看。"

"好吧。"小亨利很不情愿地拿起笔写了起来。

写完了玛丽拿过来一看，说："又写错了两个字母，你怎么搞的，我都教了你十几遍了，怎么还没有学会写自己的名字呀？正确的写法是这样的。"说完玛丽握着小亨利的手，认真地写了起来。才写了五遍，小亨利就不耐烦地叫起来："好了，妈妈，我会了。我想去外面玩会儿。"话音刚落，小亨利就一溜烟儿地跑了出去。玛丽看着小亨利的背影，无奈地摇摇头。

玛丽对好动的小亨利不爱学习很发愁，专门去一个儿童教育机构进行咨询。

在专家的指导下,玛丽改变了教育方法。

她买来一些图册给小亨利看,告诉他有关月食、日食的形成以及星星、太阳的天文知识,还为他详细讲解有关动植物的生长特点和习性以及身边一些新鲜事物,以此来激发他的学习兴趣。

这一方法果然管用,小亨利渐渐对身边的事物表现出强烈的学习兴趣,常常会问一些稀奇古怪的问题,而且对一些新奇的东西爱不释手,有时还会将它拆开来,搞清楚其中的奥秘。玛丽见了,非但不斥责,相反常常鼓励他说:"你真是个爱动脑的好孩子。"

 育子智慧

请真诚地回答以下问题:

1. 你经常和孩子一起观察他感兴趣的事物吗?

2. 孩子对什么最有兴趣?

3. 当孩子去进步的时候,你有及时地予以夸奖吗?

学习兴趣是学习活动的动力源,孩子年龄小、自制力差,学习中带有很大的盲目性,易受外界干扰。只有当孩子有了强烈的学习兴趣后,才会主动地学习,持久地学习,学习成绩才会提高。然而,每个孩子都贪玩,家长如何像福特的妈妈一样,正确引导孩子,培养孩子的学习兴趣呢? 在这里给家长提供几个帮助孩子提高学习兴趣的方法:

第一,激起孩子的好奇心和求知欲。让孩子对学习感兴趣的最好方法,就是激起孩子的好奇心和求知欲,家长可以经常有意识地引导孩子到大自然中观察日月星辰、山川河流。比如春天可带孩子去观察小树以及其他植物的生长情况;夏天带孩子去游泳、爬山;秋天带他们去观察树叶的变化;冬天又可引导他们去观察人们衣着的变化,看雪花纷飞的景象。家长还可以指导孩子参加一些实践,如让孩子自己收集各种种子、搞发芽的试验、栽种盆花;也可饲养些小动物;等等。这样,孩子通过参加各种活动,可以开阔眼界,丰富感性认识,提高学习兴趣。

第二,找到孩子的兴趣所在,因势利导。例如,孩子一般都爱听故事,不管是父母讲故事,还是广播电台或电视台播放故事,孩子们总是专心致志地听,特别是绘声绘色地讲故事最能吸引他们。当家长讲小人书中的故事时,孩子常常是一边听一边很想认识书上的字,这种主动要求学习的精神是非常可贵的。父母可以利用这一时机因势利导,适当教孩子认认字。孩子听得多了,读得多了,自然而然地掌握了这些字。家长要像这样,找到孩子的兴趣所在,然后因势利导,逐步养成孩子主动学习、主动探索知识的兴趣与习惯。

第三,使孩子获得成功感。兴趣总是和成功连在一起的。要提高孩子的学习兴趣,便要使他尝到成功的滋味。家长要耐心引导,具体帮助,使孩子体验到克服困难获得成功的乐趣。如孩子的数学好但语文差,做功课时,安排他先做数学,然后才做语文。如果程序相反,一开始就碰到了困难,后面的就没心劲了,不但语文做不好,连数学也难取得进步。一旦方法改进了,孩子的学习兴趣就会增强了。

第四,适时夸奖孩子。当孩子取得一点进步、成绩有所提高时,家长要善于表扬,因为孩子的点滴成绩被大家认可时,他们会倍感自豪,更有利于学习兴趣的巩固。家长千万不要吝啬赞美的语言,更不能毫无顾忌地拿孩子与别人攀比,否则孩子会产生反抗心理、自卑心理,总认为自己不如别人,不自觉地放弃进取。

康拉德·希尔顿

——尽早对孩子开展理财教育

康拉德·希尔顿(1887～1979),曾是控制美国经济的十大财阀之一,举世闻名的旅店大王。第一次世界大战期间曾服兵役,并被派到欧洲战场,战后退伍,一度生活无着。后经营旅馆业,第一家以希尔顿命名的旅馆1925年建成于达拉斯。到1943年,希尔顿建成了首家联系东西海岸的酒店连锁集团。随后他的酒店集团跨出美国,向全世界延伸。Hilton Hotel成为世界财贸界巨头,也是国家首脑争相光顾的地方。而希尔顿这个退伍士兵也成为一位举世无双的"旅店帝王"。

希尔顿的父亲奥古斯都·胡威·希尔顿是一个工作狂,他依靠自己的勤奋和智慧将圣安东尼奥这个落后、孤立而混合着西班牙与美国背景的小村落开辟成了一个具有新生命、新纪元的小城。希尔顿的母亲则是一位可爱勇敢的女性。她有坚定的信仰,她教会希尔顿进行祷告,让他那浮躁、痛苦的心灵变得异常冷静、沉着,更能正确地面对现实和人生。就是凭借从祷告中获取的力量,希尔顿克服了一个又一个意想不到的困难,并缔造出庞大的旅馆王国。

童年时代的希尔顿对学校学习并没有多大兴趣,只是在军事培训学校里接受了基本的读、写、算训练。父母也试图让他接受音乐熏陶,但是没有任何结果。父亲给他讲过大量成功励志的故事。通过这些故事,想让孩子明白:事业的成功是建立在勤奋和智慧之上的。父亲的教诲,深深地印在了希尔顿的脑海中。

父亲在希尔顿小的时候,对他进行了经商的实践训练。每年暑假,他都要在父亲的店里打工。一开始月薪是5美元。通过做学徒,他学会了如何经营,如何满足社区顾客的需要,理解"您要什么,我们就有什么"这句招徕顾客的广告词的含义。

14岁的时候,他打工的工资提高到了月薪10美元,但是工作也加倍了。有一次,他与一个精明的寡妇讨价还价,父亲不动声色地在一边观察。父亲对他的出色表现很满意,他的薪水被提高到每月15美元。在经商实践中,他明白,砍价是顾客的权利,卖主要获得利润回报,就必须让顾客觉得物有所值。

请真诚地回答以下问题：

1. 孩子的金钱观念正确吗？

2. 你给孩子零用钱吗？孩子在花零用钱之后会不会记账？

3. 孩子有自己的存款吗？

在国外，人们把"理财教育"视为"道德教育"或"人性教育"，专家认为，理财教育并不是单纯的灌输知识，而是帮助孩子养成人生所需要的智慧和正确价值观。尽早地对孩子进行理财教育，对孩子的一生都有很重要的意义。

第一，帮助孩子树立对财富的正确观感。旅游时，也许有人留意过，各地的财神庙都不是当地最起眼的，大多又破又小，香火远比不上名刹大寺，这至少说明："钱财虽惹人喜欢，但并不值得尊敬"。家长在给孩子们上关于财富第一课时，一定要告诉孩子："财富虽然是舒适生活的必要条件，但决不是充分条件"。一定要让孩子在接触财富前，先树立对财富的正确观感——不必仇富，也不必拜金。只有有了正确的财富观和取财态度，孩子才能在将来懂得如何把握时机和选择正确的方式理财。

第二，让孩子真正拥有钱。在许多人的成长记忆中，父母都会给些零用钱，逢年过节也会从长辈手中拿到不少的红包，可是父母通常都会将孩子好不容易存下的零用钱或是长辈送的红包，用"爸妈替你存下来"的借口，全数收回去，这反而会造成孩子一拿到钱就赶快花掉的坏习惯，因为他们多会认为，存下来只会被大人"没收"。所以，既然要培养孩子的理财观念，首先要让孩子真正拥有钱。

第三，培养孩子记账的好习惯。不管做什么事，有良好习惯，是成功的不二法门。培养孩子在理财上有好习惯，"记账"是不错的方式。家长可以引导孩子将每笔开销，运用记账方法记录下来，不仅能让家长了解孩子的钱花在哪里，更能让孩子自己通过记账的方式，了解自己的消费喜好，并定期追踪，克服消费冲动和不良消费习惯，并不断调整自己。而且记账更能让家长早早知道孩子将来可能的择业取向，如果孩子对数字特别敏感，也喜欢这种记账方法，那么家长可考虑将孩子培养成下一代的金融大家！

第四，不妨来个"强迫"存款。还有一个较好的理财教育方式就是"强迫存款"，在每月或定期给孩子的零用钱中，强行扣下一部分用于存款，从先期的强迫到孩子自愿，每次都存一部分，这可让孩子从一开始就树立起将可支配收入分成储蓄和消费两项进行管理和配置的理财理念,使他将来有了自有收入后,开支分配更合理和经济。当然,如果觉得存款利率太低(如果是孩子提这样的问题,那他或她已是个小理财家了),货币基金或者开放式的定期定投也不错。在孩子足够大的情况下,家长还可在他同意并认真进行记账后,为他申办一张信用卡副卡(主卡当然家长持有,主卡可限制副卡的消费金额),以培养孩子先消费后还款的理财理念。

第五,家长要以身作则。孩子的模仿能力很强,如果父母自己花钱都没有规划,也很难说服子女听话。相反地,如果父母或是家庭里就常常以投资理财作为聊天话题,孩子在耳濡目染下也会对投资理财产生兴趣与基本认识。此外,很多父母会以每月定期定额方式投资基金,来帮子女准备教育基金,也可以让子女了解投资的状况,增加子女对于这些基金的认识,提高他们的兴趣及正确的理财观念。

阿曼德·哈默

——正确教育顽皮的孩子

阿曼德·哈默(1898～1990),美国石油公司主管,企业家和艺术品收藏家。阿曼德·哈默出生于美国纽约曼哈顿区。他的一生对前苏联、利比亚、秘鲁等国和本土的加利福尼亚、佛罗里达等州的经济有着巨大影响。这位亿万富翁的一生极富传奇色彩,他曾经涉足过很多完全不同的领域,如铅笔制造、酿酒、养殖良种牛,每个行业都取得令人瞩目的成功,直至最终投身石油业,成为主宰世界石油业的几大巨擘之一。

哈默的父亲在哈默4岁时成为一个挂牌医生。他买了一匹马和一辆轻便马车,出诊时总要带上哈默。当他的业务慢慢发展起来后,从不让穷苦的人付钱,还经常爬上经济公寓的楼梯,替贫穷的病人看病,之后还留下足够的钱让病人去按方配药。

小哈默是个很顽皮的孩子,属于不听话的那一类。他在公立学校读书时,常常跟着一些"坏"的同学交往,开始逃学,学会撒谎,甚至损坏他人的财物;他的学习成绩极坏,上课时回答不上老师的提问。老师生气时,会这样骂他:"一个富有同情心的医生,怎么养出这样一个令人头疼的儿子?"在无奈之下,老师把他送回家里,让父亲严加管束。

对这个给自己丢脸的儿子,父亲气极了。尽管他一向反对体罚,但这次还是拿起了皮带,给儿子一顿猛抽。随即他又后悔了。他静下心来,开始寻找在这个规矩家庭内部改造这只迷途羔羊的办法。他仔细考虑了问题的起因,认为毛病并不在自己孩子身上,坏就坏在一些坏伙伴的引诱。最好的办法,就是让他远离这里的不良环境,"放逐"他,把他送到可以信赖的地方。

就这样,10岁的哈默被送到康涅狄州的梅里登,住在乔治·罗斯夫妇家里,在那里接受严厉的管教。

在放逐期间,哈默开始对无线电产生了兴趣,课余时间搞起了当时还属于起始阶段的无线电,掌握了莫尔斯电码,亲自组装了一台收音机。但罗斯太太不让他在屋顶上装天线,担心会把雷电引来。哈默的性格酷似父亲:顽强、毫不退缩。他没有因此停止自己的实验。他背着罗斯太太,沿着顶楼的屋檐拉了根天线,发现功能跟室外天线一样好。他整天躲在自己的小屋里鼓弄那些小玩意儿,不让任何人知道。

5年后,哈默才被接回纽约父亲身边,在一所高中读完最后两年课程。"放逐"的处罚很管用,哈默读书很用功,除了学好功课外,还找到了一种业余爱好——制造飞机模型。他把制品送去参加比赛,经常获得一等奖。此外,在毕业演讲比赛时,还得到了金质奖章。

 育子智慧

请真诚地回答以下问题:

1. 孩子顽皮吗? 你是不是正因为孩子的顽皮而头疼不已?
2. 你能发现顽皮孩子身上的闪光点吗?
3. 你能够区别对待,正确引导孩子的顽皮行为吗?

哈默是个典型的顽皮孩子,上课不听讲、爱冒险、固执、天不怕地不怕。其实,顽皮是孩子的天性,当孩子2岁以后,身体和心理的发展使得他们有惊人的旺盛精力、探索能力、吸收能力,他们不满足已有的环境、条件,要强力的自我表现,自我探索、自我学习。怎样按照孩子成长发展的规律和顽皮的个性特点,对孩子加以正确的引导、培养呢?

第一,肯定和相信是首要前提。顽皮的孩子容易使人产生讨厌的感觉,也特别容易暴露出他的缺点,因此往往给人一种"坏孩子"的印象,也就容易使家长戴上有色眼镜,因而不会去注意和发现他的优点和前进步伐。

其实,顽皮的孩子也有上进心,也有许多不为人发现的优点,他们往往聪明,思维敏捷、独立意识强、活泼,精力旺盛,吸收能力强,等等,如果家长往往只看到孩子的缺点,反复盯着他的顽皮之处,批评这里,批评那里,轻则使孩子失去自由,重则影响了孩子的性格和心理、智力的发展。家长要看到顽皮孩子的优点和创新之处,多和孩子接触,用平和的心态对待他们,善于和深入观察孩子的言行,及时发现孩子的闪光点。

第二,区别对待,正确引导。对待顽皮的孩子一定要注意区别什么是顽皮中的可取之处,什么是不可取的。如冒险行为,它是孩子的天性,又是他探索世界、活跃体力的本能,这就要基本肯定,只不过要告诫孩子,要他懂得什么是危险,怎样避免伤害,但不要绝对禁止或过分干涉。

而对于发火、砸东西、喊叫等行为也要区别对待,有些是属于发泄情绪,表达情感的需要,家长不要压制孩子的反抗,否则会破坏他一生的性格,应该告诉他什么是更好的表达方式。但对于不讲理、耍无赖这些无理要求,家长则应态度鲜明地反对并采取不理睬和耐心说理的方法。

李·艾柯卡

——把乐观的心态传递给孩子

李·艾柯卡(1924～　　),22 岁以推销员的身份加入福特公司,25 岁成为地区销售经理,38 岁成为福特公司副总裁兼总经理,46 岁升为公司总裁。他创下了空前的汽车销售纪录,公司获得了数十亿美元的利润,从而成为汽车界的风云人物。54 岁被亨利·福特二世解雇,同年以总裁身份加入濒临破产的克莱斯勒公司。六年后,创下了 24 亿美元的盈利纪录,比克莱斯勒此前 60 年利润总和还要多。艾柯卡也成为美国家喻户晓的大人物,美国人心目中的英雄。

李·艾柯卡是美国著名的企业家,他的父亲尼古拉·艾柯卡也是一位企业家,最富有的时候,拥有几家电影公司和富兰克林戏院,另外,还有一个包括 30 多辆车的车队。所以,在李·艾柯卡 6 岁之前,他们的生活非常安逸温馨。但是,就在上世纪 30 年代那场经济危机之后,尼古拉家里几乎丧尽了全部财产。面对这样悲惨的局面,尼古拉和妻子也没有把失败的阴影带给孩子。童年的李·艾柯卡从父母那里得到了慈爱和温暖,得到了战胜困难的乐观精神和积极迎接生活挑战的处世态度。

父亲虽然仅上过 4 年学,却是那种能够把理想和现实结合起来的人。他在经商过程中不止一次地遇到过挫折,都凭自己的智慧和经验闯过来了。他善于总结自己的人生经验,并把这些经验传授给孩子。在儿子的成长过程中,每当遇到困难时,他都能找到适当的话题,及时给以点拨。比如,如何应对困难,如何结交朋友,如何做好每一件事和如何实现自己的理想,等等,他都不时地把道理讲给儿子听。

当儿子遇到屈辱和困惑,满腹心思、闷闷不乐时,父亲总是乐观地对他说:"孩子,发生了什么事?不要紧,这没有什么。任何困难都将是暂时的。忘掉它,迎接美好的明天吧。相信明天会好起来的。"

"忘掉困难,迎接美好的明天",这句话一直是艾柯卡的家训。孩子们也很相信他们的父亲,每当遇到不如意的事情,就会找父亲谈心。

一次，小艾柯卡在小学竞选班干部，因对手做了手脚，他落选了，而老师却没有主持公道。愤怒的他跑回家，把满肚子的委屈告诉了父亲，希望父亲到学校去找老师评理。但父亲没有这样做，而是对儿子说："这个世界上不合理的事情是很多的。尽管我们都追求合理，但这是很难实现的。怎么办呢？把委屈放在心里，别计较它；特别是对那些不值得计较或无能为力的事，更应该这样。不要钻牛角尖，而要朝前看。"父亲的话使儿子的心结得以化解。

有一年，小艾柯卡病倒了，得的是风湿热病。这种病在当时是非常可怕的，曾夺去了很多人的生命。小艾柯卡非常害怕死去。在痛苦和绝望中，父亲以开朗的性格和乐观的态度鼓励他。父亲说："每个人都会遇到挫折和不幸，也包括各种各样的疾病。孩子，当人遇到不幸时，首先不要让精神垮掉，而要想方设法同不幸作斗争，并在斗争中获得知识和力量。"在父亲的关怀和母亲的照料下，小艾柯卡在经过6个月煎熬之后，终于战胜了病魔，恢复了健康。

 育子智慧

> **请真诚地回答以下问题：**
>
> 1. 孩子的朋友多吗？兴趣爱好广泛吗？
>
> 2. 面对困境的时候，孩子能较快摆脱吗？
>
> 3. 你的思维方式乐观吗？

一个孩子能否健康、快乐，心智是一个很重要的因素。对于大多数孩子来说，乐观的性格，决定孩子的人生成败，它使人能看到事情比较有利的一面，期待更有利的结果。调查显示，开朗乐观的人不仅较为健康（其癌症患率明显低于悲观抑郁者），而且生活较为幸福，事业上也较易获得成功。

也许有些孩子天生就比较乐观，有些孩子则相反。但心理学家发现乐观性格是可以培养的，即使孩子天生不具备乐观品质，也可以通过后天的努力来实现。那么，家长如何培养孩子的乐观心态呢？

第一，鼓励孩子多交朋友。不善交际的孩子大多性格抑郁悲观，因为他们享受不到友情的温暖，所以更容易感受孤独和痛苦。如果孩子性格比较内向的话，那么家长要引导孩子多结交一些性格开朗、乐观的同龄朋友。

第二，让孩子爱好广泛。开朗乐观的孩子心中的快乐源自各个方面，一个孩子如果仅有一种爱好，他就很难保持长久快乐，试想：只爱看电视的孩子如果当晚没有合适的电视节目看,那么他必然会郁郁寡欢。有个孩子是个书迷,但如果他还能热衷体育活动、饲养小动物或参加演剧,那么他的生活将变得更为丰富多彩,由此他也必然更为快乐。

第三,引导孩子摆脱困境。即使天性乐观的人也不可能事事称心如意,但他们大多能很快从失意中奋起,并把一时的沮丧丢在脑后。父母最好在孩子很小的时候就着意培养他们应付困境乃至逆境的能力。要是一时还无法摆脱困境,那么可教育孩子学会忍耐和随遇而安,或在困境中寻找另外的精神寄托,如参加运动、游戏、聊天等等。

第四,拥有自信十分重要。一个自卑的孩子往往不可能开朗乐观——这就从反面证实拥有自信与快乐性格的形成息息相关。对一个智力或能力都有限,因而充满自卑的孩子,家长务必多多发现其长处,并审时度势地多作表扬和鼓励,来自家长和亲友的肯定有助于孩子克服自卑、树立自信。

第五,家长要有乐观的思维方式。家长在生活中的乐观态度,对孩子具有重要的示范作用,孩子会通过观察和模仿逐渐养成乐观品质。比如说,这会儿下雨了,就要引导孩子说"下雨了",而不要说"该死的天,又下雨了",因为这样说并不能改变下雨的事实。当然,就算说"太好了,又下雨了",也不能使雨发生任何改变,可是如果把这种话说给孩子听,情况就大不一样!"瞧,太好了,又下雨了!小鸟在歌唱,小草也在歌唱,它们都得到了雨的滋润",这样就会把快乐传递给孩子,让他无论面对何种环境,都保持一种愉悦的心情。

鲁伯特·默多克

——"爱而不溺"才是真正的爱

鲁伯特·默多克(1931~　　),世界传媒大亨。1952年,其父去世后鲁伯特继承了阿德莱德的小报《新闻报》,在三四十年间将其发展为跨越欧、美、亚、澳几大洲,涉足广播、影视、报业诸领域的传播媒介帝国。在他的麾下,既有久负盛名的英国《泰晤士报》,也有美国电影界的大腕级电影公司——20世纪福克斯公司。80年代初,默多克的国际新闻集团的年营业额已达到12亿澳元,他本人也成为新闻界屈指可数的人物之一。

默多克出生时他的父亲已经是一位很有成就的报业人士。母亲伊丽莎白·格林曾是一名演员,她性格果敢,对儿子是既宠爱又严格要求。

默多克的父亲很喜欢他,甚至有点溺爱他。母亲觉得这样对孩子的成长不利,便决定充当严厉的角色。母亲专门为默多克在花园里盖了一间小木屋,让他一个人住在里面,只有在寒冷的冬天,才可以和父母以及姐妹们一起在大房子里睡觉。每天全家吃完晚饭、读书看报以后,母亲就要求小默多克去花园的小木屋里睡觉。渐渐地,默多克不再害怕黑暗,并开始喜欢上了这间小木屋。

父亲凯斯不忍孩子受苦,让他搬回大屋。但母亲坚决地说:"我认为在外面睡觉对我们的儿子很有好处,这是对他的一个锻炼。他不仅仅是适应自然界的黑暗,更重要的是适应独处,这会让他变得更勇敢。"

就这样,默多克在小木屋里一住就是好几年。

默多克的母亲十分重视对孩子的教育。在默多克10岁那年,他就被母亲送到了基隆语法学校去寄宿学习。那里位于海风口,冬天非常寒冷。父亲疼爱小默多克,刚开始的时候,以儿子年纪还太小无法照顾自己为由,反对这一做法。但母亲为了默多克能受到良好的系统的教育,丝毫不做让步,坚持自己的想法。她对丈夫说:"寄宿学校的生活能教会儿子如何与他人相处,这对孩子绝对有益。"

事实证明,母亲的决定是对的。默多克在学校里不仅仅学到了丰富的知识,而且逐渐培养起独立思考的习惯。

后来，默多克的母亲在谈到自己对孩子爱而不溺的教育方式时说："在那些日子里，他们可能全都认为我是一个旧式的、残忍的母亲。但我认为他们现在能真正体会那样做的好处。"

 育子智慧

随着孩子的呱呱坠地，父母的自豪感油然而生，并强烈意识到自己对孩子的安全、幸福所应负的责任。家长愿意牺牲自己的舒适和利益，去满足孩子的一切要求。而在独生子女的家庭里，很多父母更是将自己所有的钟爱与厚望都集中到了这唯一的孩子身上，表现出溺爱的教养态度。长期溺爱孩子，必然造成孩子娇气、野蛮、不通情达理等坏习惯，所以，家长要改变自己的教养方式，"爱而不溺"才是真正地爱孩子。

下面列几种普遍存在的溺爱表现，家长可以对照一下，以便具体地防止和纠正溺爱。

第一，给孩子特殊待遇。孩子在家庭中地位高人一等，处处特殊照顾，好吃的食品归他一人享用；家人可以不过生日，可他的生日却大操大办，等等。这样的孩子自感特殊，习惯于高人一等，没有同情心，不会关心他人。

家长应当把孩子视为家庭的普通一员，要教育孩子照顾尊敬老人，鼓励孩子"克己利人"，"助人为乐"。

第二，轻易满足孩子物质要求。孩子要什么就给买什么，总是习惯用物质来表达或弥补对孩子的爱。这样会使孩子养成不珍惜物品、讲究物质享受和不体贴他人的坏性格，毫无忍耐和吃苦精神。

对孩子的物质要求不应当满足的决不给予满足；应当满足的一般也不要马上满足，让孩子有所等待和忍耐。要告诉孩子，人生的追求，哪怕是一个小小的目标也不会是一帆风顺的。积极的人生中，需要等待、忍耐、克服困难和努力争取才能得到的事太多了。

第三，生活懒散。家长允许孩子饮食起居无秩序，睡懒觉，不吃饭，看电视到深夜,等等。这样长大的孩子缺乏上进心、好奇心,不能安静专注,做事心猿意马,有始无终。

家长应严格要求孩子规律生活。具体做到:培养孩子动静有序的生活习惯、饮食习惯;帮助孩子养成恰到好处地看电视和按时睡眠的习惯。

第四,不让孩子劳动。对于孩子的劳动问题,有的家长认为:"叫他做事太难了,还总是做不好,不如替他做了。"所以四、五岁的孩子自己还不会穿鞋、穿衣服,上小学、甚至读中学的孩子还不做一点家务事,不懂得劳动的愉快和帮助父母减轻负担的责任。

预防和矫正的办法就是教育鼓励孩子自己的事自己做,做后家长应及时肯定和表扬,创造劳动的愉快气氛,并常与孩子一起快乐做事。

第五,一切包办代替。不少家长将子女视为"小皇帝",宠爱有加,娇惯无比,甘做保姆、奴隶,生活上包揽一切,孩子长期由家长整理生活、学习用品。其结果导致孩子缺乏爱心,丧失自信,形成依赖、懒散和懦弱的不良个性。

父母应鼓励和安排孩子做些力所能及的事。让他自己穿鞋子、穿衣服,整理玩具、学习用品。这样既培养了他的劳动习惯和自立能力,又增强了责任感和自信心。

第六,袒护孩子。有时爸爸管教孩子,妈妈护着:"不要太严了,他还小。"有时父母管教孩子,爷爷奶奶出来说话:"你们不要太急,他大了自然会好。你们小的时候,还远远没有他好呢!"就像贾政、贾母管宝玉一样。其结果不仅孩子的性格扭曲,有时还会造成家庭不和睦。

只有一家人统一认识和方法,才能把孩子教育好。当一位家长在教育孩子时,家中成人都应流露支持的态度,要配合默契,这才是真正地爱孩子。

杰克·韦尔奇

——鼓励孩子去竞争

杰克·韦尔奇(1935～　)，美国著名企业家，被誉为世界最好的、最成功的经理人。1961年博士毕业后，进入美国通用电器公司(GE)，1981年成为该公司历史上最年轻的董事长兼首席执行官(CEO)，2001年卸任。在职期间，杰克·韦尔奇使通用电器公司(GE)的资产由1981年的130亿美元增值到2001年的5 000亿美元。他在通用电器公司(GE)创造的经营管理模式已经成为世界各企业竞相效仿的典范。

在韦尔奇童年的记忆中，每当和母亲玩牌的时候，就是最能激发他竞争意识的时候。那时候，他还在读一年级，中午一放学，他就像赛跑一样从学校飞奔回家，希望能有机会和母亲玩一通金拉米牌。

他们通常在厨房的桌子上玩牌。和母亲一起玩金拉米牌时，韦尔奇真正感受到竞争的乐趣。不过，通常都是母亲赢他。每次，她会将她的牌一下子扣在桌子上，喊道："金！"这表明母亲又赢了，这会使韦尔奇一下子激动起来。所以，每次他都迫不及待地赶回家，期盼能够有机会反败为胜。

母亲用这种方式激发起韦尔奇竞争的意识，让孩子产生一种渴望成功的良好心理，对培养韦尔奇的自信、促进他的成长是有好处的。

此外，母亲还经常鼓励韦尔奇参与集体竞赛，为集体的取胜尽最大的努力，并教育韦尔奇如何正确对待竞争中的胜利与失败。

韦尔奇难以忘记那一次的冰球比赛。那是他读高中时参加过的一项冰球赛事，当时韦尔奇所在的塞勒姆女巫队分别击败丹佛人队、里维尔队和硬头队，赢得了头三场比赛，但在随后的比赛中，他们输掉了所有的六场比赛，其中五场都是一球之差。

在最后一场比赛，即在林恩体育馆同主要对手贝弗利高中的对垒中，他们都极度地渴望胜利。那确实是一场非常精彩的比赛，作为副队长，韦尔奇独进两球，他们顿时觉得运气相当不错。但是对方也攻进两球，双方打成二比二，最后，比赛进入了加时赛。

加时赛开始不久,对方很快就进了一球,这一次他又输了。这已是连续第七场失利。韦尔奇沮丧至极,愤怒地将球棍摔向场地对面,随后头也不回地冲进了休息室,整个球队已经在那儿了,大家正在换冰鞋和球衣。就在这时候,门突然开了,韦尔奇的母亲大步走进来。

整个休息室顿时安静下来。每一双眼睛都注视着这位身着花色连衣裙的中年妇女,看着她穿过屋子,屋子里有几个队员正在换衣服。她径直向韦尔奇走过来,一把揪住他的衣领。"你这个窝囊废!"她冲着韦尔奇大声吼道,"如果你不知道失败是什么,你就永远都不会知道怎样才能获得成功。如果你真的不知道,你就最好不要来参加比赛!"

韦尔奇在他的朋友们面前遭到了羞辱,他感到很难堪,但上面的这番话韦尔奇从此再也无法忘记,因为他知道,是母亲的热情、活力、失望和她的爱使得她闯进休息室。

她,是对韦尔奇影响最大的人。她不但教会了韦尔奇竞争的价值,还教会了他在前进中接受失败以及勇于挑战的勇气和信心。

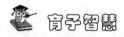 育子智慧

请真诚地回答以下问题:

1. 你知道竞争意识对于孩子的重要性吗?

2. 孩子能够主动参与竞争吗?

3. 孩子竞争失利之后,你是怎样与孩子沟通的?

现代社会是一个充满竞争的社会,而且随着社会的迅速发展,竞争也会日益激烈,一个没有竞争意识的人是很难适应社会生活的。正因为如此,父母要及早培养孩子的竞争意识,鼓励孩子勇敢地积极参与竞争,才能保证他们长大后敢于竞争,善于竞争。

第一,明确竞争意识对孩子的重大意义。竞争意识是指对外界活动所做出的积极、奋发、不甘落后的心理反应。它是产生竞争行动的前提。培养孩子的竞争意识,鼓励孩子参与竞争,对于孩子的健康发展具有重大意义:可激发孩子强烈的求知欲望。竞争会使孩子认识到只有具备知识和能力才能领先,因而努力学习各科基础知识和基本技能;可增强孩子的参与精神。

竞争意识可克服孩子的胆怯心理、保守心理和自卑心理,提高对于善抓机遇的意义的认识;可增强孩子的自信心。孩子在竞争中表现出来的精神和才能,会使孩子对自己做出肯定的评价;可使孩子产生成功感。孩子在竞争中所取得的成功感,会激发孩子进一步奋发向上;可提高孩子的耐挫能力。

竞争者不能都取得胜利,竞争免不了遭受挫折。从小品尝竞争失利的滋味,可提高对未来可能遇到的挫折的承受能力;可增强孩子的集体主义精神。竞争可使孩子看到集体的力量、群众的智慧,认识到团结的重要性。

第二,给孩子挑选合适的竞争对手。心理学认为,每个人都有一种追求优越的欲望,它推动人们努力补偿自己的不足,发奋图强,获得成功。这种心理在人的一生中都在发挥作用。因此,父母只要善于利用这条规律,就能有效地激起孩子的竞争行为,培养孩子的竞争意识。

给孩子找一个"对手",就是运用比较的方法,使孩子看到自己与其他人的差距。只有看到差距,才会有补偿差距的愿望,否则,孩子就不知道往哪个方面去努力。找出差距后,父母就可以引导孩子去努力补偿了,如使用激将法、鼓励法等,就很容易取得效果。

父母在选择对手时,应注意目标不要太高,不要每次都盯着第一名。如果孩子与竞争对手的差距太大,很容易产生望而生畏、高不可攀的心理,而丧失竞争的勇气。最好是选择一个孩子比较熟悉,比自己的孩子水平略高一筹的同学做为竞争对象,这样容易激起他赶超的信心和勇气。同时,要多与孩子交谈,告诉孩子"友谊第一",不要让孩子滋生对竞争对象的敌意。当孩子通过努力已经超过竞争对手时,要给孩子选择新的竞争对手,这样孩子也有了不断前进的动力。

此外,让孩子与自己竞争也是很好的办法。例如,在训练孩子打算盘时,可以每次都给他掐时间,让他和自己比。而且还可以告诉孩子,他的速度一次比一次快,这样孩子的自信心就越来越强了,能力也会得到很大的提高。

第三,对孩子取得的成绩要及时鼓励。当孩子参与竞争并取得一定成绩之后,父母要以兴奋的神情表示分享孩子的喜悦,必要时可加以特别的鼓励。千万不能对孩子取得的成绩不屑一顾,甚至嗤之以鼻,更不能说"这有啥了不起"一类的话,这种泼冷水的行为,只会挫伤孩子参与竞争的信心,实在不可取。

第四,教孩子在竞争中合作。竞争愈是激烈,合作意识就愈是重要。因为个人的力量总是渺小的,很多事情需要在合作中才能解决,而且个人也只有在合作中通过互通有无、取长补短才能获得更大的发展。

要使孩子在长大后能获得好的发展,父母在重视孩子竞争意识的培养的同时,也要注重对孩子合作精神的培养。要让孩子认识到,竞争不是抬高自己、轻视别人,而是通过竞争认识到集体中各人有各人的长处和不足。

第五,指导孩子正确面对竞争。父母在培养孩子的竞争意识时,切忌一味向孩子强调竞争的重要性而忽略了其他方面的教育。否则,孩子有可能会过分关注成败得失,这是一种消极的竞争心理。家长要像杰克·韦尔奇的母亲一样,不但教会孩子竞争的价值,还要教会孩子接受竞争带来的失败。

比尔·盖茨

——从小培养孩子节约的好习惯

比尔·盖茨(1955～　　),电脑奇才、商业奇才,20世纪最伟大的计算机软件行业巨人。13岁开始编程,1973年进入哈佛大学法律系,19岁退学,与同伴创办电脑公司,后改名微软公司,任董事长、总裁兼首席执行官。1988年1月,将总裁一职让给史蒂夫·鲍尔默。36岁成为世界最年轻的亿万富翁。

不可否认,比尔·盖茨实现了宏伟的目标,做出了伟大的事业。可是,有些人只看到了他拥有的巨额财富和显赫的名声,却不知道比尔·盖茨从小就是一个非常节俭的人。

有一次,盖茨和父亲一块儿驾车去一家饭店,因为去晚了,一时找不到停车位。父亲正在犹豫要不要把车停到贵宾停车场去。

盖茨说:"那要花12美元呢,这个价钱可不便宜。"

父亲说:"请我们聚会的主人应该会支付的。"

盖茨说:"即使这样也不是个好主意,他们超值收费。"

盖茨从小就很节约,即使他后来成为了亿万富翁,也保持着这一优点,人们不时在公司里、工厂里或机场上看到他穿一条休闲裤、一件开领衫、一双运动鞋,没有一样是名牌。

 育子智慧

请真诚地回答以下问题:

1. 你是个勤俭节约的人吗?

2. 在生活中,你会不失时机地教育孩子节水、节电吗?

3. 孩子能够自觉地勤俭节约吗?

比尔·盖茨为社会作出了巨大贡献,并保持着普通人简朴、勤奋、正直的品格,是值得人们尊敬的。节约既是一种良好的习惯,也是一种美德。从小培养孩子的节约美德,养成勤俭节约的好习惯,必将使孩子终生受益。

第一,强化孩子的节约意识。节约教育应该是教育内容中一个永恒的主题。但是,在对孩子进行节约教育时,家长往往是采取反复讲道理和提要求的方法,孩子们在没有亲身体验和感受时,节约教育常常是流于形式的。现在的孩子多是独生子女,家庭物质生活较优越。帮助他们养成节约的好习惯,首先是要为他们创设一定的情景,比如当孩子打开水龙头时,对孩子说:"把水龙头开小一些,这样可以节约水!"出门时忘记了关灯,家长不要自己去关,可以让孩子回到家中关灯,然后在每个月交水费、电费的时候,告诉孩子,因为他的努力,节约了不少钱。在孩子有了深刻体验的基础上,再来强化孩子的节约意识才会有效。

第二,帮助孩子积累一定的节约经验、手段和方法。有了节约的体验,也产生了强烈的节约意识,并不必然出现节约行为。因为孩子的年龄小,生活经验和知识较少,出现了节约的内在需求,有时他们却不知道怎样去节约,缺乏必要的节约经验、节约手段和节约方法。所以,家长还要引导孩子们积累一定的节约经验,教给他们掌握一些节约的方法和手段。如:外出吃饭时,可以教育孩子尽量不用一次性的产品,帮助孩子了解资源是可以反复利用的,反复使用可以大大节约有限资源。

第三,让节约成为孩子们的自觉行为。要做到这样必须注意三个方面:一是孩子年龄小,他们的自我评价往往依赖成人的评价。因此,当孩子出现节约行为时,家长一定要及时地做出肯定和鼓励,看到孩子的节约行为就要及时表扬,支持孩子的节约行为。二是孩子这个年龄阶段的特点就是模仿能力强。因此,家长一定要以身作则,时刻注意自己的一言一行,在节约方面为孩子做出好的榜样。三是坚持、坚持再坚持。前面也谈到了习惯的养成,是要经历较长的一个过程的,它是一个量变到质变的过程,孩子是否能够养成良好的节约习惯,很大程度在于成人的坚持和培养。

曾宪梓

——找机会让孩子吃一吃苦

曾宪梓(1934～　)，出生于广东梅县，幼年丧父，与勤劳善良、吃苦耐劳的母亲相依为命，靠新中国的奖学金以优异成绩读完大学。1961年毕业于中山大学生物系，1963年，赴泰国定居，1968年，移居香港。以后与夫人黄丽群一道，靠一把剪刀艰苦创业，创立了享誉世界的"金利来"名牌，享有"领带大王"之美誉。改革开放以来，捐助家乡和祖国的公益事业，捐款已逾4.5亿元。

1934年2月2日，曾宪梓出生在梅州一个客家人大家庭里。曾宪梓这个名字还是他的父亲给取的，相传曾家是春秋时代孔子的学生曾参的后裔，传到这一代是"宪"字辈。

曾宪梓的父亲曾荣发，是一个极其典型的勤劳朴实的客家人。但是，过度的劳累使父亲于1938年4月永远地倒下了。父亲去世之后，年仅32岁的母亲，带着9岁的宪概、4岁的宪梓，半饥半饱、含辛茹苦地度日。

曾宪梓的母亲蓝优妹是贤良淑贞、勤俭刻苦的客家妇女的典型。面对艰难的生存环境，她必须精打细算，万事从长计议。为了孩子们，她不能改嫁，儿子是支撑她活下去、奋斗下去的唯一希望。

为了活下去，母亲不得不用柔弱的肩膀，大担大担地替人家挑石灰。那个时候的房子不是用水泥做的，而是用石灰做的。母亲像男人一样一担一担地挑，然后主家也像对待男人一样，按担子计数，给母亲工钱。母亲赚的工钱用来购买一家人的口粮和油盐。

20世纪30年代末期的中国，正是国民党统治时期，货币贬值非常厉害。母亲一口气不歇地挑整整一个上午，所赚的钱只可以买到一斤盐。母亲没有去买，她顾不得吃饭，继续挑一个下午，当她拖着疲惫的躯体，拿着一天的工钱，再去买盐的时候，还是只能买到一斤盐。

挑石灰的工作不是每天都有，为了生活下去，母亲安顿好两个小兄弟之后，决定跟着盐商雇佣的挑盐的队伍,从梅县挑盐到江西去卖,并且也像男人一样挑着满满一大担盐,遇山爬山、遇水涉水。

这是一件连男人都不轻易做的苦差事,因为只有等到挑一担盐到达江西后,盐担无亏无损,刻薄的盐商才会记工算钱。母亲通常一去就是十来天,在泥巴地里玩累了的小宪梓,常常用他泥乎乎的小手托着小脸蛋儿,坐在自家的门槛上,眼巴巴地盼着他的妈妈回来。

在母亲离去的日子里,兄弟俩每天只吃一顿盐味捞的杂菜粥,哥哥告诉宪梓,是因为妈妈去江西送盐还没回来,怕家里的粮食不够吃,所以必须节省些口粮。到了下午,小宪梓的肚子总是饿得咕咕直叫。

一天下午,小宪梓正饿得难以忍受,偏偏这时候村里面传来了卖"味酵饭"的吆喝声,并有诱人的香味扑鼻而来。"味酵饭"是客家男女老少都十分喜爱的风味小食,小宪梓看见村里的孩子们争先恐后地买来吃,他盯着慢慢消失的美食,想起妈妈曾经告诉过他的话:"孩子,吃得苦中苦,方为人上人。不要羡慕人家,以后我们的日子也会好起来的。"

于是,小宪梓躲在土墙的外面,一边看着其他小朋友吃,一边直咽口水。

这时候,同村一位叔母路过小宪梓身边,正好看见了馋涎欲滴的小宪梓。好心的叔母非常心疼这个苦孩子,就去买了一个"味酵饭",一边塞给小宪梓一边说:"孩子,你吃吧,我请你吃一个。"

小宪梓想着妈妈的话,尽管他非常想吃,但他迅速地将一双小手藏在身后,并涨红着小脸说:"吃得苦中苦,方为人上人,叔母自己吃吧,我不饿,不要。"

母亲回来后,得知此事后专门表扬了小宪梓。

 育子智慧

> **请真诚地回答以下问题:**
> 1. 你会给孩子"忆苦思甜"吗?
> 2. 你认为有必要让孩子吃吃苦吗?
> 3. 你有没有想过要给孩子创造一些"吃苦"的机会?

今天的曾宪梓认为自己不怕困难、遇事沉着冷静又好钻研的性格,是他的母亲"吃得苦中苦,方为人上人"教育的结果。这种艰苦的日子,对于正在成长的小宪梓来说,起到非比寻常的锻炼作用。使得他对于接下来的漫漫人生当中各种各样的艰难困苦,都能勇于面对,也能善于面对。

知心姐姐卢勤说过:"吃苦"是一种心理承受力。人在艰苦的环境中,战胜的不是环境,而是自己。21世纪是充满竞争的世纪,要做到敢于竞争、善于合作、富于创造,就必须从小加强孩子的心理素质教育,着力培养孩子的吃苦精神。

冬冬是个独生子,可爱,活泼,很招人喜欢,全家上下都非常疼爱他,尤其是他的爷爷,没事就会带着孙子出去玩,这里转转,那里逛逛;冬冬也很喜欢爷爷,爷爷年轻的时候还参加过抗日战争呢,有很多的奖章,冬冬为此感到很自豪。

这天是个星期天,爷爷对冬冬说:"春天来了,咱们今天去山上呼吸呼吸新鲜空气,好不好?"冬冬高兴地答应了。

爷孙俩来到山上,只见爷爷在地上仔细寻找什么,冬冬不禁问道:"爷爷,你在找什么呢?"

爷爷这时兴奋地看着地上的一种草说:"找到了! 冬冬,你看,这就是当年我们常吃的野菜! 咱们再多找一些!"

冬冬好奇地看了看这些像是野草的"菜",说:"爷爷,这种草也可以吃吗?"爷爷说:"当然了! 乖孙子,来,咱们把它带回家去。"

冬冬不解地问:"带回家做什么?"爷爷笑了笑,没有回答他。

到了晚上,吃晚饭的时候,爷爷端出一盘颜色有点黄的菜,放到冬冬面前,说:"吃吧!"

冬冬问:"爷爷,这是什么东西? 怎么这么眼熟?"说完就用筷子夹了一根放进嘴里。

"唉呦!"冬冬龇牙咧嘴地把菜吐了出来,"真难吃!"

爷爷哈哈大笑,对冬冬说:"冬冬,这就是咱们今天采到的野菜。当年,生活贫困的时候,我们就是吃这种菜糊口的。而且,就连这,也很难弄到呢!"

冬冬有点生气地说:"可是,我们现在生活都好起来了,干嘛还要吃这个?"

爷爷摸着冬冬的头,慈爱地说:"就是因为现在生活好了,才应该时不时地吃些这样的菜,这样,你才会体会到我们今天的生活是多么幸福,所以要好好珍惜,明白了吗?"

冬冬这才明白了爷爷的用意,只见他低头又吃了一口这有些"难以下咽"的野菜,当然,这一回,他没有吐出来。爷爷欣慰地笑了,冬冬也不禁笑了。

当然,培养孩子的吃苦精神,并不是简单地指给孩子做一碗"忆苦饭",而是希望家长在日常生活中,在与孩子密切相关的活动中,培养他良好的独立自理能力,培养他敢于挑战、不怕困难和失败的勇气,培养他坚定的决心和信念以及坚持不懈的毅力和耐力,这些才是吃苦精神的根本所在。

霍震霆

——对孩子要"狠"一点儿

　　霍震霆(1946～　　)，"红色"资本家霍英东的儿子，中国香港人。1969年后历任霍兴业堂置业有限公司董事，时煌有限公司董事长兼总经理，香港奥林匹克委员会会长，国际奥委会委员，香港特别行政区基本法咨询委员会委员、推委会委员等。现任香港特别行政区立法会议员，霍英东集团执行董事。

　　2004年权威财经杂志《福布斯》发布全球富豪榜，享年83岁、有"红色"资本家之称的霍英东以14亿美元身家，位列第406位。霍英东不仅事业如此成功，对于子女的教育也是非常成功的，他打破了"富不及三代"的俗话，儿子霍震霆继承他的事业后，将他的事业经营得蒸蒸日上！

　　在对孩子的教育中，霍英东认为应该对子女"狠"一点儿，这样才能够让他们在将来经受住风浪。

　　霍震霆小时候学游泳，霍英东专门给他聘请了游泳教练。可是两年时间过去了，霍震霆竟然还没有"浮"起来，还离不开游泳圈。于是霍英东"炒"掉教练，自己当教练。

　　一开始霍震霆不肯下水，霍英东就把他打下水。霍震霆哭哭闹闹地下了水之后，在游泳池里对霍英东说："爸爸，你可千万别走开，要不然，我可能会淹死的！"

　　霍英东"心甘情愿"地成为了一尊雕塑，一动不动地在浅水区遥望着霍震霆。偶尔，霍震霆会在嬉戏间抬起笨拙的脑袋看看霍英东，见霍英东还在原地站着，便又继续玩乐欢腾。

　　当霍震霆在浅水区待了一段时间之后，霍英东决定将他放进深水区，让他去实践实践老师所教授的那些四肢理论。千呼万唤之后，霍震霆终于答应去深水区一试手脚，但前提是霍英东得跟他一块下去，寸步不离地保护他。

　　在霍英东的跟随下，霍震霆一步一步地走进了深水区，霍英东用左手掭着他的肚子，让他不断地在水中实践他的理论。当他的手脚已经能在水中自由挥洒时，霍英东轻轻地将自己的手挪开,并且告诉霍震霆:"千万不要停,否则你会淹死!"

霍震霆在惊叫与央求中扑打着水面,原本极有规律的滑动,在惊慌失措之中,成为了一种求生时的乱抓。霍英东站在一旁,怒声呵斥他:"用你的理论让自己游动起来!"

霍震霆的头在水中一起一沉,终于在迫切的求生欲望中,找寻到了漂浮前行的方法。他学会了游泳的同时,对霍英东说了一句:"爸爸,你可真狠心!"

"你以后会感谢我的狠心的!"霍英东笑呵呵地说。

 育子智慧

请真诚地回答以下问题:

1. 孩子一哭,你是不是立刻就"心软"了?

2. 为了孩子好,你能够狠下心来吗?

3. "对孩子狠心"的做法,全家人都和你站在同一条战线吗?

每个家长在初为人父、人母的同时,往往还要兼学另一种技能,那便是狠心。虽然乍一听有些可怕,其实,所谓"狠心",做到两点就可以了:一是面对孩子的不恰当要求坚持拒绝;二是针对孩子的性格弱点要及时纠正,绝不能姑息。

第一,坚决拒绝孩子的不恰当要求。贝贝1岁时因家人过分疼爱,使她养成了用哭做武器以达到目的的习惯,变得很任性。于是妈妈与家人商量要"狠心一点",让贝贝懂得哭闹不能解决问题,遇事要讲道理。如果她吃饱、睡好,没什么不舒服的地方,只是无理取闹,就要对贝贝狠心说"不"。虽然每当此时是贝贝父母最心疼最难熬的时候,但他们明白,只有狠狠心坚持住才能让贝贝改掉用哭闹做武器的坏毛病,才能为以后教育奠定良好的基础。与贝贝"斗争"了几个星期后,她终于懂得无理哭闹是没有用的,不再动辄就哭闹了。

拒绝孩子的不恰当要求时要注意三点:首先,家庭成员要站在统一战线,以免这里对孩子狠心,那里却偷偷地"放水";其次,对孩子讲道理之前先要弄明白孩子的想法,然后针对孩子的思想告诉他家长的想法,让他明白为什么不可以;再次,与孩子做朋友,经常与孩子交流,并把孩子作为家庭的重要成员,家里家外的大事小事对孩子讲一讲,这样孩子对大人的一些想法和要求就更容易理解,避免或减轻孩子对管教的逆反心理。

第二,纠正孩子的性格弱点。虽然俗话说"江山易改,本性难移",但孩子小,性格还没有定型，还是可以纠正的。纠正不良性格是一个长期反复的过程，需要父母的狠心和耐心。

玲玲很小的时候，妈妈就发现她很内向、胆小，不敢和小朋友玩，不敢叫人，不熟悉的人和她说话会被吓哭。因为胆小，玲玲的依赖性也很强，不能离开妈妈半步。如何让玲玲变得开朗大方呢？妈妈想最好的办法是尽量带她多接触人、接触社会。经过认真考虑，妈妈决定提前送孩子去幼儿园。

幼儿园就是个小社会，不但有众多的小朋友，还有受过专业训练的老师。既能锻炼孩子与人交往的能力，又能锻炼孩子的独立性。玲玲才2岁半，既不会说话，生活也不能自理，虽然对玲玲能否承受住这个考验不无担心，妈妈还是狠狠心送孩子上了幼儿园。一开始玲玲又哭又闹，去不了几天就吵着不去，每当这时候，妈妈总是狠心地坚持送玲玲去。慢慢地玲玲适应了，并且自理能力有了很大的提高，也喜欢上了幼儿园。虽然还很胆怯，但也在慢慢好转中。

为孩子塑造一个良好的性格和理性的思维习惯，是父母赠予孩子一生受用不尽的财富。自古娇儿难成材，做个狠心的父母，才是真正爱孩子的父母。